21世纪海上丝绸之路协同创新中心智库丛书

经济管理学术文库 • 经济类

中国城市水务产业市场化改革研究

Research on the Market-oriented Reform of Urban Water Industry in China

李晓莉／著

图书在版编目（CIP）数据

中国城市水务产业市场化改革研究/李晓莉著.—北京：经济管理出版社，2019.8
ISBN 978-7-5096-6918-1

Ⅰ.①中… Ⅱ.①李… Ⅲ.①城市用水—产业—市场—经济体制改革—研究—中国
Ⅳ.①F299.241

中国版本图书馆CIP数据核字(2019)第196264号

组稿编辑：何　蒂
责任编辑：何　蒂　张馨予
责任印制：黄章平
责任校对：陈　颖

出版发行：经济管理出版社
（北京市海淀区北蜂窝8号中雅大厦A座11层　100038）
网　　址：www.E-mp.com.cn
电　　话：（010）51915602
印　　刷：北京玺诚印务有限公司
经　　销：新华书店
开　　本：720mm×1000mm/16
印　　张：13.75
字　　数：232千字
版　　次：2019年8月第1版　　2019年8月第1次印刷
书　　号：ISBN 978-7-5096-6918-1
定　　价：58.00元

前　言

水是生命之源。城市水务产业是人类社会经济发展最重要的基础性行业之一。20 世纪 90 年代以来，中国逐步实施了城市水务产业的市场化改革，并取得了显著的成效。市场化改革扩大了城市水务产业发展的资金来源，增加了水务产品和服务的供给，但是并没有从根本上解决中国水资源短缺、水环境污染、水生态破坏、水空间萎缩等问题，这些问题制约了我国社会经济的可持续发展。2015 年，我国颁布了《水污染防治行动计划》，将实施更为严格的水环境保护制度。2017 年，中共十九大指出：加快水污染防治，实施流域环境和近岸海域综合治理，构建政府为主导、企业为主体、社会组织和公众共同参与的环境治理体系。“十三五”期间，供水、污水处理这些传统水务产业发展重点将从“规模增长”转向“提质增效”。水环境综合治理、村镇污水治理、“海绵城市”将成为水务产业发展新的增长点。市场化仍是未来水务产业发展的方向，但它仍然存在很多不完善之处，需要我们在实践中不断总结、反思、探索和完善。

本书基于博士论文《市场化改革背景下中国污水处理费定价研究》、广东省自然科学基金项目《城市水务产业市场化改革绩效评价及提升路径研究：以城市污水处理产业为例（2014A030310144）》、广州市哲学社会科学“十二五”规划《公共治理视角下广州污水治理体系的建构研究（14Y25）》课题研究撰写而成的。本书是对中国城市水务产业市场化改革历程和经验的总结与反思，从效率测算视角对中国水务产业的市场改革绩效进行综合评价，提出了城市水务产业绩效提升的路径，对中国城市水务产业市场化进一步深化改革具有较强的实践指导意义。

本书的出版得到了广东外语外贸大学 21 世纪海上丝绸之路协同创新中心和

粤商研究中心的支持和帮助，在此表示衷心的感谢。

由于水平有限，书中难免存在不当之处，敬请批评指正。

李晓莉

2018 年 12 月 31 日

目 录

第一章　导论

水是生命之源，是人类赖以生存和发展的重要物质资源。水务产业成为现代城市社会经济发展最重要的基础性行业之一。2002 年，中国全面实施了城市水务产业的市场化改革，实践证明，市场化改革大大促进了城市水务产业在规模上的增长，不断满足了人民生活和生产日益增长的需要。即便如此，市场化改革也没能从根本上解决中国的水问题，水资源短缺、水环境污染、水生态破坏、水空间萎缩等问题仍十分严峻，其成为制约我国社会经济可持续发展的主要因素。市场化是未来水务产业发展的方向，但仍然存在很多不完善之处，需要我们在实践中不断总结、反思、探索和完善。

第一节　城市水务产业的经济特性

一、城市水务产业的构成

城市水务产业是指原水、取水、制水、输水、排水、污水处理、再生水、管网、水环境治理，以及相关设备生产等一系列产业节点所形成的产业价值链（见图 1 - 1）。水务产业的产业链包括原水资源的开发与输送、自来水生产与输送、污水的收集与处理、海水淡化处理与输送、再生水生产与回用、水环境治理、相关设备的设计和生产等。若将城市水务产业进一步细分，可划分为水利工程产业、自来水产业、海水淡化产业、污水处理产业、再生水产业、水环境治理产业、水务设备生产产业等。由于各个细分产业的特性并不相同，本书难以对每个产业都进行详尽分析，因此，本书选择城市供水和污水处理产业进行重点分析，对其他水务产业仅作简单分析。

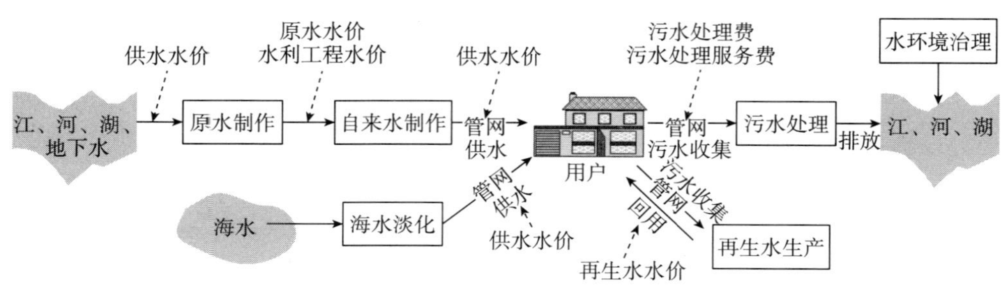

图 1－1 城市水务行业产业链示意图

（一）水利工程产业

水利工程是指为了达到防洪除涝、农田灌溉、水土保持、水产养殖、水力发电、城乡供水、航运等目的，人类通过工程手段（如修建坝、堤、水闸、渠道、渡槽、筏道、鱼道等）来控制和调配自然界的地表水和地下水，从而实现水资源综合开发和防止洪涝等灾害。例如，兼有解决北方城市供水、生态和农业用水的南水北调工程；兼有防洪、航运、发电等用途的长江三峡水利枢纽工程；兼有减淤、发电、防洪、农田灌溉、城市供水等用途的黄河小浪底水利枢纽工程；兼有增加土地供给、旅游、养殖、交通等用途的温州瓯飞海涂围垦工程。

（二）供水产业

自然水体中的原水含有悬浮物质、胶体物质、细菌及其他有害成分，这些物质对人类健康和工业生产带来极大危害，不能直接引用或使用。供水产业将原水经过预处理、混凝处理、沉淀处理、过滤处理、消毒处理等工艺流程，去除原水中给人类健康和工业生产带来危害的悬浮物质、胶体物质、细菌及其他有害成分，使净化后的水质符合人类生活饮用和生产用水标准。城市供水系统主要由水源、自来水生产、泵站、输水干线和支线管网、存储设备等构成。截至 2017 年，我国城市供水综合生产能力达 30475 万吨/日，城市供水普及率达到 98.30%；县城供水综合生产能力达 6443 万吨/日，县城供水普及率达到 92.87%；建制镇供水普及率达到88.10%；乡供水普及率达到78.78%。[①]

（三）海水淡化产业

我国淡水资源紧缺，海水淡化是解决我国沿海城市水资源短缺的重要途径，也是我国沿海水资源的重要补充和战略储备。海水淡化是通过膜法（反渗透法、电渗析法等）或热法（低温多效、多级闪蒸、压汽蒸馏等）将海水中的盐分脱除，从而将海水变为可以被人类生活和生产利用的淡水的过程。

截至2017年底，我国已建成的海水淡化工程为136个，产能达到118.9万吨/日。我国海水淡化工程主要分布在沿海9个省市，包括天津、山东、浙江、河北、辽宁、广东、福建、江苏、海南。天津市海水淡化工程产能位列全国第一，达到31.72万吨/日，占全国产能的26.68%。我国海水淡化水主要用于工业用水和生活用水。工业用水的工程规模为79.14万吨/日，约占全国总规模的66.56%，其中，火电企业为31.58%、钢铁企业为13.03%、石化企业为12.29%、化工企业为5.05%、核电企业为4.61%。居民生活用水的工程规模为39.37万吨/日，约占全国总规模的33.11%。绿化等其他用水的工程规模为0.39万吨/日，约占全国总规模的0.33%。[②] 根据国家发展改革委和国家海洋局联合发布的《全国海水利用"十三五"规划》，预计到2020年末，全国海水淡化总规模将达到220万吨/日。

（四）污水处理产业

从人类诞生起，每天都要用水洗衣、做饭、清洁、生产等。人类使用了水，必然要排放污水，一般来说，排放的污水是使用水量的70%~90%，污水含有各种病原体污染物、有毒污染物、植物营养物和耗氧污染物。污水排入水体后，一方面对自然水体产生污染，另一方面又会被自然水体净化。自然水体的自净能力有一定的限度，一旦人类的污水排放量超过了它的极限，受污染的水体就无法自动恢复原来的清洁状态。这时，就需要采取人为的方法，通过集中或分散的处理方式对污水使用生物、物理或化学方法进行人工净化，使最终排放的污水在自然水体的自净能力承受范围之内，这个过程称之为污水处理。

一般来说，城市主要采取集中式污水处理方式，将人类生活或生产的污水通过污水管网收集起来，输送到污水处理厂进行集中式处理。农村则采用分散式污

① 资料来源：中华人民共和国住房和城乡建设部，《中国城乡建设年鉴（2017年）》。

② 资料来源：自然资源部海洋战略规划与经济司，《2017年全国海水利用报告》，2018年12月。

水处理方式，将农村污水按照分区进行收集，一般以村庄为单位进行收集，再采用人工湿地等技术对污水进行净化处理。分散式污水处理方式投资较少、布点灵活，比较适合污水量较少、用水户分散，污水成分比较简单的农村地区。污水处理可分为生活污水处理和生产污水处理两大类，生活污水是指日常生活产生的污水，生产污水则包括农业污水、医疗污水和工业污水等。其中，生活污水是污水处理的主体，占到全国污水排放总量的60%以上。未来，随着城市化进程的继续推进和人民生活水平的提高，城镇生活污水排放将会平稳增长。

城市污水处理系统主要由污水收集管网、泵站、污水处理厂、污泥处理、排放设施组成。截至2017年6月，我国累计建成运行污水处理厂4063座，污水处理能力达到1.78亿吨/日。其中，设市城市建成污水处理厂2327座，污水处理能力达到1.48亿吨/日；全国已有94.2%的县城建有污水处理厂，建成污水处理厂1736座，污水处理能力达到0.31亿吨/日。[①] 我国城市污水处理率为94.54%，县城污水处理率为90.21%，建制镇污水处理率仅为49.35%，乡污水处理率仅为17.19%。[②] 根据国家发展改革委及住房和城乡建设部联合发布的《“十三五”全国城镇污水处理及再生利用设施规划》，预计到2020年底，城市污水处理率将达到95%，其中，地级及以上城市建成区基本实现全收集、全处理；县城不低于85%，其中，东部地区达到90%；建制镇达到70%，其中，中西部地区力争达到50%。

（五）再生水产业

再生水是指生产或生活污水经净化处理后达到一定的水质标准，可在一定范围内重复使用的非饮用水。再生水亦称“中水”，其水质介于自来水（饮用水）和污水之间。再生水主要用于农田灌溉、园林绿化、供热和制冷、市政环卫等用途。

截至2016年底，全国城市再生水生产能力达到2762.4万立方米/日，再生水利用率仅为10.01%。再生水产业的发展与各地区的水资源短缺程度密切相关，水资源短缺的城市比较重视再生水产业的发展。我国再生水产业发展主要集中在北京市、山东省、江苏省、河北省、山西省、河南省、湖南省、辽宁省和内蒙古

---

① 资料来源：住房和城乡建设部，《关于2017年上半年全国城镇污水处理设施建设和运行情况的通报》，2017年8月。

② 资料来源：中华人民共和国住房和城乡建设部编，《中国城乡建设统计年鉴（2017年）》。

自治区，这些地区的生产能力占全国的75.47%。其中，北京市位列第一，再生水生产能力达到513.5万立方米/日，再生水利用率达到65.38%；山东省位列第二，再生水生产能力达到388.8万吨/日，再生水利用率为27.86%；江苏省位列第三，再生水生产能力达到334.1万立方米/日，再生水利用率为18.00%。[①] 根据国家发展改革委及住房和城乡建设部联合发布的《"十三五"全国城镇污水处理及再生利用设施规划》，预计到2020年底，全国城市和县城再生水利用率将进一步提高，京津冀地区不低于30%，缺水城市再生水利用率不低于20%，其他城市和县城力争达到15%。

（六）水环境治理产业

水环境污染、水生态破坏、水空间萎缩是我国当前城市发展亟待解决的重大问题。目前，我国约1/3的湖库水质不达标，约1/4的湖库处于富营养化，城市黑臭水体仍未得到有效根治，地下水污染程度不断加重，已严重威胁到人民的健康安全。水环境治理是一个综合工程，它包括排水截污、河底清淤、引水补水、生态修复、水质监测等内容，涉及水务、建筑、园林、环保等多行业的技术。过去，我国水环境治理理念主要以"末端治理"为主，但是，水环境治理效果并不显著，水环境污染、水生态破坏、水空间萎缩没有得到遏制。目前，我国水环境治理开始向"源头减排、过程阻断、末端治理"全过程防控的治理思路转变。

二、城市水务产业的自然垄断性

（一）自然垄断的定义

完全垄断是指市场上存在一个供给者和众多消费者，由这个供给者控制了全部产品或服务供给的市场结构。自然垄断是指一种自然条件使得该市场只能容纳一个适度规模的企业，产品或服务由这个企业实施大规模生产经营比多个企业同时生产经营更有效率，如果该市场实行竞争，则可能会导致社会资源的浪费或者市场秩序的混乱。

（二）城市水务产业的经济特性

水利工程、供水、海水淡化、污水处理、再生水、水环境治理等水务产品或服务，具有由单个企业大规模生产经营比多个企业同时生产经营更有效率的特

---

① 资料来源：中华人民共和国住房和城乡建设部编，《中国城市建设统计年鉴（2016年）》。统计范围为设市的城市的城区。

性。因此，城市水务产业属于自然垄断产业，主要表现在城市水务产业具有资产专用性、规模经济、网络性、区域性和公益性的特点。在我国，政府借助政权力量对城市水务产业实行垄断经营模式，采用特许经营制度对其进行管理。

1. 资产专用性

资产专用性是指资产被用于特定用途后，很难再用作其他的用途，若改作其他用途，其价值将会降低，甚至可能变成毫无价值的资产。城市水务产业具有大量的“沉淀资本”，资产用途刚性，资金一旦投入就形成了专用性较强的资产，并很难改做其他用途。资产专用性可以使水务企业形成特有的资源优势和竞争力，但它往往会成为企业日后退出水务行业的壁垒。

2. 规模经济效益

水利工程、供水、海水淡化、污水处理、再生水等水务项目的投资主要集中在前期投资，而且所需投入资本量较大，例如，南水北调水利工程东线和中线一期工程，建设期为2008～2014年，项目总投资约2320亿元。2016年青岛董家口经济区海水淡化项目总投资4.5亿元。2017年华容县污水处理厂网一体化项目，包括新建1座污水处理厂（处理能力2万吨/日）、1座泵站（处理能力2万吨/日）、配套污水管网6137米，项目投资规模为1.43亿元。项目建成投产后，平均成本和边际成本随着产量的增加而大幅度降低，具有规模经济效益。

3. 网络性

供水、海水淡化、污水处理、再生水等水务产业必须依赖完整、统一的网络，才能向用户提供水务产品或服务。如果离开了这些产业网络，水务企业将无法提供产品或服务。例如，供水产业需要供水管网将自来水输送至各个用户；污水处理产业需要管网收集污水输送到污水处理厂进行集中净化处理。因此，网络是影响水务产品或服务质量的重要因素之一。例如，污水收集管网的完善程度影响着污水处理厂的污水处理量；供水管网的质量影响着自来水水质程度；供水管网的铺设范围影响着自来水供应范围等；供水管网的漏损率影响着自来水供水量；等等。

4. 市场区域性

由于产能限制和网络特性，供水、海水淡化、污水处理、再生水等水务项目均有一个最优的服务区域或服务人口。在此服务范围内，平均成本和边际成本会随着产量的增加而降低，一旦超过这个服务范围，平均成本和边际成本将随着服务范围的扩大而增加。因此，水务项目具有市场区域性，城市政府一般会根据水务项目的产能和网络特性划分其服务区域，在一定的区域范围内实行完全垄断经营。

5. 公益性

水务产品或服务是人民生活和企业生产的必需品，关系到人民群众的身体健康和生命安全，也关系到人类社会和经济的可持续发展。因此必须确保水务产品或服务提供的普遍性、公平性、稳定性和安全性。水务项目在一定程度上具有公益性，政府采用特许经营制度对水务产业进行管理，一方面，可以使水务企业获得规模经济所带来的效益；另一方面，政府可以通过加强管理或附加条件，使水务产品和服务的提供惠及弱势群体和偏远地区。

第二节 城市水务产业的市场化改革

一、城市水务产业的市场化改革背景

从 1949 年到 20 世纪 90 年代初，中国城市水务产业采取纵向一体化的国家垄断供给模式，地方政府担任着城市水务产业的规划者、生产者、购买者、管理者的职能。地方政府负责城市水务项目的规划、设计、出资、建设、运营和维护等一系列工作。随着中国经济和城市化的飞速发展，对城市水务产品和服务的需求不断增多，这种政府垄断供给的治理模式对城市水务产品和服务的供给显得力不从心。水务项目投资资金供需缺口大，水务项目运营效率低下，供水水量不足和水质不高，水污染问题日益严重。

国家垄断治理模式曾引起了各国学者的质疑，Vincent Ostrom、Charles Tiebout 和 Robert Warren（1961）指出，公共产品和服务的生产和供应需要分开来看待，公共品的生产可以由政府来承担，也可以由私人来承担。Demsetz（1968）认为在公用事业行业可以引入特许权投标竞争，通过在进入环节创造竞争来提升企业的竞争压力。这些思想的提出启发了人们对公共品供给模式的重新思考：能否打破传统的政府垄断供给模式，通过在公共生产领域引入市场机制来提高公共产品或服务的水平和质量？从 20 世纪 70 年代末开始，英、美等西方发达国家开始尝试在某些城市的公用事业上进行放松规制的改革，如电力、电信、煤

气、自来水等行业，让市场竞争机制在自然垄断行业发挥资源配置的基础作用，并取得了良好的效果，成为社会经济发展和技术进步的重要引擎（OECD，1997）。

这场从西方发达国家开始的公用事业市场化改革浪潮，逐渐影响到一些发展中国家。从20世纪90年代开始，我国开始在部分城市试点水务产业的市场化改革，在自来水生产和污水处理环节试点引入民营资本和外国资本，取得了较好的成效。2002年12月，建设部印发《关于加快市政公用行业市场化改革的意见》，文件指出："加快推进市政公用行业市场化进程，引入竞争机制，建立政府特许经营制度，尽快形成与社会主义市场经济体制相适应的市政公用行业市场体系。"供水、污水处理、海水淡化、再生水产业都属于经营性市政公用设施，全面实行市场化改革。

二、城市水务产业的市场化改革路径

中国城市水务产业的市场化改革主要沿着三条路径进行：①引入民营和外国资本，实行产权结构改革；②采用使用者付费制度，实行水价体制改革；③实行水务管理体制改革。

（一）产权结构改革

根据建设部《关于加快市政公用行业市场化改革的意见》（2002年），文件指出："鼓励社会资本、外国资本采取独资、合资、合作等多种形式，参与市政公用设施的建设，形成多元化的投资结构。在市政公用行业中，建立特许经营制度，政府通过合同协议或其他方式明确政府与获得特许权的企业之间的权利和义务。"2002年，中国开放城市水务市场，通过引入民营资本和外国资本，扩大资金来源渠道，打破国有资本垄断的局面，增加市场竞争程度，从而促进水务企业效率提升和城市水务产业的发展。

"机制不活、效率不高、动力不足"一直是困扰国有水务企业的难题。城市水务市场开放后，外资企业凭借先进的技术和雄厚的资金实力迅速扩大市场份额，而民营企业也凭借灵活的经营机制和敏锐的市场触觉不断发展壮大，形成了较强的示范效应。为了提高国有水务企业经营效率和盈利能力，汲取民营企业和外资企业的优势，政府对国有水务企业实行混合所有制改革，通过建立现代企业制度，吸收非国有资本入股，不断完善企业治理结构，建立市场化运营的企业。

（二）水价体系改革

从1949年到20世纪80年代，我国城市水务产业属于公益性产业，水务产品和服务实行无偿供给或低成本定价原则。从1985年开始，我国城市水务产业实施了循序渐进的水价体系改革，定价原则从“使用者无偿使用”到“使用者部分付费”，再到“使用者完全付费”；水价种类从单一的供水价格，扩展到了水资源费（水资源税）、水利工程水价、污水处理费、再生水价格等种类；收费性质从“行政事业性收费”逐步过渡到“商品价格”；定价方式从“政府定价”，向“政府指导价”和“市场定价”发展；定价标准从“补偿日常管理开支”，到“保本微利”，再到“可获合理利润”发展。

（三）水务管理体制改革

从1949年到20世纪90年代初，我国一直沿用计划经济体制下的国家垄断管理体制，政府集所有者、经营者和管理者于一身。2002年，中国全面开始了城市水务产业市场化改革，政府和企业形成公私合作伙伴关系，水务产品或服务由市场中的企业来提供，政府专注于管理者的角色。在市场化改革背景下，中国水务管理体制进行了探索性的渐进性改革，管理体制从原来的“城乡分割、部门分割”逐步向“城乡一体化水务”转变，管理方式从“直接管理”逐步向“间接管理”转变，水务运行机制从“政府垄断建设管理”向“政府主导、社会筹资、市场运行、企业开发”转变，管理理念从传统的“公共管理”向现代的“公共治理”转变。

三、中国城市水务产业发展的现状

（一）水环境质量明显改善，水污染防治任务依然艰巨

从1949年到20世纪90年代末，我国重视经济发展而忽略环境保护，导致我国水环境质量恶化严重。2001年，长江、黄河、珠江、海河、辽河、淮河、松花江七大水系中，劣Ⅴ类水质已经占44%（劣Ⅴ类水是污染程度极高的水，是无任何用处的脏水）。2002年，我国在水务产业实施了市场化改革，采用城乡一体化的水务管理体制，不断完善政府主导和社会各方参与的水务管理体制。2008年，国家相关涉水管理部门利用高科技和信息技术，陆续建立了一系列全国的水务监管信息平台和水质自动检测平台，极大地提高了各类水务信息采集的时效性和准确性，加强了政府对水务产业的监管能力，促进了水务产业的快速发展。2001~2017年，中国水环境质量得到明显改善，七大水系的Ⅰ~Ⅲ类水比例从29.5%上升到71.8%，劣Ⅴ类水比例从44%降到8.4%（见图1-2）。

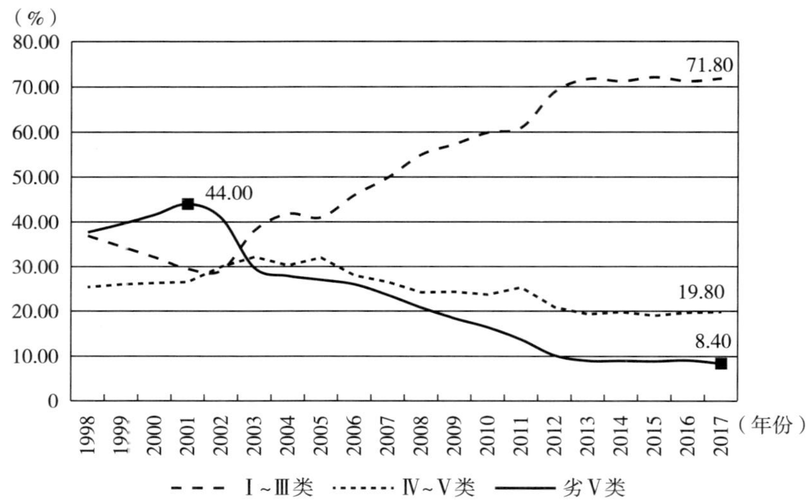

图1-2 1998~2017年七大水系水质状况变化

目前，我国的水污染防治任务仍然艰巨，城市黑臭水体仍未得到根治，地下水污染程度不断加重。2018年，全国城市已认定的黑臭水体有2100个，完成治理的有1745个，正在治理中的有264个，治理方案制定中的有91个。2018年，生态环境部联合相关部门分三批对全国36个重点城市和部分地级城市进行现场督导，发现一些城市完成整治的黑臭水体并没有达到整治目标，还存在没有上报的黑臭水体，其中，广州102个、深圳80个、无锡18个、扬州14个、东莞12个、上海11个，共计242个。根据《2017中国生态环境状况公报》，2017年，水利部对流域浅表层地下水进行检测，有2145个监测站地下水治理综合评价结果显示，水质为优良级、良好级、较好级、较差级和极差级的监测点分别占0.9%、23.5%、0、60.9%和14.6%。主要超标指标为锰、铁、总硬度、溶解性总固体、“三氮”（亚硝酸盐氮、硝酸盐氮和氨氮）等，个别监测点存在砷、铅、汞等重（类）金属和有毒有机物污染。目前，中国水污染从地表水污染发展到地下水污染，地下水的水质比地表水水质差，并且还在继续退化。

（二）城市水务产业发展迅速，农村水务产业发展滞后

水务产业实施市场化改革后，城市供水、海水淡化、排水、污水处理、再生水产业得到了迅速的发展。2001~2016年，城市供水综合生产能力从2.29亿立方米/日提高到3.03亿立方米/日，城市供水管道长度从28.93万公里提高到

71.02万公里，城市用水普及率从72.26%提高到98.42%；城市污水处理能力从0.31亿立方米/日提高到1.49亿立方米/日，城市排水管道长度从15.81万公里提高到57.66万公里，污水处理率从36.43%上升到93.44%（见图1-3）。与此同时，城市水务产业发展还存在一些薄弱环节，例如排污控制、排水管网建设和维护、再生水利用、水环境治理等。

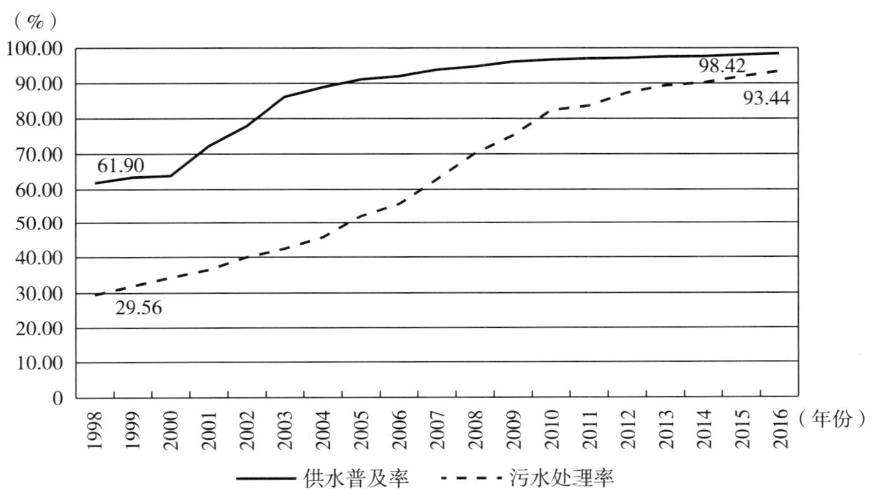

图1-3　1998~2016年中国城市供水普及率和污水处理率变化

虽然我国实行城乡一体化的管理体制，但是城乡水务发展差距较大，农村水务发展被长期忽视。首先，农村饮水困难、饮水不安全等问题还没有完全被解决。截至2015年，我国集中式供水的行政村所占比例为65.6%，农村供水普及率为63.42%，仍有相当部分的农村人口没能喝上安全的自来水。其次，农村的水环境治理长期被忽视。大部分农村的生活污水和生产污水随处排放，没有污水收集管网、没有污水处理设施、没有污水治理的概念，导致农村水环境污染十分严重。2015年，我国农村对生活污水进行处理的行政村仅占11.4%。

（三）市场主体多元化，市场环境仍需完善

水务产业市场化改革后，外国资本、民营资本相继进入中国水务市场，国有资本垄断水务市场的局面被打破。国有企业、民营企业、外资企业活跃在中国水务市场上，各种所有制企业有着各自的优势。中央国有企业拥有雄厚的资金实力和技术实力，地方国有企业拥有地方政府的政治资源，民营企业和外资企业拥有高效的运营管理经验和技术优势。国有企业为了提高企业效率，民营企业和外资企业为了扩大市场，于是国有企业、民营企业、外资企业之间进行强强联合、相互参股，掀起了混合所有制改革的浪潮。本书对中国 120 家污水处理厂（AAO 工艺和一级 A 出水标准）在 2015 年的产权结构进行调查，研究结果显示，从控股角度看，属地国有企业 56 家，异地或中央国有企业 31 家，事业单位 7 家，民营企业 13 家，外资企业 13 家。由此可见，国有企业在我国水务市场上仍然占据主体地位。

第二章　文献综述

第一节　自然垄断行业市场化改革研究

一、公共治理理论

（一）利益相关者的概念

1963 年，斯坦福研究所提出了利益相关者概念，后经 EricRhenman、Igor Ansoff、Freeman 等学者的开创性研究使利益相关者理论形成了一个比较完善的理论分析框架。Freeman（1984）认为，利益相关者是指能够影响一个组织目标的实现，或者受到一个组织实现其目标过程影响的所有个体和群体。Freeman 提出利益相关者的概念是针对公司治理而言的，他认为企业的管理不仅要关注股东的利益，还必须要关注利益相关者的利益，包括消费者、社区、政府、非营利组织、供应商等，这些来自企业外部的利益相关者对于企业的发展具有同样重要的意义。虽然利益相关者的概念产生于企业管理领域，但是该理论的研究已经被广泛应用于经济学、政治学、博弈和决策论、环境科学等领域，学者们使用各种工具对利益相关者进行定性和定量的分析，去了解利益相关者的地位、改革中的利益诉求，以及与其他利益群体的互动和影响等。如今，利益相关者分析方法也被广泛运用于公共事务管理的研究当中，一些国际组织（如世界银行、联合国发展署等）在公共事务的管理研究中大量使用了利益相关者理论这一分析工具。例如，Brinkerhoff、Derick W.（1991）提出的“发展中国家的经济发展项目管理策略”；

Feyerabend（1997）等学者提出的“资源保护计划”；MacArthur（1997）等学者提出的“减少贫穷的战略”；Jacques Chevalier（2001）提出的“自然资源管理策略”；Elinor Ostrom（2003）等学者提出的“公共资源管理策略”；等等。

Crosby（1991）认为利益相关者是指那些利益与某一组织、项目或政策有关的，并且可以影响到他们的行动和目标的个人、群体和组织。利益相关者分析应该致力于在研究公共决策时，谁的利益诉求被考虑，为什么这些利益诉求应该被考虑。Jacques Chevalier（2001）认为，利益相关者是指那些能够影响别人决策行为，或者被别人决策行为所影响的人。世界银行（2012）认为，利益相关者是指那些利益或权益与某一项政策密切相关的个体或组织。利益相关者可以是不同形式、不同规模或具有不同影响力的个人、组织或非组织的团体。

Zsuzsa Varvasovszky（2000）认为，利益相关者分析是分析个人、组织行为的一种方法或一系列工具，是了解利益相关者的行为、目标、关系和利益诉求，在政策决策过程和政策执行过程中的影响力和可使用的资源；世界银行（2012）认为，利益相关者分析是一种用于分析制度和政策改革过程的一种方法。在利益相关者分析中，需要清晰界定与改革相关的利益群体有哪些，他们的利益诉求是什么，他们拥有怎样的影响力，以及他们在改革中的地位如何。通过对那些与改革利益密切相关者的分析，比如，利益相关者的信息、利益诉求、对改革的影响力等，使改革者能够调整政策，使政策的制定和执行可以更加切合实际和可持续发展。近十几年来，利益相关者分析方法之所以成为一种比较流行的分析工具，主要有以下两个原因：第一，利用技术上的方法不能很好地解决社会经济生活中的和谐、平等、可持续发展和增长等问题；第二，利益相关者分析方法提供了一种多元式、建构式的分析视角。利益相关者分析是对传统经济学分析的一个挑战，不同的利益相关者看待同一问题会有不同的看法，他们会寻求不同的方法去解决问题，他们会用不同的标准去评估是否介入。因此，探讨利益相关主体更好的参与方式、解决利益相关主体间的对抗和冲突，联合不同的利益群体，特别是社会上的弱势群体，对于政策的设计和项目的执行都是非常关键的。

（二）从利益相关者视角研究公共事务治理问题

在公共事务治理的研究领域，西方学者提出的理论模型有奥尔森的“集体行动逻辑”（1965）和哈丁的“公地悲剧”（1968）等。得出了公共事务总是得不到关怀的悲剧性结果，个人的理性行为最终导致了集体行为的非理性结果。对于公共事务的管理，西方学者在理论和实践中，尝试用市场供给和政府供给的方法来解决公共事务治理问题。但是实践证明，许多公共事务的治理都产生了市场失灵和政府失灵现象。于是，在20世纪70年代，西方学者和政治家希望从市场和政府方式外去寻找解决公共事务治理的第三条道路，出现了从“政府统治”到“公共治理”的广泛变革。公共治理理论认为，公共事务的管理是一个利益相关主体共同管理的过程。因此，公共治理的主体应具有多元性，才能保证最大限度地听取不同利益主体的诉求，收集到最完备的信息保证决策的正确性和无偏性，调动最广泛的力量共同解决复杂的公共问题，从而达到公共利益的最大化。

全球治理委员会（1995）认为，公共事务的治理是公共或者私人的机构管理其共同事务方式的总和，它是一个让利益相关主体，会将它们之间的相互冲突或不同利益得以协调，并采取联合行动，是一个持续的过程。它既包括那些正式的制度和规则，也包括那些非正式的制度和规则。公共事务的治理具有四个显著的特征：第一，治理不是一整套规则，也不是一种活动，而是一个过程；第二，治理的基础不是控制，而是协调；第三，治理既包括公共部门，也包括私人部门；第四，治理不是一种正式的制度，而是一种利益相关主体之间的持续互动过程。

Ostrom（1990）提出了依靠社区内利益相关者进行公共池塘资源自主治理的制度框架。认为能够使公共池塘资源自主治理并长期存续的制度设计必须满足以下八项原则：①清晰界定边界；②使占用和供应规则与当地条件保持一致；③绝大多数受操作规则影响的利益相关者能够参与对操作规则的修改；④积极检查公共池塘资源状况和占用行为的监督者是对占用者负有责任的人，或是占用者本人；⑤违反操作规则的占用者很可能要受到其他占用者、有关官员或他们两者的分级制裁；⑥占用者和他们的官员能够迅速通过成本低廉的地方公共论坛来解决占用者之间或占用者和官员之间的冲突；⑦占用者设计自己制度的权利不受外部政府权威的挑战；⑧在一个多层次的分权制企业中，对占用、供应、监督、强制执行、冲突解决和治理活动加以组织。

Brinkerhoff、Derick W.（1991）运用利益相关者的分析方法来研究发展中国家的经济发展项目管理问题。他主要分析这些项目被有效地执行需要哪些利益相关者的参与，涉及的领域包括融资、物资的投入、政治支持、政策支持、技术帮助等。根据利益相关主体所掌握的资源和他们的利益诉求，对利益相关主体进行分类，并用矩阵来反映利益相关主体对特定政策的影响。其中，矩阵的竖列是政策所涉及的利益相关主体，横列是利益相关主体所能使用的资源。但是，在他的研究当中，并没有详细地分析不同利益相关主体运用资源能力的程度，以及哪些利益群体对项目的发展具有重要的影响。

Jacques Chevalier（2001）认为，利益相关者分析十分适合运用于自然资源管理领域的研究，例如，土地、水、森林等自然资源，这些自然资源涉及了众多相互独立的利益群体，包括农产品出口的生产者、政府管理者、环境保护组织和少数民族等，他们的利益或多或少都与这些自然资源有关，他们之间的利益很大程度上是互相冲突的。因此，当自然资源管理从微观到宏观层面上横跨了政府管理体系、社会体系、经济体系和政治体系的时候，就需要运用利益相关者的分析方法。在自然资源管理问题中，利益相关者是指那些在不同层次上的（国内的、区域内的、国家层面的、国际层面的、私人的和公共的）、不同规模的群体、选民或机构，他们与特定的自然资源有重大的或特定的利益关系，他们的利益能够影响或者被资源管理问题所影响。自然资源管理的利益相关者分析应该要致力于分析以下八大问题：

（1）在自然资源管理上，相关利益主体所形成的相互竞争和冲突的关系；

（2）对于自然资源管理问题和具有利益冲突的管理策略，相关利益主体持有哪些价值和观点；

（3）对于自然资源管理体系，相关利益主体具有哪些多元的利益诉求和目标；

（4）在自然资源管理方面，相关利益主体拥有哪些实际的资源、影响力和权力；

（5）相关利益主体形成什么类型的网络结构，他们之间如何相互影响，他们之间形成合作关系还是冲突关系；

（6）政策和项目的分配影响和社会影响，比如，谁是获利者、谁是利益受损者、可能的协定和冲突，使用特定的干预手段的风险和可能性；

（7）在自然资源管理的不同阶段里，主要的或次要的相关利益主体参与管理的恰当方式和程度，包括内部的方式和外部的方式；

（8）在共同目标和利益主体不同目标间的相互协调基础上，形成一个相关利益主体可行的联合，旨在形成效高、平等、可持续发展的自然资源管理战略。

Thomas Dietz、Elinor Ostrom 和 Paul C. Stern（2003）指出，构建包括利益相关者参与的网络型治理结构的重要性。千百年来，社区成员凭借其本地演变而来的制度安排及在来自外部力量的影响下，成功地保持了资源的可持续性。现在的资源保护问题，如跨境污染、热带雨林的过度砍伐、气候变化等，已经成为了很大范围的问题，导致了非局部的影响。解决这些问题的有效办法包括构建利益相关群体、官僚、科学家之间的对话体系，构建复合的、丰富的、多层次的制度，构建不同制度类型的混合体，构思一个可以促进实验、学习和变迁的体系。如图 2－1 所示，最左边一栏和最右边一栏的是环境资源治理的一般原理，中间一栏是治理要满足的要求，每一条原理都要达到相应的几个要求，箭头表示原理和要求之间的联系，最右边一栏的原理特别适合全球性的和区域性的资源治理问题。

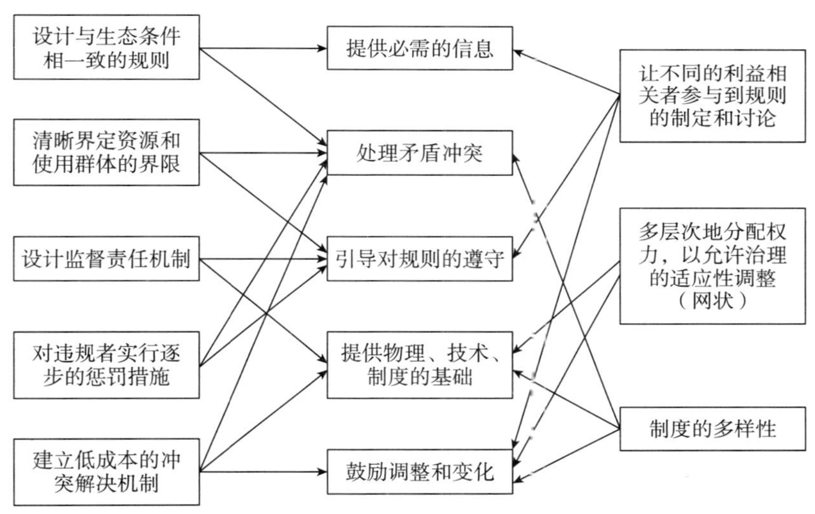

图 2－1　利益相关者参与的网络型治理结构示意图

公共事务的治理评价体系注重效率、参与度、透明度、回应、公平、法治等指标。好的治理要求能够提供充足、高效的公共产品和服务；利益相关主体都有权利和渠道参与到公共事务治理的各个环节；政府向利益相关主体提供足够的渠道获得充足的信息；政府对于利益相关主体的诉求都必须有合理的迅速的反馈；所有人和主体都可以平等地参与公共事务治理，享受公共产品和服务，并且被无差别地执行，具有公平完善的法律框架。

联合国开发计划署（1997）认为，好的治理可以从五个方面来衡量：合法性和民众声音、方向、执行、问责和公平。合法性和民众声音可以用参与度和一致同意原则来衡量，所有人都可以通过直接或者合法的中介机构对政策的制定表达自己的意见和建议，能够协调利益相关者的利益诉求以达到更广泛的一致同意原则。方向可以用战略眼光来衡量，从广泛的、长远的视角去看待治理问题和人类发展问题；执行可以用回应、有效和效率来衡量，制度和过程都努力为利益相关者服务，所产生的结果达到了资源最佳使用的效果；问责可以用责任和透明度来衡量，政府的政策制定者、私人部门和民间组织都应该对利益相关者负责，利益相关者可以直接了解到相关的步骤、制度和信息，并且能够获得足够的信息去理解和监督有关的部门和过程，公平可以用平等和法律的规则来衡量，所有人都有机会提升或维持他们的状况，法律框架是公平的，并且被无差别地执行，特别在保护人权方面。

Mimicopoulos（2006）认为可以从效率、透明度和参与度这三个维度去衡量治理。效率是指政府制定可预测性制度和政策的能力。透明度是指向公众或利益相关者提供有关政府行为的清晰和充足的信息。参与度是治理公民社会中的一个重要的因素。

联合国经济和社会事务委员会（2010）认为，好的治理应该包括 8 个主要的特征：参与、共识、责任、透明、回应、法治、高效、公平，不排斥任何团体或个人（见图 2－2）。好的治理可以确保腐败的最小化，在制定决策的时候，要倾听和考虑所有利益相关者的利益诉求，社会少数人的意见也应该被考虑进去，它对于现在社会和未来社会的需求都有回应。满足这 9 个特征的治理可以被称为好的治理，这种好的治理在现实世界中是很难达到的。但是，要使人类的可持续发展成为现实就必须朝这个方向努力。

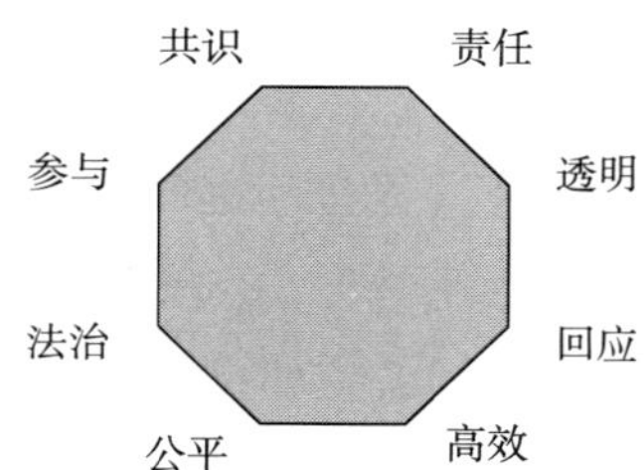

图 2－2　好的治理特征

资料来源：Economic and Social Commission，United Nations. What is Good Governance［EB/OL］. http：//www. unescap. org/pdd/prs/ProjectActivities/Ongoing/gg/governance. asp.

二、自然垄断行业的市场化改革研究

自20世纪70年代末以来，西方发达国家在公共事务治理领域运用最多的一项治理工具是市场。因为各国所处的背景和面临的困难不同，所以市场化的方式和制度安排也有所不同，如放松规制、特许经营、合同外包等。西方学者对市场这一治理工具进行了深入的研究，认为在公共部门引入市场机制有明显的优点。B. Guy Peters 和 John Pierre（1998）认为其优点有以下三点：第一，通过创建内部市场，公共管理部门的每一个单位可以比原来的传统组织模式更加精确地评估它实际的成本；第二，引入竞争可以提供诸如标杆指标等方式用于比较；第三，在服务供应商之间的竞争可以强迫组织提高与服务对象之间的联系。但是，市场机制的引入在解决一些问题的同时，也带来了其他问题的出现。

市场作为一种治理工具引入公共事务治理领域也存在一系列的缺陷。Donald F. Kettl（1993）认为，合同外包作为公共品供给市场化改革的一种形式，产生了一系列的挑战和约束，共同决定着公共事务治理的成败。作者从“供给方缺陷”和“需求方缺陷”两个维度对合同外包方式所面临的约束进行分析，“供给方缺陷”是指：现成的竞争市场不一定存在，卖方之间竞争水平比较低，合同外包会产生特殊的外部性。“需求方缺陷”是指：定义产品的难度，产品信息的匮乏，委托代理的复杂性导致规制的失灵，多重代理导致价值目标错位，政府独立能力的缺乏导致主权的丧失。“供给方缺陷”和“需求方缺陷”会以不同的方式结合，构成多样性的约束条件，决定了合同外包的项目选择、面临的挑战和管理难题。政府要成为“精明的买主”，就要有能力区分不同市场的特点，要用不同的方式管理维护与供应商建立起来的关系。

放开市场，打破国有资本垄断，实行“厂网分离”的产业结构改革，引入非国有资本进行混合所有制改革等方式是自然垄断行业实施市场化改革的主要方式。市场化改革是否真的能够促进自然垄断行业绩效的提升？张殷芳、帕克等（2008）通过对36个发展中国家电力部门的面板数据进行分析，研究私有化、放松规制和引入竞争对劳动生产率、生产能力利用率和发电量的影响，发现私有化和放松规制并没有显著地改善电力部门的生产效率，引入竞争却发挥了较明显的推动作用。钱炳（2017）基于中国工业企业数据库中1998~2007年发电企业的面板数据运用ACF法估算了不同类型发电企业的市场势力，采用倍差法分析了“厂网分离”对不同类型发电企业市场势力产生的影响及内在机制。研究发现，

“厂网分开”的改革虽然在发电侧建立了“可竞争”的市场结构，但“上游竞争、下游垄断”的纵向关系，使隶属于垄断电网公司的地方发电企业的市场势力得到了进一步加强，价格加成增加 1.04% ~1.11%。电力产业应进一步深化“纵向拆分”的改革路径，有序地实现“输配售”分离，降低下游部门的垄断势力。马天明（2017）采用中国工业企业数据库中电力企业数据，验证了电力行业“厂网分开”为特征的体制改革促进了中国电力企业生产效率提高。陈林（2018）采用自然实验的三重差分法对 1998 ~2008 年全国规模以上的公用企业数据进行分析，检验了自然垄断、混合所有制改革与企业生产效率之间的关系，研究结果显示，混合所有制改革并不能显著提升在自然垄断环节的企业全要素生产率，但是，混合所有制改革可以显著提升在竞争性环节的企业生产效率。

三、自然垄断行业规制的研究

（一）规制的类型

对自然垄断行业实行规制是指政府在自然垄断行业的市场准入、产品或服务的质量和收费水平等方面进行规定和限制。植草益（1992）指出，在规制产生的初期，规制的内容主要是经济性规制，即规制机构通过许可、认可等手段，对企业的进入、退出、价格、服务的数量和质量等行为加以限制。随着各国社会经济的发展，人们对健康安全、环境保护等方面的重视，规制的内容将从经济性规制转向社会性规制。社会性规制是指通过设立标准、发放许可证、收取费用等方式进行的规制，其目的在于确保居民生命健康安全、环境保护和防止公害。

对于自然垄断行业，竞争激励一直是规制的难题。Boumol、Panzar 和 Willig（1982）提出可竞争理论。他们认为，在某些市场中潜在进入者对垄断者的威胁是非常强的，即使垄断者占有了市场 90% 以上的份额，潜在进入企业的压力也会让垄断者感受到竞争的压力，从而能够激励垄断企业提供有效率的生产，这种市场被称为“可竞争性市场”。该理论强调的是潜在进入，而不是现实进入，对自然垄断市场竞争压力形成的研究，引起了学者对传统规制理论的重新设计。在此之后，很多学者提出了基于潜在竞争压力的激励型定价理论。例如，Andrei Shleifer（1985）提出了标尺竞争（Yardstick Competition）定价理论，Joskow 和 Schmalensee（1986）提出了激励型价格规制的一般形式。

（二）规制失灵

规制目的在于维持市场秩序，提高市场的资源配置效率，促进公共利益的提高。但是，规制在运行的过程中会产生规制失灵现象，造成巨大的社会经济成本。规制失灵的原因主要有：信息不对称、自由裁量权、利益集团和规制俘获。

Stigler（1971）指出，政府规制的目标并不等同于规制的实际效果，在委托—代理的条件下，由于存在规制机构和企业之间的信息不对称现象，规制机构不一定会花费精力去收集企业成本的信息，也不一定保证规制机构会运用这些信息去造福社会公众。由于契约的不完备性，规制机构在一定程度上掌握了规制的自由裁量权。因此，规制机构有可能被受规制企业所俘获，使规制政策发生偏离，损害公众利益，规制总是有利于生产者。

对于中国自然垄断行业的规制，吴一平（2007）利用固定效应估计法对1998～2003年中国电力行业的规制分权化的效果进行分析，得出电力规制分权化并没有发挥应有的作用，产生了效率低下的规制制度。规制分权导致了规制合谋，规制合谋影响规制效率，从而降低了社会福利水平。肖兴志（2008）认为，公用事业的规制主体往往集执行权、自由裁量权和准立法权于一身，在规制过程中往往伴随着大量的企业寻租行为，规制者可能会被受规制企业俘获，使政府规制偏离社会福利目标。因此，必须确立和强化对规制者的再规制，以保证规制行为的合理性与规范性。对规制机构的再规制措施包括建立规制机构内部的权力制衡机制，避免权力的过度集中；注重决策过程的公开性和公众参与性；建立相应的内部惩罚机制。

垄断利益集团通过集体行动影响受规制产业改革的进程和模式。白让让（2015）通过分析中国电力、电信、民航等垄断利益集团形成、发展和固化的历程，发现垄断利益集团基于信息和市场优势，使规制决策者不得不通过让利的形式来获取产出的增长，这种激励效应不完全是市场竞争的结果，而是自然垄断和行政垄断结合的产物。垄断利益通过长期积累和行为固化，也让利益集团拥有了制定游戏规则的话语权，从自身利益长期最大化出发，任何降低既得利益的改革举措显然不可能“内生”于利益集团，使中国垄断产业无论在企业体制、运营模式还是规制机制设计等方面，都没有获得实质的进展，使得中国的电力、电信、民航等产业的规制放松严重滞后，一些产业的运营模式在一定程度上背离了市场化的导向。

中央政府代表全体公民将自然垄断行业的规制任务委托给地方政府，而地方政府又将自然垄断行业的生产或管理任务委托给企业，形成中央政府—地方政府—企业之间的委托代理关系。在信息不对称的条件下，地方政府和企业作为代理人，必然存在道德风险和逆向选择的双重激励。刘朝等（2017）构建了包含中央政府、地方政府、企业和第三方监管主体的环境规制博弈理论模型，采用中国2004～2013年省级面板数据进行实证分析，研究发现第三方监管能够抑制政企合谋现象，提高环境规制效率。

因为规制过程可能存在规制失灵现象，所以需要对规制的效率进行评估。Williamson（1976）用总交易费用来衡量规制的效率。他认为在公用事业部门中，交易费用产生于三个根源：有限理性、机会主义和资产专用性。委托—代理关系决定了公用事业的信息不完全、契约的不完备，导致了规制者的有限理性和被规制者的机会主义行为，由具有有限理性的规制者来处理信息不完全问题和被规制企业的机会主义问题时，便产生了交易费用。不同的规制模式会产生不同的总交易费用，应该选用总交易费用最小的规制模式。Stern、Holder（1999）和Stern、Cubbin（2003）认为，高质量的规制应体现在以下六个方面：清晰的法律框架、独立的规制机构、可靠的规制者、参与性、透明性和可预见性。前三者是规制治理的正式属性，可以在法律框架中得以体现，后三者是规制治理的非正式属性，它通过在规制机构的实际运作中得以体现。

（三）价格规制

价格是资源配置的核心信号，价格规制是自然垄断行业规制体系中的核心内容。价格规制是指在自然垄断行业中，政府为了保障资源的有效配置和产品的公平供给，对产品价格（或收费）水平和结构进行规制，以限制垄断企业制定垄断价格获取超额利润。政府对自然垄断行业的价格规制，不仅影响着企业的生产经营行为和效果，而且影响着资源配置的效率和社会分配的效率。因此，政府价格规制的目标主要有四个方面：激励企业生产、保证企业利益、优化社会资源配置和促进社会分配效率。价格规制的目标与定价方式有着密切的联系，政府在选择定价方式时，不仅要考虑社会目标，还要兼顾企业目标。从各国的学术研究和具体实践来看，自然垄断行业的价格规制的定价方式主要有：边际成本定价、平均成本定价、全成本定价、投资回报率定价、拉姆赛定价、RPI－X最高限价定价、特许权投标定价、标尺竞争定价。

边际成本定价最早是由法国经济学家Jules Dupuit在1844年提出的，在《关于公共工程效用的度量》一文中，他通过考察桥梁的价格政策来评估公共品的经济效益，认为将公共品的价格定在边际成本上能使消费者的福利达到最大化。1938年，Harold Hotelling进一步发展了Dupuit的边际成本定价观点，在《税收、铁路和公用事业定价问题的一般福利》一文中，他考察了铁路和桥梁的定价，认为受成本递减规律支配的垄断性企业应该按照边际成本定价，而不是按平均成本定价，这样才能保证社会福利最大化的获得。但是，边际成本定价将会导致企业无法回收固定成本，可以采取政府用税收补贴企业的方式弥补。边际成本定价理论的提出直接导致了“二战”后欧洲发达国家对公共事业实行国有化，并通过税收补贴公用企业的政策实施。1969 年，Hirshleofer 等认为，水价应该采用边际成本定价法，反对按照平均成本定价。Donald（2002）认为，一些外部性不是那么强的公共服务都适用于边际成本定价规则。首先，边际成本定价意味着消费者要为使用公共服务而付费，计算的基础建立在公共服务使用的量和公共服务使用的成本。因此，使用者付费原则应该能够反映公共服务使用增量的价格。其次，边际成本价格不仅限于目前的运营成本，在使用的高峰期还应该包括机会成本。2003 年，Andres 比较了在不同计量方法下的两种水价定价模型，证明边际成本定价始终是最有效的定价机制。边际成本定价遭到了 Coase（1946）的极力反对，他认为边际成本只考虑了对成本增量的评价，而没有考虑对总成本的评价，忽略了公用事业所需要的庞大前期固定资本投资，定价没有反映出产品的真实价值，政府定价低估了产品的价格，政府代替消费者做出是否需要某种产品的判断，没有考虑政府介入后税收的无效率。

平均成本定价是指在自然垄断行业盈亏平衡点的约束条件下，规制机构以产品或服务的平均成本作为定价的基础。平均成本定价主要关注产品或服务的平均成本和合理利润率。规制机构对平均成本的估算主要是根据企业或行业的历史统计资料来确定，合理的利润率一般取决于社会平均利润率。徐华（1999）认为，平均成本定价优于边际成本定价，它能够弥补自然垄断企业的固定资本和可变资本，有利于减轻政府财政的负担，能够激励企业降低成本和改进技术，具有较强的可操作性和实施效果。马乃毅、姚顺波（2010）认为，平均成本定价法一般不考虑社会福利，难以实现社会资源的优化配置和福利的最大化。在缺乏企业生产成本与市场需求的完全信息情况下，平均成本定价将导致低效率。

投资回报率定价是指规制机构通过对自然垄断行业投资回报率的制定来间接确定价格。只要企业的投资回报率不高于规制机构确定的公正报酬率，企业就可以自行定价。这种定价方式通过界定合理的投资回报率来控制企业利润大小，使企业能够获得合理投资回报率的同时，也保证了消费者的利益。投资回报率定价在美国自然垄断行业的价格规制方面得到了广泛使用，早在 19 世纪 80 年代，美国就使用该方法来解决铁路行业的市场势力问题。Taussig 和 Pigou（1913）指出，不同的规制者使用投资回报率规制时，存在很大程度的差异性，这些差异性源于产业性质、决策时间和评价者的不同。投资回报率定价的公式如式（2－1）所示：

$$TR(P, Q) = TVC + rK \tag{2-1}$$

其中，TR 为企业总收入，它是产品价格和产量的函数，TVC 为可变成本，r 为规制机构设定的投资回报率，K 为企业总资本成本。该定价模式存在合理性的同时，也存在两种主要缺陷：第一，被规制企业降低成本的动力不足；第二，容易产生 A－J 效应导致资源配置效率扭曲。A－J 效应是指在报酬率一定的情况下，企业为了获得更多的报酬，在产量不变的条件下多使用资本而少使用劳动的资本过渡的使用情况，这种要素组合并不是成本最小的组合（Averch and Johnson，1962）。平均成本定价和投资回报率定价是十分相似的两种定价方法，只是它们的关注点各有不同。

全成本定价是指产品（服务）的价格不仅可以弥补固定成本和可变成本，而且进一步被扩展到包括那些由于消费或者处置产品所引起的，而又没有被个人决策者所考虑到的额外社会成本。Steven Renzetti 和 Joseph Kushner（2004）认为，水和污水处理这类公用事业价格应该按照这些公用事业的全成本（Full Cost）来计算，而不应该只用生产成本来计算，现行的成本会计并不同于全成本会计（见表 2－1）。首先，投入要素的价格并没有反映出它的社会成本。例如，污水处理厂向湖泊所排放的污水都是免费的，虽然污水处理厂排放的污水经过处理达到了立法的规定，但是，这些污水仍会对湖泊水质和生态环境产生影响，它对社会所造成的成本却没有在市场价格中反映出来。其次，政府立法规定的会计准则确定了成本的计算方法，使资金无法获得一个较高的投资回报率。例如，有些公用事业不允许它的资本品取得一个有竞争性的回报率。最后，公用事业可能会从其他机构获得津贴。他们通过考察安大略省的自来水和污水处理企业，发现没有计入价格的成本有竞争性的投资回报率和能源价格和水质恶化。如果使用全成本会计，这些公共服务的成本至少上升 16%，有些成本甚至上升 55%。由于自来水和污水处理的定价被低估了，过低的定价鼓励了消费者的过度消费。全成本定价是一种新的思想，但是运用起来却很困难。首先，缺乏全成本会计的标准指引；其次，全成本会计是一个新概念，很难从现实中得到相关的数据来评估全成本构成。目前，全成本定价也只是停留在讨论阶段，还没有哪一个国家是对污水处理实行全成本定价。但是已经有一些学者开始呼吁政府立法，要求水和污水处理等公用事业使用全成本定价。

表 2-1　1998 年安大略省自来水供给和污水处理产品全成本的估算

单位：美元

成本种类	每年成本
已计算的成本	
自来水供给	22554076
污水处理	41043906
总计	63597982
未估算的成本	
竞争性的资本的回报率	9072000 ~ 9500000
电力	49164
原水	403586 ~ 14448385
污染	893308 ~ 10896827
总计	10423058 ~ 34894376

资料来源：Steven Renzetti，Joseph Kushner. Full Cost Accounting for Water Supply and Sewage Treatment: Concepts and Case Application［J］. Canadian Water Resources Journal，2004，29（1）：19.

英国经济学者 Ramsey（1927）指出，在相同生产条件下同一质量的产品，可以对不同需求弹性的用户群实施不同的价格，此定价法被称之为拉姆赛定价法。它认为自然垄断企业的生产者利润π可以表示为价格 P 的函数，见式（2-2）

$$\pi(p) = \sum_{i=1}^{n} piqi(p) - C[q(p)](i = 1,2,\cdots,n) \tag{2-2}$$

其中，生产成本 C（q）决定于产量 q，产量又由价格 p 决定。消费者剩余可表示为 s（p）（见式（2-3））

$$s(p) = \sum_{i=1}^{n} \int_{0}^{q} D_i(q)dq - \sum_{i=1}^{n} p_i q_i \qquad (i = 1,2,\cdots,n) \tag{2-3}$$

是消费者在每一产量愿意支付的价格和实际支付价格之差。社会福利 Z 可以表示为生产者利润和消费者剩余之和。要实现帕累托的最优状态，需要对每种产品实行边际成本定价。由于自然垄断产业中存在规模经济，边际成本定价会使企业亏损，亏损部分由政府通过公共财政来补贴。若政府不承担补贴的责任，那么社会福利最大化要以企业不亏损作为前提，即在利润π大于或等于零的情况下，求解 Z 最大化的 p 值（见式（2－4））。拉姆赛定价法认为，企业在面对具有不同需求弹性的用户时，可以采用差别性的收费方式，产品的需求弹性越小，价格偏离边际成本的程度越大。这种定价法既能保证企业的收支平衡，又能增加社会经济福利。拉姆赛定价法的提出对自然垄断行业价格规制中的价格结构产生了很大的影响，自然垄断行业所采取的阶梯价格、季节性价格和峰谷价格都源于这一思想的启发。

$$Z = \max\ [s(p) + \pi(p)] \tag{2-4}$$

式中，q_i 为第 i 类用户消费量；p_i 为第 i 类用户价格；D_i（q）为第 i 类用户需求函数；C［q（p）］为成本函数。

企业成本和公正报酬率的传统规制因存在信息不对称、激励不足等问题，越来越受到学者的质疑。于是，学者们开始寻找一种可以兼顾资源配置效率和生产效率的价格规制模式，使价格规制改革朝着激励型规制发展。激励型规制的基本思想是指公用事业的价格部分或者全部与被规制企业报告的成本结构无关。

Stephen Littlechild（1983）提出了 RPI－X 最高价格规制模型（见式(2－5)）。

$$P_{t+1} = P_t(1 + RPI - X)$$
$$X \Rightarrow -p_0 - k + q \pm v \pm s \tag{2-5}$$

式中，P_t表示本期的规制价格；P_{t+1}表示下期的规制价格；RPI 表示零售价格指数；X 表示由规制机构确定的在一定时期内生产效率增长的百分比指标；p_0 表示过去的突出业绩；k 表示未来的效率收益；q 表示质量标准；v 表示提供产品的安全性；s 表示提高服务水平。

企业必须以规制当局确定标准提供服务，服务的定价不能高于规制当局确定的价格上限。若企业能以较低成本提供服务，就可以保留因效率改进而产生的利润。企业成本的降低将会在新的价格评审时反映在较低的价格上限中，企业无法完成规定义务将会降低企业的利润，这样不仅能够激励企业提高其运行效率，也能更好地保护用户利益。这种定价方法的优点是把规制价格和零售价格指数、生产率和企业利润联系起来。Laffont 和 Tirole（1997）进一步提出了最高限价原则，即接入服务与最终服务灵活变动在同一个价格上限中，计算价格上限所采用的权重外生给定，并且与相关服务的预测数量成比例。这种方法规制的是企业价格而不是企业利润，任何成本的降低都可能转化为企业利润，它将有利于激励企业提高生产效率和促进创新。RPI－X 最高价格规制定价模式在英国得到了广泛的运用。

Paul L. Joskow 和 Richard Schmalensee（1986）提出了激励型价格规制的一般形式（见式（2－6））。式中，P_t为 t 时期的规制价格，b 为消费者承担的超出成本的风险比例，C_t^*为规制者对 X－效率单位成本的估算，C_t为被规制企业的成本。当 b＝1 时，是传统的报酬率价格规制模式，被规制企业的收益与其自身成本相关；当 0≤b≤1 时，价格规制的一部分与企业的成本有关，一部分与企业的成本无关，从而对企业提高效率产生了激励作用；当 b＝0 时，价格规制完全与企业的成本无关，是一种激励性很强的价格规制模式。

$$P_t = [1 - b]C_t^* + bC_t \quad (2-6)$$

特许权投标定价是一种竞争性定价法，主要适用于实行特许经营制度的自然垄断行业。Harold Demsetz（1968）提出，要在政府规制中引入竞争机制，通过投标竞争的方式让企业获得垄断经营权，参与竞争的企业越多，价格就会越合理，这就是特许投标竞争。参与特许经营权投标的企业，其相互竞争的内容包括企业的资质、产品或服务的价格和质量等，政府从中选择最优企业授予特许经营权，确定产品的价格。特许权投标定价是生产前的竞争，使得价格和利润保持在竞争的水平上。在特许权投标定价中，较常用的标准是低价原则，但是该原则存在一定的弊端，比如一些企业为了获得特许经营权不惜压低竞标价格，使竞标价格低于行业的平均水平，导致了企业亏损和恶性竞争。因此，一些行业在选择特许经营企业时放弃了低价原则，选用中间价原则或者综合评分原则。

Andrei Shleifer（1985）提出了标尺竞争（Yardstick Competition）定价理论。认为被授予特许经营权的企业因获得垄断地位而没有动力去降低成本，但可以通过建立标尺指标将被规制企业的绩效与同行业其他相关企业的绩效进行对比，从而促使不同地区垄断企业之间的竞争，以激励垄断企业降低成本、改善服务、提高效率。在垄断行业，规制机构常常使用成本定价法来确定价格，但是成本定价规制因缺乏可比性而导致了企业运营的无效率。因此，规制机构应该减少对被规制企业自身的成本依赖，参考同行业其他企业的成本水平来决定价格。如式（2－7）、式（2－8）所示。假设有 N 个企业，企业 i 以外的其他企业为它的影子企业（Shadow Firm），企业 i 的成本水平 $\bar{C}i$ 由它的影子企业来估算，$\bar{C}i$ 等于其他企业成本的均值，降低成本支出$\overline{Ri}$等于其他企业降低成本支出的均值。规制机构以影子企业的经营成本作为衡量的标准，并考虑区域和经营环境的差异，在此基础上制定企业 i 规制的价格。20 世纪 90 年代，标尺竞争理论开始被运用于英国、美国和加拿大等国家的一些自然垄断行业。

$$\overline{Ci} = \frac{1}{N-1}\sum_{i \neq j} Cj \tag{2-7}$$

$$\overline{Ri} = \frac{1}{N-1}\sum_{i \neq j} R(Cj) \tag{2-8}$$

四、小结

通过对已有文献的梳理，可以了解到：第一，对于公共事务的治理问题，国外学术界从一种全新的角度（利益相关主体视角）去研究公共政策的制定和执行问题，相关理论和研究文献已初具规模。利益相关者分析方法通过对特定公共事务所涉及的利益相关主体行为进行分析，提出了一个跨越政府和企业主体（包含政府、企业、公民社会在内）的治理主体多元性、治理结构网络状、治理工具多样性的新公共事务治理模式。第二，对于自然垄断行业的市场化改革绩效，学者们认为，市场化不一定能促进自然垄断行业效率的提升，在自然垄断行业的市场化改革面临着一系列的约束，他的绩效很大程度上取决于政府的规制能力。第三，对自然垄断行业规制的主要方式已从传统的关注被规制企业自身的成本和投资回报率规制转向竞争激励型规制。第四，在规制的过程中，由于信息的不对称性、自由裁量权和规制俘获等因素的存在，很有可能出现规制失灵现象。因此，需要拓展治理主体和治理工具、需要对规制机构进行再规制。

第二节　水务产业市场化改革研究

一、水务产业的产权改革研究

产权改革是中国水务产业市场化改革的路径之一。一方面，通过引入民营和外国资本改变国有资本垄断的局面，增加投资主体，提高竞争程度，促进水务产业的发展；另一方面，通过引入民营和外国资本参与国企混合所有制改革，实行产权主体多元化，增加企业竞争力和活力，促进国有控股水务企业效率的提升。

在我国水务产业的市场化进程中，薛玮（2007）认为政府垄断经营依然存在，社会资本缺乏有效的进入渠道。王芬等（2011）从总量水平、生产效率、利润和普遍服务水平这四个方面构建了中国城市水务产业民营化的绩效评价指标，采用1990～2009年的数据进行实证分析，结果显示，民营化对增加城市水务产业供水总量和利润均有显著影响，但民营化对提高生产效率和普遍服务水平均没有显著影响，城市水务产业利润增加很可能是由于水价提高造成的。

外资的进入是否显著促进了中国水务产业绩效的提升？潘菁等（2011）从市场集中度、外资市场占有率、外资股权控制率三个方面分析了外资水务对我国城市水务产业安全状况的影响，研究发现我国水务产业的整体安全度呈下降趋势。但是，外资水务对我国水务产业的安全性威胁还没达到警戒的临界点。刘彦等（2016）采用双重差分法分析了中国非上市公司企业1998～2008年数据，研究发现外资进入促进了企业成本下降，改善了市场效率，提高了城市供水能力，提高了城市用水效率。短期外资进入与水价波动没有明显的因果关系，外资进入也没有促进市场势力的提高。

混合所有制改革能否促进国有控股水务企业经营绩效的提升？王艳（2016）通过对广东省地方国企“瀚蓝环境”2001～2015年三次并购活动进行分析，研究发现，立足于存量资源整合的混合所有制并购，通过融合资本与生产要素，聚焦创新能力开展并购整合，能够促进国有企业实现创新驱动发展。纪建悦等（2016）采用2004～2014年的燃气水务类上市公司数据对我国公用事业类公司国有股比例与财务绩效的关系进行了实证分析，以净资产收益率作为衡量绩效的指标，以五大股东所持国有股比例之和作为衡量国有股比例的指标，建立个体随机效应模型，研究结果显示国有股比例与公司财务绩效之间呈“U”型关系，存在着混合所有制价值陷阱。

二、水务产业的管理体制改革研究

2002年，中国城市水务产业开始实施市场化改革，部分城市在水务产业实行纵向分离的产业结构拆分，但也有部分城市实施市场化改革一段时间后，又重新采取纵向一体化的产业结构。刘征兵（2007）认为，在污水处理行业应坚持“厂网分开”的原则，污水处理厂的建设和运营应全面引入社会资本，分不同情况进行系统的市场化设计，新建污水处理厂全部采用BOT模式面向社会公开招标确定经营主体，已建污水处理厂主要采取TOT模式进行改制；污水排水管网的建设投资仍由政府承担，运营可以委托专业公司进行市场化经营。于良春等（2013）分析了地方政府在不同目标下对供水行业纵向分离政策的选择，研究结果显示在地方政府追求供水行业效率的情况下，地方政府倾向于纵向分离竞争政策；在地方政府追求融资最大化时会选择供水产业结构的纵向一体化。

放松进入规制、收益率规制是我国规制改革的主要方向。肖兴志等（2011）通过对中国 24 个省级地区 2000 ~ 2009 年城市水务产业面板数据进行分析，发现以放松形式进入规制和收益率价格规制为主要特征的规制改革并没有对城市水务产业发展产生良好的效果，逐步实行收益率规制模式的价格规制改革显著地推动了城市水务产业生产成本的提高，放松规制改革并没有对人均城市水务产业产生明显的直接推动作用。郭蕾等（2016）从公共福利提升的视角采用中国 2004 ~ 2012 年省际动态面板数据和 Logit 模型实证检验了我国水务产业政府规制改革的效果，研究结果表明，以价格规制和进入规制为代表的中国政府规制改革并没有促进公共福利的提升，也没有推动城市水务产业回归公益性价值目标。

政府是水务产业规制的主体。中国的水务规制改革范式应从公私合作向新公共服务演进，以公共利益作为水务规制改革的最高利益标准，将中介组织和公众纳入规制主体，对规制机构进行再规制，建立有效的规制法律体系，在规制方式上引入对话与协商。

加强对规制机构的再规制，引入政府和企业以外的治理主体，建立多元治理体系，成为未来水务治理的发展方向。邹东升等（2017）从公共责任视角，从水务规制机构自身运转效率、水务规制机构的法律遵从度、水务价格的规制、水务质量的规制四个方面构建了城市水务 PPP 规制绩效评价体系，用规范化和标准化的评估指标来规范政府的规制活动，加强对规制者的再规制。唐要家（2017）认为，中国城市水务监管存在明显的制度需求与制度供给失衡状况，监管成为影响城市水安全的制度短板。实现良好的城市水务监管需要超越单一维度的强行政管理模式，从制度系统性和动态演化的视角来构建作为制度性回应的监管制度。作为一种制度回应，监管制度变革和监管质量持续提高的根本动力不是政府的强力推动，而是来自有效的多元治理体系。因此，需要加强社会治理体系建设。

三、水务产业的价格改革研究

城市水价包括水资源费、水利工程水价、供水价格、污水处理费和再生水价格。傅涛（2010）认为，水价是最为复杂的公共服务价格，它不是由供需决定的市场价格，而是政府根据多种因素的综合定价。

水资源费是指国家对城市中取水的单位或个人所征收的使用水资源的费用。郑方辉等（2010）认为，水资源费征收标准普遍偏低，征收原则、对象、范围、标准各不相同，免征范围规定也不一致。因为水资源费征收标准过低，未能反映水资源的本身价值及稀缺程度，所以无法起到经济杠杆的作用。单以红（2011）认为，我国水资源费率普遍较低，应该提高水资源费，增强水的需求价格弹性，从而增强居民节水意识，并提出水资源费率制定可采用全额累进费率、逐级累进征费、超额累进费率方案。姬鹏程等（2011）围绕影响水资源费征收标准的主要因素，采用模糊数学模型，对不同地区的水资源价值进行综合评价，以城镇居民用地表水为例，将水资源价值综合评价指数转化为水资源费征收标准。水资源费改税试点于2016年7月在河北省实施。王晓洁等（2017）对河北省水资源费改税进行研究，发现水资源费改税存在计量管理薄弱造成征纳矛盾突出，征管模式稍显复杂加大了征管成本，部分保障民生的行业税收负担加重，高耗水行业、部分制造企业取用水成本增加，部门间的稳定协调配合机制不健全等问题。

水利工程供水价格是指供水经营者通过拦、蓄、引、提等水利工程设施销售给用户的天然水价格。李华（2010）认为，我国水利工程水价长期偏低，并提出了水利工程水价制定应体现国家以工补农政策的建议。黄涛珍等（2018）分析了江苏省水利工程水价结构，并认为其农业水价分类不合理，存在湖荡、河沟养殖水价与渔业资源费交叉，水利工程供自来水厂实行统一水价不符合现行实际用水，工业水价分类与用水计量和水费计收严重不匹配等问题。

供水价格是指供水企业通过一定的工程设施，将地表水、地下水进行必要的净化、消毒处理，使水质符合国家相关规定标准后供给用户使用的商品水价格。傅涛（2010）认为，供水价格不仅是企业与公众的博弈，更是包含政府在内的三方利益的均衡。姬鹏程等（2014）认为，政府对水价的管理主要基于水价成本核算，缺乏对水价的系统性、整体性、协同性分析，在水资源管理分散而水资源配置又日益复杂的背景下，应该从完善水价体系的角度来改进政府对水价的管理，例如，拉大不同水源水价间的比价关系，理顺不同用户水价间的差价关系，建立供水价格区域间的统筹调整机制。刘书明等（2018）从城市供水成本角度出发，提出应该构建政府、企业、消费者三者之间科学合理的供水成本分担机制，应按照“公益性项目”由政府承担、“经济性项目”由企业承担、“定价成本”由消费者承担的原则。

污水处理费是由排水单位和个人缴纳并专项用于城镇污水处理设施建设、运行和污泥处理处置的资金。傅涛（2006）认为，污水处理费是一种环境水价，是用户对一定区域内水环境破坏的补偿。补偿的尺度取决于该城市排污总量与环境自净能力的差值，也取决于地方政府与用户间对环境支付的责任分摊比率。从污水处理费定价中所涉及的利益相关主体来分析，马乃毅等（2010）认为，污水处理费不是一般意义上的商品价格，是一个始终包含监管因素的价格，是污水处理企业、用水户和政府三方利益主体博弈中实现均衡的价格。对于污水处理费定价的原则，刘应宗等（2002）认为，污水处理费制定的原则是成本补偿，包含合理盈利和合理的差价，应当采取“两部制”的收费方式，要能完全反映污水处理产品的价值。贺恒信等（2006）认为，污水处理费的定价要以处理污水的实际费用为基础，并要考虑社会公众的实际承受能力。因此，定价的原则应该包括成本补偿原则、合理盈利原则、保证居民承受能力原则和差别原则。唐铁军（2006）认为，在污水处理费定价中，要考虑社会经济承受能力，要明确界定收费补偿与财政补偿各自应该承担的责任。刘雪梅等（2006）认为，目前的污水处理费定价不是按照污水处理的实际成本和利润确定的，而是考虑居民的承受能力，包括经济承受能力和心理承受能力，并认为污水处理费定价应建立公益性定价和市场定价相结合的价格形成机制。刘添瑞（2010）研究了广东省污水处理费定价，认为污水处理费定性模糊不清，体制机制都不够健全。钟小强（2011）认为中国的污水处理费是污水排放者承担污水治理经济责任“价格化”的表现形式，它的定价应该遵循“排污者付费”的原则。

再生水是指对经过或未经过污水处理厂处理的集纳雨水、工业排水、生活污水等非传统水源进行回收，经适当净化处理后达到一定水质标准，可在一定范围内再次被利用的非饮用水。段涛（2017）认为，我国目前再生水定价主要包括成本加成定价法、按自来水水价一定比例定价、政府最高指导价管理这三种方法，这些定价方法缺乏经济效率、激励性和科学合理性，再生水市场化定价将是未来再生水定价的发展方向。卢蝶（2018）认为，再生水供应链成本包括生产成本、运行成本、管理成本和运输成本构成，提出了供应链成本视角下的再生水定价模型。

阶梯水价是城市水价改革方式之一，其目标是节约水资源、保障社会公平、企业成本回收。启要家等（2015）运用中国 36 个大中城市 2004 ~2011 年水价数据对居民递增型阶梯水价政策有效性进行分析，研究结果显示，阶梯水价政策在一定程度上有助于促进水资源节约，但对实现成本补偿目标的作用非常有限，且恶化了不同收入家庭之间的相对公平。黄鑫等（2017）对上海市 14 个小区 2011 ~2016 年的月水费账单数据进行分析，结果显示阶梯水价的实施促进了居民节水意识。范登云等（2017）认为，当前阶梯水价存在水价总体偏低、计量设施不完善、供水补贴欠合理等问题，并提出了阶梯水价的优化方法：第一阶梯水价应该反映用水平均成本；第二阶梯水价承担供水基础设施的安装和维修费用；第三阶梯水价反映水资源稀缺程度。在补贴政策上实现精准补贴，区分低收入用户和高收入用户，仅对低收入用户定向发放用水补贴。

四、水务产业的市场化改革绩效评估研究

对于城市水务产业市场化改革的绩效评估，人们常用管网长度、自来水供给量、污水处理量、污水处理率等指标来衡量，这些指标不足以科学评价市场化改革的绩效，因为它无法反映水务产业的效率，即投入产出之比。近 20 年来，国内外学者对水务产业的市场化改革绩效评估已从总量评价转向效率评价。

（一）国外学者对水务企业效率测算的研究

目前，国外学者对水务企业效率的研究，主要采用随机前沿分析（SFA）和数据包络分析（DEA）这两种方法。一些学者使用随机前沿分析（SFA）对水务企业或行业的生产效率进行测算，例如，Arunava Bhattacharyya 等（1995）对内华达州农村自来水厂的企业效率进行了测算，研究发现私立企业比公立企业更有效率。公立企业分为市政府管理、县政府管理和水区管理三种不同类型，属于水区管理的企业效率最低，属于市政府管理的企业效率最高。David 等（2007）对英格兰和威尔士的供水和污水企业进行分析，研究发现水务行业的全要素生产率并没有因为私有化的实施而得到提升。Massimo Filippini 等（2008）对 1997 ~2003 年斯洛文尼亚供水企业进行分析，研究发现水务企业存在严重的成本无效率现象。

由于数据包络分析（DEA）不需要明确生产函数的具体形式，它把生产过程看成是一个黑箱，只需要投入和产出数据，利用数学规划技术，便可计算出水务企业或行业的效率。因此，这种方法得到了很多学者的采用。例如，D. K. Lambert 等（1993）研究发现在总效率方面公立水务企业比私立水务企业更有效，在技术效率方面公立企业比私立企业更有效，在规模效率方面公立企业和私立企业没有明显的差别。Francesc H. Sancho 等（2009）对西班牙 338 家污水处理企业进

行实证分析，研究发现大企业比小企业效率更高。Piyush Tiwari 等（2011）对印度 31 个城市的供水企业进行实证分析，研究发现供水企业存在无效率现象，人均供水量仍可以提升，每日供水时数仍可以提升 18%，改变生产规模仍可以增加 37% 的产出。

（二）对中国水务企业效率测算的研究

对于水务企业的效率测算，国内学者主要采用数据包络分析（DEA）方法，较少采用随机前沿分析（SFA）方法。励效杰（2007）采用 DEA 方法对 2004 年中国不同省份水务企业的生产效率进行了评估，研究发现企业资产负债率、地区市场化水平和人均水资源量是影响水务企业生产效率的重要原因。陈明等（2014）运用 DEA 分析法对 2007～2011 年水务上市公司经营效率进行测算，研究结果显示我国上市民营水务公司整体绩效水平偏低；东部地区水务公司绩效水平较高于西部地区；南方地区的水务公司较好于北方地区；公司绩效与所处地经济发达程度有正相关关系；公司地域经营范围广与窄直接影响公司绩效。孙超平等（2016）采用 DEA 方法对 12 家水务上市公司的经营效率进行测算，研究发现水务企业整体效率水平不高，不同类型的水务企业经营绩效存在差距，民营企业优于国有企业的经营效率。买亚宗（2016）等采用 DEA 方法对 2014 年我国 315 座排放标准为一级且处理工艺相同的污水处理设施进行效率评价，研究发现我国污水处理行业总体上处于规模收益递增的发展阶段，污水处理设施具有规模效应，283 个 DEA 无效样本存在不同程度的投入冗余和产出不足。曾贤刚（2018）采用 DEA 方法对 63 家水务企业面板数据进行测算和分析，研究结果显示水务产业整体市场绩效不高，存在较多纯技术效率与规模效率较低的水务企业。从纯技术效率来看，我国水务企业研发投入平均冗余率最高，表明水务企业过于依赖购买外部专利，自主创新能力差；从规模效率来看，大部分企业处于规模递增发展阶段；从影响因素来看，服务城市个数、水价、排水量对企业效率呈正相关关系，国有股份比例、政府补助、COD 排放量与企业效率呈负相关关系。

（三）对中国水务产业效率测算的研究

数据包络分析法（DEA）和随机前沿分析法（SFA）不仅可以用于测算企业效率，也可以运用于测算行业效率。于良春等（2013）采用 DEA 方法对 13 个省份 2004～2010 年水务行业的面板数据进行测算，研究发现从产值角度和资产角度，非国有资产的增加都能促进行业效率；工业产值和城市人口的增加对行业效率没有显著的促进作用。于良春等（2013）使用 DEA 方法对 18 个省市 2004～

2010 年水务行业面板数据进行测算，研究发现多个省市的水务行业处在规模报酬递减区域，水务行业 7 年间的全要素生产率存在下降的情况，均每年降低 2.5%；城市化率提高了全要素生产率，工业用水增长与全要素生产率没有显著关系，非国有企业的进入降低了全要素生产率。李跃（2014）运用 SFA 方法采用 2003 ~2011 年的省级面板数据分析了我国水资源利用效率，研究发现我国水资源利用效率稳步提高，但仍有较大提升空间，且呈现“东高西低”的空间分布特点；经济发展水平、科研投入、污染治理投资、水价等对水资源利用效率有正向影响。雷玉桃等（2017）运用 SFA 方法采用中国 31 个省级行政区 1999 ~2014 年面板数据测算了我国各省工业用水效率值，研究发现我国工业用水效率平均值呈现逐年上升的趋势，东、中、西部地区的工业用水效率值差异较为明显，工业用水效率整体分布从东南向西北逐渐递减的趋势，各省区的工业用水效率处于一种较快的增长趋势且地区间的工业用水效率差距在不断缩小，人均水资源量与工业用水效率呈负相关关系，经济水平驱动因素、工业发展驱动因素、合理的工业结构都与工业用水效率存在很强的正相关关系，政府作为对于工业用水效率的提高也是至关重要的。

五、小结

通过对已有文献的梳理，可以了解到：第一，虽然产权改革通过引入民营和外国资本促进了水务产业总量的发展，但是产权改革不一定会促进水务企业效率或水务行业效率的提升，不同所有制的企业面临着并不公平的市场竞争环境。产权改革仍需进一步深化，例如政企关系如何分离、如何营造公平公正的市场竞争环境，混合所有制改革如何提升国有控股水务企业的效率。

第二，虽然市场化改革促进了水务产业的发展，但是水务管理体制改革却滞后于市场化改革发展，例如地方政府作为规制机构存在缺位和错位现象，地方政府的规制行为缺乏激励和监督，水务规制体制建设不完善，水务产业发展偏离公共利益目标，过于重视市场化手段而忽略了非市场化手段的运用等。水务产业绩效的进一步提升，需要改变水务管理体制改革滞后的现状，不断完善中国水务管理体制，例如，从新公共治理视角出发引入新的治理工具和治理主体，构建网络型多元治理结构；不仅要加强对被规制主体的规制，还要加强对规制机构的再规制；借助现代信息技术和信息公开等方式，建立激励性、透明性、回应性的规制体系；重视非市场化手段在水务管理体系中的运用等。

第三，水价是复杂的公共服务价格，它不是由供需决定的市场价格，而是在利益相关主体博弈互动下，政府根据多种因素而确定的价格。目前，中国水价的定价普遍偏低，缺乏经济效率、激励性和科学性，我国水价定价机制仍需不断完善。

第四，对于水务产业市场化改革绩效的研究，已从以总量指标为主的评估转向以效率指标为主的评估。随机前沿分析（SFA）方法和数据包络分析（DEA）方法是研究水务企业效率或水务行业效率的主要方法，由于SFA方法需要对水务企业或水务行业的生产函数进行设定，而DEA方法不需对生产函数进行设定，选好投入和产出指标便可。因此，国内学者主要采用DEA方法对我国水务企业或行业进行效率的测算，较少采用SFA方法。已有的研究显示，市场化改革并不一定会促进水务企业效率或水务产业效率的提升，各类型的水务企业效率和各地水务产业效率差异较大，水务企业效率或水务产业效率的高低取决于多种因素。

第三章　城市水务产业的产权改革

企业产权是指以财产所有权为基础，反映投资主体对其财产权益、义务的法律形式。新中国成立以来，我国水务产业采取国家垄断供给模式。直到20世纪90年代初，我国开始试点探索水务产业的产权改革。一方面，通过引入民营资本和外国资本进入水务产业，改变国有资本垄断的局面，增加投资主体，提高竞争程度，促进水务产业的发展；另一方面，通过引入民营资本和外国资本参与国企混合所有制改革，实行产权主体多元化，增加企业竞争力和活力，促进水务企业效率的提升。近30年的改革实践证明，产权改革大大促进了中国水务产业的发展，并培养了一批资金实力雄厚、技术能力强、管理水平高的国有企业和民营企业，例如北控水务集团、北京首创股份、北京碧水源、广东粤海水务、深圳水务集团、中国水务集团、桑德集团等。

第一节　城市水务产业产权改革的历史演进

一、水务产业产权改革的目标

（一）所有制改革，提高运营效率

从新中国成立到20世纪90年代初，我国水务产业采取国家垄断供给模式。国家出资建设水务项目，成立国有性质的水务企业或事业单位对水务项目进行运营管理。由于国有性质的水务企业或事业单位的产权结构、经营机制、激励机制、决策机制都存在一系列缺陷，产生了机构臃肿、冗员严重、成本攀升、经营

效率低、发展资金缺乏、技术水平差等问题。根据 S. M. 国际技术顾问公司统计，中国整个供水行业在 1996 年的净资产利润率为 0.1%，约有 33% 的供水公司处于亏损状态。随着中国经济的快速发展，城市化进程的加快，人民生活水平的提高，人民群众对水供给、水安全、水环境的要求越来越高，国家垄断供给的水务产业发展模式已无法满足人们日益增长的水务需求，以提高企业运营效率为目的所有制改革势在必行。

（二）拓宽融资渠道，减轻财政负担

20 世纪 90 年代以前，水务产业采取国家垄断供给模式，地方政府是水务项目的出资者。随着人民群众对水产品和水服务需求的不断增加，我国水务产业发展资金需求将不断增加。据国家住房和城乡建设部估计，水务市场投资在“九五”规划期间（1996～2000 年）将需 3000 亿元。而在 1995 年，全国财政收入仅有 6242 亿元，政府财政已无力支撑庞大的水务投资需求。水务产业的发展必须要跳出政府财政的束缚，通过拓展多层次、多元化的融资渠道，吸引民营资本、外国资本进入水务产业，从而减轻政府的财政负担，促进水务产业的发展。

（三）引入竞争机制，提高产业效率

20 世纪 90 年代以后，我国水务产业开始试点探索市场化改革，引入外国资本进入供水行业。1999 年，国家统计局数据显示，跨国水务企业的成本利润率达到 24.48%，而很多国有企业却面临亏损状态。通过试点改革实践，中国政府逐渐意识到国有资本垄断和竞争激励缺乏阻碍了中国水务产业效率的提升，要提升水务产业效率必须打破国有资本垄断的局面，引入民营资本和外国资本，提高市场竞争程度。通过市场竞争机制选择效率高、水平高、价格合理的企业进行水务项目的特许经营。一方面，可以向消费者提供高质量的水产品和水服务；另一方面，还可以倒逼国有企业改革，增强国有企业的活力。

二、水务产业产权改革的历程

（一）1990～2002 年：试点探索阶段

从 1949 年到 20 世纪 90 年代初，我国一直把水务产业看作公益性事业，是政府行政控制下的垄断行业，自来水厂和污水处理厂属于国有企业或者事业单位性质。改革开放以后，随着中国经济和城市化的快速发展，供水不足、水环境污染严重等问题日益突出，人口和经济在城市集聚迫切要求水务产业的快速发展。但是，地方政府财政已无力支撑水务产业发展的资金需求。从 20 世纪 90 年代开始，我国开始试点水务产业的市场化改革，在自来水生产和污水处理环节试点引入民营资本和外国资本。民营水务企业尚处于起步发展阶段，技术水平较低、资金实力较弱，暂时难以进入资金需求量大的自来水生产和污水处理环节，倾向于在水务设备生产领域发展。而外资企业凭借其较高的技术水平、雄厚的资金实力迅速进入中国的水务市场。1992 年，中法水务投资有限公司在广东省中山市坦洲镇建立中国第一家中外合资自来水公司。1996 年 英国泰晤士水务以 BOT 模式获得上海市大场水厂 20 年的经营权。1997 年，威立雅集团与天津市政府签订特许经营合同，改造并经营天津凌庄水处理厂。在中国水网组织评选的 2003 年度中国水业“十大影响力企业”中，外资企业威立雅水务集团、泰晤士水务集团、苏伊士里昂水务、美国金州控股进入榜单（见表 3－1）。

表 3－1 2003 年中国“十大影响力企业”

序号	企业	2003 年主要业绩
1	北京首创股份有限公司	与威立雅水务集团合作成立首创威水投资有限公司；与北京城市排水集团合作成立北京京城水务有限责任公司；收购深圳市水务集团 40% 股份，总资产 51.63 亿元，净利润 4.04 亿元
2	深圳水务（集团）有限公司	中标深圳市坂雪岗污水处理厂、广州市前锋污水处理厂以及南京江北污水处理厂运营管理项目；总资产 60 多亿元，日供水能力 167 万立方米，日污水处理能力 106 万立方米
3	威立雅水务集团	与北京首创股份有限公司合作成立首创威水投资有限公司；收购深圳水务集团 5% 股权；世界 500 强企业
4	泰晤士水务集团	与全国排名第三的上海市自来水公司签署股权合作协议；积极参与珠江的治污领域；其控股的汇津水务公司面临长春污水项目的困扰，在中国的业务呈缩减趋势
5	北京城市排水集团	与首创股份合作成立北京京城水务有限责任公司，获得广州西朗污水处理厂运营权；成功收购连云港水务公司，实现首次跨地域投资经营
6	苏伊士里昂水务	世界 500 强企业；在中国拥有 16 家合作企业，是中国最大的外资水务企业
7	美国金州控股集团	形成城市给排水从投资、建设、运营管理和商业服务的产业经营链，是中国市政环保领域内拥有专有技术和多产业布局的少数知名企业之一
8	中环保水务投资公司	以 TOT 方式在南京获得城北污水处理厂；与厦门、镇江等地签署了水务投资合作项目

续表

序号	企业	2003年主要业绩
9	安徽国祯环保节能科技股份有限公司	民营环保企业的优秀代表；完成“5万~40万吨/日城市污水处理成套设备国产化项目”；中标BOT项目广东新会东郊污水处理厂；中标TOT项目徐州污水处理厂经营权
10	清华同方水务工程公司	环保工程公司的优秀代表；承接福建三农房废水处理工程、河南驻马店造纸厂废水处理工程、深圳鹏兴花园分质供水工程等多个环保工程

资料来源：中国水网、企业年报。

（二）2003~2013年：全面市场化改革阶段

进入21世纪，中国经济快速发展，水环境污染问题日益严重，环保意识逐渐苏醒，国家开始重视城市供水、市政污水处理、工业废水处理等工作。2002年12月，建设部印发《关于加快市政公用行业市场化改革的意见》，文件指出，鼓励社会资金和外国资本采取独资、合资、合作等多种形式，参与市政公用设施的建设，形成多元化的投资结构。政府在市政公用事业领域实施特许经营制度，应公开向社会招标选择投资主体，允许企业跨地区、跨行业参与市政公用企业经营，政府通过合同协议或其他方式明确政府与获得特许权企业之间的权利和义务。水务产业的产权改革通过引入民营资本和外国资本，扩展了水务产业发展的资金来源，同时打破了国有资本垄断的局面，增加了市场竞争程度，有助于促进企业效率的提高。此后，我国相继出台了《市政公用事业特许经营管理办法》（2004）、《城市供水特许经营协议规范文件》等法规文件指导水务产业的市场化运营，进一步推动了我国水务产业的市场化改革。

中国水务产业的市场化改革开放了世界上最大的水务市场。此时，国内水务产业尚处于起步发展阶段，一批外资水务企业凭借雄厚的资金、先进的技术和管理经验，迅速进入中国市场，并成为中国水务市场的主导力量。例如，法国威立雅集团、中法水务、西门子等。2012年，法国威立雅以水处理总规模1441万立方米/日成为中国第一大水务企业。而在此阶段，也有一些外资企业由于经营管理不善，中西管理文化差异等原因，选择退出了中国水务市场，比如，英国泰晤士水务、英国安格利安水务等。外资企业积极进入中国的水务市场在一定程度上缓解了我国水务行业发展资金短缺、技术落后、经营效率低等问题。

与此同时，中国的人口红利和巨大的市场也培养出一大批优秀的本土水务企业。2010年，国务院发布《关于加快培育和发展战略性新兴产业的意见》，节能环保产业作为战略性新兴产业得到了各级政府的大力支持，一大批优秀的国有水务企业和民营水务企业开始发展起来并迅速崛起，具体数据如图3－1所示。例如，北京首创股份、北控水务集团、成都市兴蓉环境股份、中国水务投资、桑德集团、北京碧水源等。2013年，北控水务集团以2094万吨/日的水处理总能力超过威立雅，成为中国第一大水务企业。

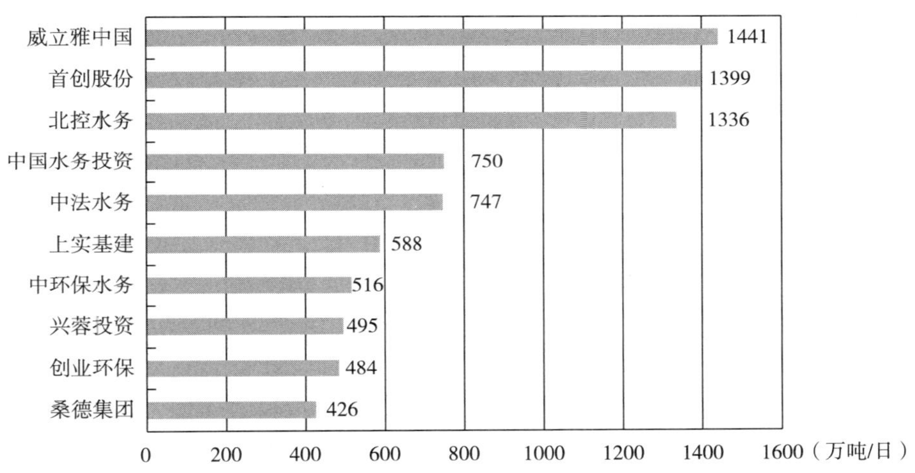

图3－1　2012年中国十大水务企业水处理总规模

资料来源：中国水网。

（三）2014～2019年：市场化改革深化发展阶段

进入21世纪初，我国经济持续高速增长，人民生活水平不断提高。与此同时，我国的水生态环境却在持续恶化，城市黑臭水体不断增多，水污染治理能力远远赶不上被破坏速度，水生态赤字在逐渐扩大。在“十二五”规划期间，我国政府改变了“先污染后治理，边污染边治理”的发展思路，坚决向水环境污染宣战，坚持“预防为主、综合治理”的发展思路，持续加大对水生态环境保护力度。2012年，发展改革委、住房和城乡建设部与环境保护部联合出台了《“十二五”全国城镇污水处理及再生利用设施建设规划》。2015年，国务院发布了《水污染防治行动计划》，在市政污水处理、工业废水处理、全面控制污染物排放等领域进行强力监管，铁腕治污成为“常态”，将推动水务投资达20000亿元。2016年，国家发展改革委发布了《“十三五”重点流域水环境综合治理建设规划》，旨在恢复重点流域的水生态、改善水环境质量、保障水安全。中共十八大以来，党中央相继提出“两山论”“生态文明战略”，促使我国水务产业进入了一个新的发展阶段。市政供排水项目的提质增效，城市水环境综合治理、村镇污水治理、再生水生产、黑臭水体治理将成为水务新的增长点。“十三五”规划期间，中国水务市场可望达到10万亿元人民币的投资规模。

随着中国水务监管体制的日趋完善，水务产业的发展从追求“数量”和“规模”转向追求“质量”，水务产业发展进入提质增效、精耕细作的时代。国有资本、民营资本和外国资本之间相互融合、优势互补，混合所有制改革成为大势所趋。水务项目从原来的单体招标向多体综合招标发展，企业发展策略从原来的单打独斗向强强联合发展。水务企业竞争日趋激烈，企业兼并重组成为常态，市场集中度逐渐提高。巨大的市场潜力培育了一批实力雄厚的水务企业，它们在立足本国市场的基础上，开始积极拓展国际市场。2017年，水处理总规模达到1000万吨/日的国有企业和民营企业已达10家（见图3-2）。

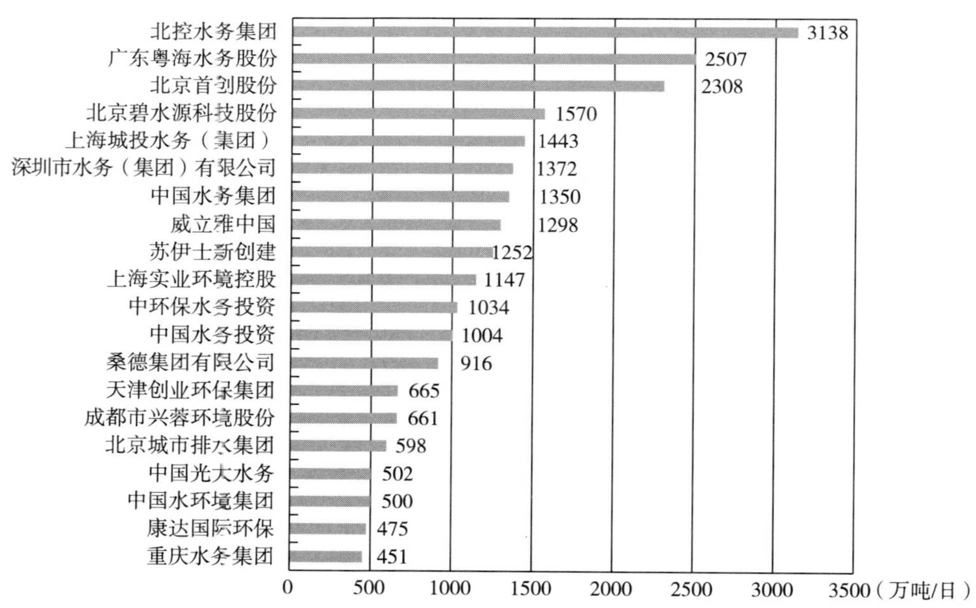

图3-2　2017年中国二十大水务企业水处理总规模

资料来源：E20环境平台、企业年报。

三、水务产业的产权改革特点

（一）混合所有制改革

从新中国成立到20世纪90年代初，我国水务产业由国有资本所垄断，水务项目由国有企业或事业单位运营管理，出现了效率较低、技术较低、机构臃肿、决策缓慢、发展资金缺乏等问题。提高水务企业的效率成为水务产业市场化改革的主要目标之一。1993年，中共十四届三中全会提出，“建立现代企业制度是发展社会化大生产和市场经济的必然要求，是我国国有企业改革的方向”。20世纪90年代末，水务企业逐步向建立“产权清晰、权责明确、政企分开、管理科学的现代企业制度”迈进。一方面，国有水务企业由过去计划经济时代靠政府补贴向市场经济时代自主经营、自负盈亏转变；另一方面，事业单位转制为国有企业，实行现代企业制度。转制后的国有企业，企业效率虽然有所提升，但是效率提升效果并不明显，国有企业改革探索仍在不断摸索和尝试。

1999年，党的十五届四中全会提出：“国有大中型企业要通过规范上市、中外合资和企业互相参股等形式，改为股份制企业，发展混合所有制经济，重要的企业由国家控股。”2002年，中共十六大报告指出 除极少数企业必须由国家独资经营外，积极推行股份制，发展混合所有制经济。公有制产权主体优势在于资本实力雄厚，注重追求社会效益，而劣势在于产权主体抽象、产权不明晰、机构臃肿、决策缓慢、运营效率低。私有制优势在于产权明晰、市场反应灵敏、决策迅速、运营效率高，劣势在于资本实力较弱、不注重社会效益。混合所有制实现了公有制和私有制两种所有制的优势嫁接，避免了各自的劣势，形成了一种优势互补的所有制结构。混合所有制的企业可以利用国有企业的政府资源和融资平台，私营企业的市场触觉、管理经验和激励机制，较好地促进了企业的发展。在国家有关政策的指引下，中国水务企业在21世纪初开启了国有企业、外资企业、民营企业相互参股的混合所有制改革。

混合所有制的改革可以采取多种方式。北控水务的混合所有制改革采用“国有+民营+港股”的方式。2008年，北京控股集团收购上华控股，注入水务资产并更名为北控水务。北控水务是由国有企业北控集团控股，北控集团在决策上不会过多干预北控水务，资产所有权和经营权分离，资产归北京市政府所有，但经营权下放给北控水务的管理层。2008年，北控水务收购中科成环保集团之后，进行管理体制的改革，统一薪酬体系，设置管理层股权激励和股票期权，从而激发了北控水务管理团队的积极性。2013年，北控水务成为中国第一大水务企业。北京排水集团（以下简称北排集团）是典型的市政服务企业，保留着浓重的事业单位特征，采用“国企+基金”的方式运营着北京市主城区主要污水处理厂。2014年，北排集团与基金公司国投创新投资管理公司组建北京北排水环境发展有限公司，北排集团将旗下污水处理、再生水利用和污泥处置等板块的核心资产作价70亿元入股，基金公司国投创新则以30亿元现金入股。新成立的北排水环境出资30亿元，与上海浦东发展银行、中国工商银行共同发起规模为100亿元的国投水环境（北京）基金，用于北排水环境未来业务扩展。

（二）兼并重组

地方政府侧重追求经济的快速增长，长期忽视水生态环境的保护，导致水环境日益恶化。伴随着我国经济发展方式的转变，民众对水环境改善的迫切需求，我国政府对水生态环境的保护和治理日益重视。随着《中华人民共和国自来水水质国家标准》（2007年）、《城镇排水与污水处理条例》（2013年）、《水污染防治行动计划》（2015年）等相关条例的颁布，国家在饮用水生产、污水处理、工业废水处理、全面控制污染物排放等方面进行强有力的监管，启动严格问责制，中国逐步迈入“铁腕治污”时代。地方政府对水务产业的发展逐步重视，行业标准不断提升，环保产业竞争加剧，水项目的综合性强，资金净额大，促成建筑、工程、园林、水务、环保出现联合态势。一些实力雄厚的大型企业借助资本市场的支持，通过纵向整合及延伸水务产业链，培育出具有水设备、咨询、设计、建设、投资、运营等综合能力的大型水务企业，推动水务企业在产业链、业务范围、地理区域的快速布局。

2010年以来，中国水务市场开始兴起了兼并重组的浪潮。国有水务企业凭借资金优势和良好的政企关系，跳出属地经营的限制，大举进军全国市场，部分企业甚至走向国际市场。例如，2013年，北控水务集团收购标准水务、北京建工环境、实康水务等水务企业资产，水处理规模增量达到600万吨/日，市场范围扩展到山东、陕西、河北、浙江、江苏、福建等省。民营企业则凭借在水务行业上游设备产业和中游工程技术优势，联合地方国企成立合资企业，共同开拓下游产业市场。例如，2017年，北京碧水源科技股份有限公司（以下简称北京碧水源）已经与40多个国有企业联合组建合资公司，业务范围已经遍布全国各个省份。其中，最为成功的合资案例为云南水务。2011年，北京碧水源与国有企业云南省水务产业投资有限公司合作成立云南水务产业发展有限公司，云南水务采取“国有资本控股，民营资本管理”模式，既有地方政府的背景，又拥有北京碧水源的技术、管理经验和激励机制，水务服务水平迅速提高。2017 年，云南水务业务已从云南扩展至浙江、广东、新疆、山东、黑龙江等全国 20 个省份，并开始进军国际市场，在泰国、马来西亚、印度尼西亚、新加坡、澳大利亚投资水务项目，公司资产达到 270 亿元，拥有约 190 个水务项目，日处理总量达 527 万吨（见表 3－2）。

表 3－2　2017 年水务市场并购案例

企业	收购时间	被收购企业	交易金额（亿元）	收购目的
云南水务	2017 年 2 月	Galaxy NewSpring Pte. Ltd.	8.77	开拓辽宁、河北、湖南、重庆等市场
兴源环境	2017 年 3 月	源泰环保	5.5	开拓污水处理、废气市场
苏伊士	2017 年 3 月	GE 水处理	233.35	开拓工业水处理市场
康达环保	2017 年 3 月	山东丰民水务	0.32	拓展山东市场
云南水务	2017 年 4 月	泛亚国际（泗水）	3.76	拓展内蒙古市场
康达环保	2017 年 5 月	温州市创源水务	1.45	拓展浙江市场
云南水务	2017 年 5 月	三明市金利亚环保	2.77	拓展垃圾焚烧市场
巴安水务	2017 年 5 月	Doosan Hydro Technology LLC.	0.51	开拓海水淡化市场
碧水源	2017 年 6 月	良业环境	8.49	进入生态照明领域
北控水务	2017 年 9 月	Trility Group	13	开拓澳大利亚水务市场

（三）跨界进入水务行业

2010～2020 年，中国经济面临着结构调整和转型升级的压力。一些建筑、钢铁、能源等供给端过剩的传统国有企业因自身业务转型的需要，需要寻找新的业务增长点。随着《“十二五”全国城镇污水处理及再生利用设施建设规划》（2012）、《水污染防治行动计划》（2015）、《“十三五”重点流域水环境综合治理建设规划》（2016）的发布，中国的城市水环境综合治理、村镇污水治理、再生水生产、黑臭水体治理将成为新的增长点，水务市场将会迎来约 10 万亿元市场规模的增长，水务项目稳定的资金回报率吸引了一些资金实力雄厚的大型企业借助资本优势竞相跨界进入。例如，2015 年，葛洲坝集团收购凯丹水务 75% 的股权，进军水务产业；徐工集团设立徐州徐工环境技术有限公司，进入水污染治理行业；双良节能收购商达环保64.3%的股权，进军污水处理行业；南方泵业集团收购金山环保，进军工业和污水处理行业；东方园林收购中山环保和上海立源两家企业进军水务市场；2017年，中国中车集团成立中车环境科技有限公司，重点进军农村水务市场。

（四）水务企业强强联合

随着《水污染防治行动计划》（2015）、《“十三五”重点流域水环境综合治理建设规划》（2016）的发布，水安全和水环境治理被提高到国家发展的战略高度上来。地方政府对水安全、水环境治理日益重视，从过去的单一项目招标转向多项目打包招标，从过去单一治理转向多维治理。大型生态治理项目内容日趋复杂，推行水岸、厂、网一体化的治理模式。企业单打独斗已难以形成竞争优势，需要企业强强联合形成共同体，以优势互补的方式获取水务项目，为地方政府提供全面的水环境治理方案。例如，2017年，阜阳市公开招标阜阳市城区水系综合整治（含黑臭水体治理）PPP项目，该项目分为三个标段进行公开招标。标段二建设地点位于安徽省阜阳市颍西片区，采用DBFOT（设计—建造—融资—运营—移交）模式，概算总投资51.36亿元，项目建设期不超过3年，运营期不超过15年。项目包含27条河道工程、12条河道景观工程、1座排涝泵站、172.5公里截污管道、11座调蓄池、16座蓄水闸坝、80座桥梁。项目涉及工程设计和施工、水环境治理、园林景观、污水管网、水利项目、桥梁建筑等。安徽国祯环保、葛洲坝集团、天津市政院、中证葛洲坝组成的联合体，在设计、工程施工、项目运营、技术、资金方面优势互补，成功中标该项目。

（五）资产负债率高

资产负债率是指企业的负债总额占企业资产总额的比例，它是反映企业财务状况的关键性指标。水务产业中的自来水生产、污水处理、再生水生产、水环境综合治理项目具有前期一次性投资规模大、投资回收周期长的特点。随着水务企业规模的不断扩大，承接项目的不断增加，需要从外部大量募集资金，造成企业资产负债率高。例如，北控水务集团从2013～2017年的资产负债率分别为：66.39%、63.04%、68.54%、65.65%、66.40%。北控水务集团拥有上市公司、国有企业、环保企业的身份，具有较强的对外融资能力，依靠大规模外部资金，北控水务集团的业务、市场、规模快速扩张，水处理总设计能力从2013年的1263万吨/日上升为2017年的3138万吨/日。但是，资产负债率高也表明企业的负债规模较大，会带来资金链断裂的风险，一旦不能及时偿债，将会影响企业运营，甚至导致企业破产。而资产负债率过低，企业利用外部资金较少，企业的发展速度较慢，企业规模扩展较慢。因此，过高的资产负债率和过低的资产负债率都不利于水务企业的发展，一般认为，水务企业的资产负债率比处于40%～60%比较适度。适度的资产负债率有利于企业实现规模化经营的同时也提高了企业运营效益。近10年来，我国的水务市场规模不断扩大，水务企业也处于扩张发展期，水务企业的资产负债率普遍处于高位，面临着较高的财务风险。2017年，博天环境集团的资产负债率高达78.01%，云南水务的资产负债率高达75.33%，国祯环保的资产负债率高达72.61%（见表3-3）。

表3-3　部分水务企业的资产负债率情况　　单位:%

序号	企业	2016年	2017年
1	首创股份有限公司	65.65	66.40
2	北控水务集团有限公司	67.11	66.97
3	云南水务投资股份有限公司	63.87	75.33
4	康达国际环保有限公司	66.91	71.73
5	博天环境集团股份有限公司	74.33	78.01
6	安徽国祯环保节能科技股份有限公司	62.25	72.61
7	天津创业环保集团股份有限公司	56.53	52.98
8	成都市兴蓉环境股份有限公司	45.70	45.90
9	深圳市水务集团有限公司	45.55	43.79
10	北京城市排水集团有限公司	47.35	46.69

（六）竞争性市场结构

市场集中度是指水务市场中前几位最大企业所占的销售份额，它是整个水务市场结构集中程度的测量指标，是衡量市场势力的重要指标。市场集中度越低，说明大企业的市场支配力就越弱，市场竞争程度就越高。反之，竞争程度就越低。根据E20研究院发布的《中国水务行业市场分析报告（2017）》，2016年，威立雅在供水市场排名第一，供水运营总规模达1135万立方米/日，市场占有率达到了3.08%；苏伊士排名第二，市场占有率为2.6%；首创股份排名第三，市场占有率为1.93%。前五名供水企业运营规模占据了市场份额的11.02%，前十名的供水企业运营规模占据了市场份额的16.47%。在市政污水处理市场，北控水务集团排名第一，污水处理规模为1001.25万立方米/日，市场占有率达到5.51%；北京碧水源排名第二，市场份额为4.35%；首创股份排名第三，市场份额为4.26%。前五名污水处理企业运营规模占据了市场份额的19.01%，前十名的企业运营规模占据了市场份额的27.18%。相对于供水市场，污水处理市场的集中度相对较高。根据美国经济学家贝恩对产业集中度的划分标准，前四名最大企业的市场份额少于30%为竞争型市场结构，我国供水市场和污水处理的市场集中度不高，市场结构属于竞争性市场结构。

第二节　城市水务产业产权改革的发展方向

一、水务市场的主要企业形式

（一）国有企业

从1949年到20世纪90年代初，我国水务产业采取纵向一体化的国家垄断供给模式，地方政府担任着水务产业的规划者、生产者、购买者、管理者的职能，水务企业属于国有企业或事业单位性质。随着中国经济和城市化的飞速发展，人民群众对城市水务产品和服务的需求不断增加，政府垄断供给模式对水务产品和服务的供给显得力不从心，水务产业投入资金供需缺口大，国有企业或事业单位运营效率低下，水污染问题日益严重。

1993年，中共十四届三中全会通过《中共中央关于建立社会主义市场经济体制若干问题的决定》提出“建立适应市场经济要求，产权清晰、权责明确、政企分开、管理科学的现代企业制度，建立现代企业制度是发展社会化大生产和市场经济的必然要求，是我国国有企业改革的方向”。20世纪90年代末，水务企业逐步向“建立现代企业制度”迈进，开始了机制和体制的改革，由过去计划经济时代靠政府补贴向市场经济时代自主经营、自负盈亏转变。例如，1998年5月，深圳市政府决定深圳市自来水公司由政府投资为主改为由企业投资为主。

21世纪初，在地方政府的主导下，国有企业通过“股份制改造、兼并重组、裁撤冗员、精简机构”等一系列改革，在相当程度上扭转了国有企业亏损严重、机构臃肿、效率低下等局面。地方政府将城市供水、排水、污水处理等国有企业进行合并或重组，实现供排水一体化，完成从单项服务企业到综合性服务企业转变。例如，2001 年，深圳市自来水（集团）有限公司与深圳市排水管理处合并，组建集城市供水、排水、污水处理生产经营与服务于一体的深圳市水务（集团）有限公司，业务范围从传统的供排水服务逐步向水环境生态修复、污泥处置、垃圾渗滤液、工业废水处理等领域拓展。

2002 年，中华人民共和国建设部发布《关于加快市政公用产业市场化进程的意见》，意见指出：加快推进市政公用行业市场化进程，引入竞争机制，建立政府特许经营制度，鼓励社会资金和外国资本采取独资、合资、合作等多种形式，参与供水、污水处理等市政公用设施的建设，形成多元化的投资结构。一些实力雄厚的水务国有企业开始谋划以从属地经营为主，向异地水务市场拓展，使企业从地方性水务服务商向全国性水务服务商转变，甚至拓展海外市场成为全球性水务服务商。例如，2002 年 11 月，北京首创股份有限公司与马鞍山市自来水公司组建马鞍山首创水务有限责任公司，开启了首创股份“跨出北京布局全国”的战略部署。随后，首创股份分别与马鞍山、青岛、秦皇岛等地水务企业合作成立合资水务企业，开拓全国水务市场。截至 2017 年末，首创股份在全国 23 个省、自治区和直辖市拥有 100 多个水务项目，水处理能力达到 2308 万吨/日，公司总资产达到 509 亿元。

国有水务企业通过产权多元化的混合所有制改革，使企业从传统国企向国有控股的合资企业转变，引入市场化管理模式，提高企业经营效率。混合所有制改革主要的途径有：第一，通过整体上市、核心资产上市、增资扩股、股权转让等方式与民营资本混合，改善企业治理结构，注入民营企业的活力；第二，引入战略投资者，汲取丰富的投资经验和管理经验；第三，通过内部员工持股，设置股权激励制度，激发员工工作积极性。例如，2000 年，首都创业集团联合北京市国有资产经营公司等发起成立首创股份有限公司，并积极推动首创股份在上海证券交易所成功上市，募集资金 26.94 亿元用于企业的发展壮大。2001 年，首创股份与全球最大的企业法国威立雅水务签署战略合作协议，引入先进技术和管理经验。随后，首创股份通过上市融资、发行企业债券、银行贷款、短期融资券等途径进行大量融资，用于支持企业布局全国、开拓海外市场。截至 2017 年末，首创股份已经发展成为中国第三大水务企业，业务范围囊括供水、污水处理、固废处理、海绵城市、水环境治理、污泥处理、再生水等，业务覆盖中国内地、新西兰、新加坡，成为世界第五大环境综合服务商。

中国水务产业的市场化改革开放了全球最大的水务市场，培养了一大批优秀的国有企业。2017 年，在中国前 20 强的水务企业中，有 14 家企业是国有控股企业。在这些国有控股企业中，有些企业由省（或市）国资委控股，例如，北控水务集团、广东粤海水务股份、深圳市水务集团、北京首创股份、上海城投水务集团、上海实业环境控股、天津创业环保、成都环境投资集团、北京城市排水集团、重庆水务集团、成都市兴蓉环境；有些企业由中国国资委控股，例如，中国光大水务有限公司、中环保水务投资、中国水环境集团等（见图 3－3）。

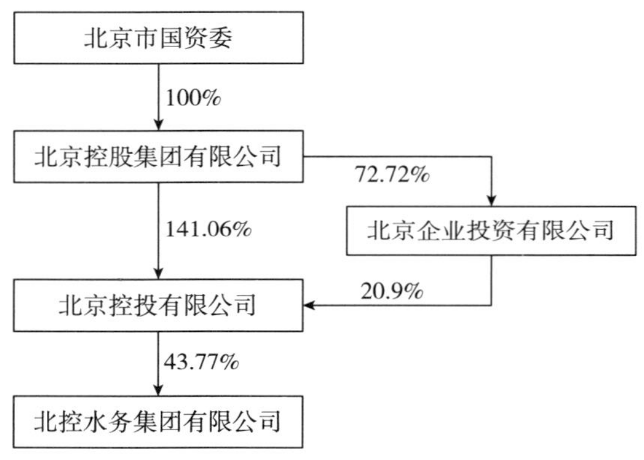

图 3－3　2017 年北控水务集团有限公司股权结构

资料来源：北控水务集团有限公司。

北控水务集团有限公司是北京市市属国有企业北京控股集团旗下的水务企业，重点业务领域包括：市政水务、工业水务、村镇水务、海水淡化、水环境综合治理、环卫及固废处理、金融服务和清洁能源。1997 年 5 月，北京控股集团在香港挂牌上市。2008 年 1 月，北京控股集团收购上市公司上华控股，注入水务资产并更名为北控水务。2008 年 8 月，北控水务集团出资 13.71 亿港元收购中科成环保集团 88.4% 的股权，引入先进管理机制，进行混合所有制改革。中科成在水务市场运作有丰富的经验，拥有比较齐备的行业资质，已在国内很多经济发达城市拥有水处理项目，这些都有利于北控水务集团进一步开拓国内水务市场。

2008 年开始，北控水务集团开始运用金融资本服务于实业，通过低成本融资助力新项目开发和并购，实现企业的快速扩张。2012 年 3 月，北控水务集团获得国家开发银行香港分行5年期贷款及马来西亚项目贷款23亿元人民币；2013年11月，获得亚洲开发银行2.4亿美元长期低息贷款，用于污水处理厂的升级改造；2013年9~10月，两次海外配股共筹集23.04亿港元；2014年10月，获得亚洲开发银行提升贷款额度至4.08亿美元；2015年12月，获得国际金融公司3亿美元长期贷款；2015年，境内主要平台银行授信超100亿美元。

在雄厚资本实力的支持下，北控水务集团开始采用并购方式实现异地扩张。2013年，北控水务集团以5亿元收购东莞7家水务公司的全部股权；以2.7亿元收购北京建工环境发展有限责任公司60%的股权；以13.5亿元收购标准水务有限公司的两个全资子公司及其36个水务项目；以9.55亿元收购实康水务9个水务项目。除了在国内市场快速扩张外，北控水务集团开始布局海外市场。2011年11月，北控水务集团与马来西亚政府签署9.83亿马币潘岱污水厂项目，开始进入马来西亚水务市场。2013年3月，北控水务集团以9509.3万欧元收购葡萄牙水务，进军欧洲市场。2013年，北控水务集团水处理能力达到2094万吨/日，首次超过威立雅集团，成为中国第一大水务企业。

凭借企业良好的发展态势，北控水务集团开始从国内资本市场募集资金，通过发行人民币债券、利用PPP基金、ABN等手段降低负债率，盘活存量资产、引导实业向轻资产服务模式转型，实行“资产管理平台”和“运营管理平台”的双平台模式。2016年，北控水务集团先后发行了“3+2”年期3.6%利率的20亿元人民币债券、“5+3”年期3%利率的18亿元人民币熊猫债券、“5+2”年期3.33%利率的22亿元人民币熊猫债券、“5+3”年期3.25%利率的7亿元人民币绿色熊猫债券、“5+N”年期3.68%利率的28亿元人民币可续期绿色公司债券、“5+N”年期3.7%的28亿元人民币绿色长期限含股中期票据。2017年4月，北控水务集团发行21亿元绿色资产支持票据，用于环境改善、应对气候变化等绿色项目。2017年8月，与中国人寿合作成立北控国寿水务基金，基金总体规模超240亿元，投资于水务为主的基础设施项目。2018年，北控水务集团发行30亿元人民币的熊猫中票。目前，北控水务集团正在努力打造“资产管理平台”和“运营管理平台”，“资产管理平台”为“运营管理平台”提供资源保障，而“运营管理平台”为“资产管理平台”提供实业支持。

2017年，北控水务集团荣登《财富》中国500强，实现年营业收入超211.92亿港元，实现归属母公司净利润超37.17亿港元。截至2017年12月，北控水务集团的水务总资产超1004亿港元，在全国及海外运营着655个污水处理厂、112个自来水厂、14个再生水厂、1个海水淡化厂，水务总设立能力达3138.8万吨/日。

（二）民营企业

从1949年到20世纪90年代，中国政府把水务产业视为公益性事业，自来水厂是国营企业，污水处理厂为国有事业单位，国家垄断经营城市水务产业。1992年，中共十四大提出建立社会主义市场经济体制，即建立以公有制为主体、多种所有制并存的所有制结构。在中共十四大精神的指引下，中国掀起了又一场下海经商的热潮，一批工程师、政府官员、学者下海建立了民营水务企业。1992年，电力局局长李炜"下海"创立了安徽国祯电器公司，该公司后来进入了水务行业；1992年，清华大学热能工程专业本科生陈良刚创立了海南立昇净水企业；1993年，清华大学环境工程硕士文一波创立了桑德集团；1995年，北京农业工程大学农业建筑与环境工程专业本科生赵笠钧创立了博天环境集团股份有限公司。20世纪90年代初，中国的水务产业处于起步发展阶段，我国水务市场由国有资本垄断。此时，国家开始试点放开水务产业中的自来水生产和污水处理环节，巨大的市场发展潜力吸引了很多世界水务巨头，法国威立雅集团、英国泰晤士水务等开始试水中国水务市场，而民营企业由于仍处于起步发展阶段，无法与国有企业和外资企业竞争，民营企业在夹缝中求生存。发展初期，民营企业主要集中于供排水设备、药剂的生产和销售等上游产业链发展，依靠技术实力和敏感的市场触觉，在市场的夹缝中慢慢发展壮大。例如，北京碧水源的膜生物反应器（MBR）技术，桑德集团的含汞水处理技术，安徽国祯环保的污水处理成套设备生产，江西金达莱环保的兼氧膜生物反应器（FMBR）技术。

2002年，中华人民共和国建设部发布《关于加快市政公用产业市场化进程的意见》，该意见向民营企业开放了水务市场，大大促进了民营水务企业的发展。民营企业从最初集中于设备、药剂生产和销售等上游产业链，逐渐向自来水厂、污水处理厂、再生水厂、水环境治理领域等下游产业链延伸。除了依靠某项技术实力立足市场外，民营企业还通过借力国有企业，借助资本市场，布局全国市场，进入快速发展期。例如，从2007年开始，北京碧水源陆续与30多个省市国有水务企业以合资形式组建40多家合资公司。这些合资公司既拥有地方政府的背景，又拥有民营企业的经营机制，它们为碧水源的业务扩张提供了强有力的支持，实现了碧水源企业规模、市场布局、业务模式的快速发展。2010年，碧水源在深交所创业板成功上市，募集资金24.46亿元，资本市场助力碧水源实现跨越式发展。据估计，在“十二五”规划期间，中国水务市场投资高达1万亿元。中国巨大的水务市场培育出一批优秀的民营企业。2017年，中国前20强水务企业中，有4家是民营企业，它们分别是北京碧水源、桑德集团、康达国际环保、中国水务集团。

案例：北京碧水源科技股份有限公司

2001年，归国留学者文剑平带领创业团队在北京中关村科技园创立了北京碧水源科技股份有限公司（下称碧水源），企业定位于以膜材料及其应用技术为主要发展方向。碧水源所掌握的膜生物反应器（Membrane Bio - Reactor）技术是一种由膜分离单元与生物处理单元相结合的新型水处理技术。在创业之初，由于MBR技术尚不够成熟常受到市场的质疑，企业规模尚小难以开拓市场，碧水源的发展步步维艰。2005年，碧水源承担了北京密云再生水回用工程，处理规模为4.5万吨/日，成功将MBR技术运用于大规模工程，开启了我国MBR技术大规模应用的序幕，也成为碧水源发展的一个重要转折点。2007年，碧水源通过股份改制进一步提升了企业管理水平，相继中标了“奥运龙形水系水景工程”“南水北调源头丹江口污水处理厂”改造等项目，企业规模不断壮大。2010年，碧水源在深交所创业板成功上市。2012年，碧水源入选深证100指数，成为创业板首只入选股票。

目前，碧水源公司已从一家资产仅有40万元的水处理高科技企业，发展成为拥有456亿元资产的上市企业。碧水源是国内污水资源化和膜生物反应器领域实力最强的企业，它所掌握的膜生物反应器技术、研发和生产能力处于国内第一、世界前三的水平。碧水源的业务已从最初的水处理扩展到全产业链，业务范围包括：自来水处理、海水淡化、市政污水和工业废水处理、湿地保护与重建、海绵城市建设、河流综合治理、黑臭水体治理等。除了水务产业外，碧水源的业务范围还向市政景观建设、城市光环境设计建设、固废危废处理、生态农业、循环经济、金融机构等领域拓展。

科技进步是经济增长的源泉和动力，研发创新是企业的核心竞争力。为了保持企业的技术创新能力，碧水源公司拥有研发类人才近1000人，公司每年将归属母公司净利润的10%投入技术研发。碧水源公司建设了国家工程技术中心、博士后工作站、院士专家工作站、美国工程院士 - David Waite 教授工作站、李锁定创新工作室，与清华大学成立碧水源环境膜技术研发中心，承担了国家科技重大专项水专项、“863 计划”“国家科技支撑计划”等国家课题。截至 2017 年，公司拥有 500 余项专利技术，并于 2009 年和 2017 年两次获得国家科学技术进步奖二等奖。

碧水源是较早尝试 PPP 模式的环保企业。从 2007 年开始，碧水源控股、参股的企业多达 200 家，总处理能力超过 2000 万吨/日。在这些企业当中，云南水务投资股份有限公司是最为成功的企业。2011 年，碧水源与云南省城市建设投资集团采用 PPP 模式成立云南水务投资股份有限公司，该公司于 2015 年成功在香港上市。截至 2017 年 12 月，云南水务已是中国领先的城市环境综合服务商，公司立足云南，业务扩展至山东、福建、广东、浙江等 20 多个省份，并已在泰国、印度尼西亚、新加坡等海外进行投资，公司总资产约 270 亿元，拥有 190 个水务项目，15 个固废处理项目，20 个在建的城市环境综合整治项目。

2017 年，碧水源的营业收入达到 137.67 亿元，总资产为 456.37 亿元。碧水源的主体业务是环保业务（水处理、固废及水生态），占企业营业收入比重的 65.78%，市政业务（市政与给排水、城市光环境）占营业收入的 34.22%。从产品来看，碧水源的产品主要集中于环保整体解决方案和市政与给排水，环保整体解决方案占营业收入的 63.94%，市政与给排水占 26.22%。从地区来看，碧水源业务范围已从北京扩展至全国，北京地区业务占营业收入的 6.21%，北京外地区占 93.79%。

（三）外资企业

20 世纪 90 年代初，我国开始试点放开水务产业中的自来水生产和污水处理环节，巨大的市场发展潜力吸引了很多世界水务巨头，例如，法国威立雅集团、英国泰晤士水务、法国苏伊士等开始试水中国水务市场。1992 年，法国苏伊士和中国香港新创建集团有限公司合资成立中法水务投资有限公司（以下简称中法水务）开拓中国水务市场。同年，中法水务在中山市坦洲镇建立中国第一家中外合资自来水公司。1996 年，英国泰晤士水务以 BOT 模式获得上海市大场水厂 20 年的经营权。1997 年，法国威立雅中标天津凌庄水厂改扩建项目，并获取 20 年特许经营权。在中国水网组织评选的 2003 年度中国水业“十大影响力企业”中，外资企业威立雅水务集团、泰晤士水务集团、苏伊士里昂水务、美国金州控股进入榜单。

为了吸引外国资本投资水务产业，一些地方政府在协议中签订了较高的固定投资回报率，给地方政府财政造成了较大的负担，部分城市水价上涨导致了民怨沸腾。针对外资企业投资回报率过高的问题，2002 年 9 月，国务院办公厅发布《关于妥善处理现有保证外方投资固定回报项目有关问题的通知》，文件指出：保证外方投资固定回报不符合中外投资者利益共享、风险共担的原则，违反了中外合资、合作经营有关法律和法规的规定，各地方政府在与外方充分协商的基础上，采取“改”“购”“转”“撤”方式予以纠正，任何单位不得违反国家规定保证外方投资固定回报。1996 年，英国泰晤士水务以 BOT 模式获得上海市大场自来水厂的特许经营权，协议约定 15% 的固定投资回报率。2004 年，由于特许经营协议中规定的固定投资回报率高于国家规定，大场水厂由上海水务资产经营公司回购国有。2004 年，英国泰晤士水务集团退出中国水务市场。由于运营成本高，难以派驻大量外籍人员，中西方管理文化差异，中国水务政策的改变，水价长期偏低等原因，除了法国威立雅集团和中法水务外，一些已进入中国市场的外资水务企业进行业务收缩，甚至完全退出中国市场。

2004 年后，在华外资水务企业不得不重新审视中国水务市场，转变在华经营管理策略，积极同地方水务企业进行战略合作开拓中国市场，例如，法国威立雅、中法水务、西门子。2003 ~2017 年，威立雅 14 次被评为“中国水业十大影响力企业”，苏伊士新创建（或中法水务）15 次被评为“中国水业十大影响力企业”。2012 年，威立雅的水处理总规模达到 1441 万吨/日，排名中国水务企业第一位。到了“十二五”规划末期，随着本土企业北控水务集团、北京首创股份、北京碧水源科技股份、桑德集团等的逐渐崛起，外资企业的技术价格、决策效率、政企关系等方面纷纷败给了本土企业，外资企业的市场开拓步伐和市场份额在不断减少。2013 年，北控水务集团的水处理规模达到 2094 万吨/日，超过威立雅成为中国第一大水务企业。

案例：威立雅水务集团

威立雅水务集团成立于 1853 年，是全球最大的水服务集团，也是世界 500 强企业之一，在全球建有 6 个研发中心，为 1 亿人提供生活用水。威立雅在废弃物回收和利用、水务管理和能源利用上拥有较强的国际竞争力。威立雅在水务市场上的业务范围包括：饮用水处理、工业废水处理、市政污水处理、水的回收再利用、供水和污水管网管理、污泥处理、海水淡化、工艺用水管理、冷却水管网管理等。1997 年，威立雅中标天津凌庄水厂改扩建项目，并获取 20 年特许经营权，正式进入中国水务市场。

21 世纪初，国内水务企业尚处于起步发展阶段，在技术水平、资金实力、管理水平上都弱于威立雅。威立雅以“高溢价收购”“参股”“控股”等方式迅速开拓中国市场。2002 年，威立雅以超过净资产 3 倍的溢价收购上海浦东自来水公司 50% 的股权。2003 年，威立雅联手首创投资公司以 4 亿美元收购深圳水务集团 45% 的股份。2007 年，威立雅以溢价 3 倍多收购兰州供水集团 45% 的股份，以溢价 3 倍价格收购天津水业 49% 的股权。2003 ~ 2016 年，威立雅的投资足迹已遍布中国一半的省份，威立雅连续 14 年被评为中国水业“十大影响力企业”。截至 2015 年，威立雅在中国运营着 35 个水处理项目，水处理总规模达 1352 万吨/日。

威立雅是中国水务市场上第一大外资企业，拥有先进的水处理技术和管理水平。但是，威立雅管理的水处理项目却频频被爆出超标排放事件。例如，2011 年，上海威立雅自来水有限公司浦东水厂超标排放水污染物，被警告并罚款。2012 年，上海浦东威立雅自来水有限公司违反水污染防治管理制度被处罚款。2013 年，海口威立雅水务白沙门污水处理厂被查出水粪大肠菌群数超标。2014 年，北京燕山威立雅水务有限责任公司氨氮排放浓度日均值达 622.61 毫克/升，严重超标。2014 年，青岛威立雅水务运营有限公司麦岛污水处理厂被查出超标排放粪大肠菌群。2014 年，兰州威立雅水务集团公司自来水苯超标。从这些违规事件可以看出，威立雅在中国市场上的水处理项目扔存在较大的管理问题。

二、水务市场的融资方式拓展

水务产业具有资金需求量大、资产沉淀性强、投资回报期较长的投资特征。水务企业的发展离不开资金的支持，投融资能力成为决定水务企业生存和发展的核心竞争力，投融资困境是水务企业在发展过程中遇到的最为普遍的问题之一。在市场化改革背景下，政府不断完善水务产业的投融资机制，鼓励水务企业通过银行信贷、发行债券、股权转让、上市融资、产业基金等途径，积极筹措资金，扩大生产规模，实现企业的跨越式发展。

（一）银行信贷

《水污染防治行动计划》（2015）指出积极推行绿色信贷，发挥政策性银行等金融机构在水环境保护中的作用，重点支持循环经济、污水处理、水资源节约、水生态环境保护、清洁及可再生能源利用等领域。银行信贷是水务企业融资的主要渠道，在银行信贷的支持下，水务企业能够以业务和市场份额的扩张。首创股份是我国目前的第三大水务企业，它在2017年获得的银行授信额度总达100亿元人民币，包括北京银行15亿元人民币的授信额度，平安银行15亿元人民币授信额度，上海浦东发展银行10亿元人民币授信额度，华夏银行15亿元人民币授信额度，中国银行15亿元人民币授信额度，国家开发银行10亿元人民币授信额度，东亚银行5亿元人民币授信额度，汇丰银行5亿元人民币授信额度，招商银行10亿元人民币授信额度。这些银行授信是商业银行向首创股份有限公司在经营活动过程中可能产生的赔偿、支付责任做出的保证，包含了贷款、透支、垫付、票据兑换、票据融资、融资租赁、债券发行担保等业务（见表3－4）。

表3－4 水务企业银行贷款金额 单位：亿港元

企业名称	2017年	2016年
北控水务集团有限公司	170.65	124.06
中国光大水务有限公司	31.04	44.31
康达国际环保有限公司	42.32	21.10
中国水业集团有限公司	3.88	4.78

资料来源：企业2017年年报。

（二）发行债券

发行债券是企业以借贷资金为目的，按照法定程序向投资人要约发行代表一定债权和兑付条件债券的法律行为。水务企业较常发行的债券有公司债券、企业债券、短期融资券和中期票据。发行公司债券的要求较高，发行主体为股份有限公司或规模较大、信用良好的有限责任公司，发行对象为机构投资者或普通投资人。发行企业债券的要求较低，发行主体为规模较大、信用良好的大型企业，发行对象为机构投资者或普通投资人。短期融资券是指企业在银行间债券市场发行和交易，并约定在一年期限内还本付息的有价证券。中期票据是指水务企业在银行间债券市场发行的，约定在一定期限还本付息的债务融资工具，期限一般为

1~10年。水务行业受经济周期波动的影响较少，水价上涨是未来的发展趋势，弱周期性和利润稳定性使水务企业获得较高的信用评级，可以以较低利率发行债券来降低融资成本。发行债券允许企业灵活安排债券的资金用途，不强制与固定资产投资项目挂钩，从而提高了水务企业使用资金的灵活性。因此，发行债券成为上市公司拓展再融资渠道、优化资本结构的有效工具。

目前，发行债券成为水务企业第二大融资渠道，很多水务企业通过发行公司债券增强资金实力（见表3-5）。北控水务集团自2013年连续五年被评为中国第一大水务企业，在北控水务集团的发展壮大过程中，债券融资对集团发展起到很大的支持作用。2011~2013年，北控水务集团在境外市场发债累计90亿元人民币。2016年，北控水务集团将融资重心转回内地市场，北控水务集团发行40亿元人民币熊猫债券，发行28亿元人民币的可续期绿色公司债券，发行人民币47亿元熊猫债券。熊猫债券是指外国机构在中国内地发行的人民币债券。2018年，北控水务集团发行5亿美元公司债券，发行60亿元人民币的中期票据。

表3-5　水务企业发行公司债券金额

企业	2017年	2016年
上海巴安水务股份有限公司	5亿元人民币	—
北京首创股份有限公司	10亿元人民币	10亿元人民币
成都市兴蓉环境股份有限公司	—	11亿元人民币
天津创业环保集团股份有限公司	—	7亿元人民币
安徽国祯环保节能科技股份有限公司	5.97亿元人民币	—
康达国际环保有限公司	11亿港元	3.6亿港元
中国光大水务有限公司	10亿元人民币	—

（三）股权转让

股权转让是指水务企业通过签订投资合同或投资协议，将部分股权转让给国家、法人、自然人或外国投资者，从而获得企业发展资金的一种筹资方式。在水务行业，股权转让被认为是国有企业产权变革和融资相结合的一种有效方式。地方政府本着盘活存量、吸引增量、提高运营效率、优化资产结构的目的，以股权转让方式引入战略投资者，促进地方国有水务企业的发展。一些资金实力雄厚的水务企业则基于业务拓展、市场布局、提高技术等原因出资购买企业股权（见表 3－6）。例如，2008 年，贵阳水务面临着资不抵债、机构臃肿、效率低下等困境，为了摆脱困境，贵阳市国资委剥离了贵阳水务一部分不良资产，通过股权转让方式引入北控水务集团，贵阳水务占 55% 的股份，北控水务集团占 45% 的股份。北控水务入股给贵阳水务带来了资金、技术和管理经验，使贵阳水务迅速扭亏为盈。

表 3－6　水务企业股权转让案例

年份	股权购买企业	购买标的	股权出让方
2007	法国威立雅集团	兰州水务集团 49% 的股权，总计 17.1 亿元	兰州市国资委
2011	北控水务集团有限公司	洛阳水务集团 40% 的股权，总计 3.04 亿元	洛阳市国资委
2016	安徽国祯环保节能科技股份有限公司	即墨市污水处理有限公司 60% 的股权，总计 1.1 亿元	即发集团
2018	福建海峡环保集团股份有限公司	中信环境水务（泗阳）有限公司 70% 的股权，总计 8132.11 万元	联合环境水务有限公司
2018	云南水务	澧县城区水务有限公司 65% 的股权	澧县国有资产经营管理中心

（四）上市融资

上市融资是指水务企业经过相关部门的批准在证券交易所向公众投资者发行企业的股票来募集资金，包括企业上市、上市企业的股票增发和配股。水务企业通过上市，可以迅速吸收社会资本、扩大企业规模、拓宽融资途径、增强企业竞争力。2008 年，北京控股集团有限公司收购香港上市公司上华控股，并注入水务资产，后改名为“北控水务集团有限公司”。此后，北控水务集团又通过定向增发和配股方式募集大量资金。2011 年 3 月，北控水务集团发行 22.83 亿新股，募集资金 33.91 亿港元。2013 年 9～10 月，北控水务集团两次海外配股共筹集资金 23.04 亿港元。有了雄厚的资金实力，北控水务集团再大力开拓中国内地水务市场，2013 年，北控水务集团水处理总规模超过法国威立雅，成为中国第一大水务企业（见表 3－7）。

表3－7　上市的水务企业

序号	企业名称	性质	上市地点	上市年份
1	天津创业环保集团股份有限公司	国有控股	上海	1995
2	成都市兴蓉环境股份有限公司	国有控股	深圳	1996
3	北控水务集团有限公司	国有控股	香港	2008
4	北京首创股份有限公司	国有控股	上海	2000
5	北京碧水源科技股份有限公司	民营企业	深圳	2010
6	北京万邦达环保技术股份有限公司	国有参股、民营主导	深圳	2010
7	晨达国际环保有限公司	民营企业	香港	2014
8	安徽国祯环保节能科技股份有限公司	民营企业	深圳	2014
9	云南水务投资股份有限公司	国有控股、民营主导	香港	2015
10	博天环境集团股份有限公司	国有参股、民营主导	上海	2017

（五）产业基金

产业投资基金是指一种对未上市企业进行股权投资和提供经营管理服务的利益共享、风险共担的集合投资制度，即通过向多数投资者发行基金份额设立基金公司，由基金公司自任基金管理人或另行委托基金管理人管理基金资产，委托基金托管人托管基金资产，从事创业投资、企业重组投资和基础设施投资等实业投资。与银行资金相比，产业投资基金拥有更多的优势，比如，资金规模更大、资金回报率低、资金回流快、不影响公司资产负债表等。一些社会资本拥有雄厚的资金实力，比如，中国社保基金、大学基金、保险资金、银行资金等，它们需要寻求安全性高和收益率稳定的项目进行投资，而水务项目非常适合它们的投资要求。水务企业通过联合这些社会资本成立水务产业基金，可以帮助水务企业扩大市场规模，可以增强水务企业的举债能力。2014 年 11 月，北京排水集团联合全国社保基金、工商银行、浦发银行、国家开发投资公司合作成立产业基金——国投水环境基金，资金总额达到 100 亿元，主要投资于北京污水处理和再生水利用等相关基础设施建设。2017 年 11 月，北控水务集团与中国人寿、国科嘉和、北控衡石合作成立产业基金——国寿北控水务基金，资金总额达到 240.024 亿元人民币，基金期限为 30 年，主要投资于北控水务集团参与的水务、水环境开发及其相关基础设施等项目（见表3－8）。

表 3－8　国寿北控水务基金合伙人及出资额

	出资金额（亿元）	比例（%）	类型
中国人寿	120	49.995	优先级有限合伙人
北控水务（中国）投资	90	37.496	中间级有限合伙人
北控衡石	30	12.499	劣后级有限合伙人
国科嘉和	0.024	0.01	普通合伙人
合计	240.024	100	—

三、水务企业产权改革存在的问题

（一）国有独资水务企业仍面临着政企不分的境况

《关于加快市政公用行业市场化进程的意见》（2002）和《市政公用事业特许经营管理办法》（2004）的发布，开启了中国水务产业全面市场化改革的步伐。如今，市场化改革在我国实践将近 20 年了，国有企业或事业单位逐步转制成为“自主经营、自负盈亏”的市场独立主体。一部分国有企业率先进行了混合所有制改革，比如，北控水务、首创股份、深圳水务等。这些企业优化了产权结构，引入了先进管理模式，企业实力不断增强。但是，仍有很多国有独资水务企业或事业单位没有进行产权改革，或者改革并不彻底，“政企不分”的情况依然存在。

“政企不分”的情况主要表现为以下几个方面：第一，地方政府往往采用直接授予方式将城市涉水业务授予国有独资水务企业，使国有独资企业不需要经过任何竞争程序，即可获得特许经营权，不利于国有独资企业提高效率，参与市场竞争。第二，国有独资水务企业身份处于“尴尬”的地位，既要市场化运营，又要承担公共服务的功能。市属或省属的国有独资企业往往被看成是地方政府完成涉水公共服务的一个部门，不管企业是否愿意，都不仅要承担城市“供水、污水处理、管网”的建设、维护和运营等业务，还要承接河涌整治、水生态修复等任务，没有自主选择权。第三，某些地方政府不分水务项目的公益性和盈利性，拖欠支付污水处理、河涌整治、水生态修复等费用，导致水务企业的经营困难。第四，某些地方政府将城市涉水项目完全交与国有独资水务企业，而忽略了自己作为规划者、协调者、监管者的责任。城市水务是一项极其复杂的公共事务，例如，河涌整治项目涉及地方政府环保、水利、水务、城建部门的相关职能，需要与沿岸不同类型业主进行沟通和协商，需要实行严格的排污管理制度，需要实行沿岸截污工程，需要完善该区域的污水管网，单靠国有独资水务企业难以完成。

（二）水务企业面临不公平的市场环境

水务产业属于城市公共基础设施建设行业，水务市场被行政区域划分为若干个市场，地方政府也就成为了各个市场的管理者。在水务项目特许经营权的竞争过程中，政企关系变成了其中重要的影响因素之一，属地国有企业、非属地国有企业、民营企业、外资企业面临着并不平等的市场竞争环境。若地方政府拥有省属或市属的国有企业，一般会采取直接授予方式将水务项目的特许经营权直接授予属地国有企业，并不需要经过任何竞争环节。若没有属地国企的情况下，地方政府才会采用邀请招标或公开招标方式选择特许经营者。不公平的市场竞争环境犹如给水务市场设置了一扇玻璃门，水务市场“看似开放、实则关闭”。这些大大小小的“玻璃门”给不同性质的水务企业设置了或大或小的进入障碍，导致水务项目难以选择最优水务企业来承接，阻碍了城市水务产业整体效率和质量的提升。在不公平的竞争环境下，非国有企业要拓展市场，往往采取与属地国有企业合资成立合资水务企业的策略，从而获取当地水务项目的特许经营权。例如，从 2007 年开始，北京碧水源陆续与 30 多个省（或市）国有水务企业以合资形式组建 40 多家合资公司。

地方政府是水务企业的主要采购方，例如，污水管网、污水处理、水环境综合治理的采购方都是地方政府。近年来，由于地方政府发债规模较大，财政支付负担较重，很多地方政府采取延期支付的方式，造成水务企业的应收款项逾期，影响企业的正常运营。2017 年，中国光大水务集团的逾期应收款项达到 4.14 亿港元，北京首创股份的逾期应收款项达到 6.84 亿元人民币（见表 3－9）。

表 3－9　中国光大水务集团逾期应收账款　　单位：千港元

逾期项目	2017 年	2016 年
未逾期	222142	183956
已逾期		
1～30 天	40250	54864
31～90 天	32578	35520

续表

逾期项目	2017 年	2016 年
91 ~180 天	13685	43749
181 ~365 天	25391	54314
1 ~2 年	74860	48800
2 年以上	4871	8392
合计	413777	429595

资料来源：《中国光大水务有限公司 2017 年报》。

（三）国有水务企业占据较大的市场份额

20 世纪 90 年代以前，中国水务行业全部由国营单位和事业单位所垄断。20 世纪 90 年代以后，市场化改革逐步放开了水务市场，降低准入门槛，引入了外国资本和民营资本，外资企业和民营企业的占比逐渐增加。水务产业是关乎国计民生的公共事业，地方政府是水务市场最大的采购代理者。由于产权关系，地方政府与国有企业之间有着天然的紧密联系。在水务项目的招标过程中，地方政府更多倾向于国有企业。随着我国对水污染防治的日益重视，水务市场从单体项目招标向多体项目综合招标发展，融资需求高达几亿元甚至几十亿元，需要大量拆借银行资金，导致融资成本较高。国有企业往往拥有比民营企业更通畅的融资渠道。因此，融资困难在一定程度上阻碍了民营企业的进入。2017 年，根据 E20 环境平台评选出的“45 家十大影响力入围企业”水务总规模数据，有 30 家水务企业为国有独资或国有控股企业，11 家水务企业为民营企业，4 家水务企业为外资企业。从水处理规模来看，45 家水务企业的水务总规模 29945 万吨/日。其中，国有独资和国有控股企业水务总规模占比为 71. 56%，民营企业占比为 18. 55%，外资企业占比为 9. 89%。无论从企业数量还是市场分额来看，国有独资企业和国有控股企业占据水务产业的半壁江山。

四、水务产权改革的发展方向

（一）坚持混合所有制改革

市场化改革实践将近 20 年，一批国有企业率先沿着混合所有制方向实施产权改革，取得了较好的成绩，成为了水务企业产权改革的标杆，比如，北控水务集团、北京首创股份、云南水务、深圳水务集团、兴蓉环境等。事实上，实施了混合所有制改革的国有企业比例并不多。目前，中国仍有很多地方政府不愿意对国有水务企业（或事业单位）进行混合所有制改革，不愿意打破原有的利益格局，不愿意承担改革的风险，仍然沿用财政兜底、普遍服务的模式，水务企业失去进步的动力，造成机构臃肿、冗员严重、效率低下、技术水平低等问题。水务企业产权改革的目的就是让水务企业拥有自我发展的动力，主动提高自身的专业能力和技术水平，提供高质量的水务产品和服务。因此，混合所有制改革是发展的方向，它不仅有利于国有企业改革，也有利于民营企业和外资企业开拓水务市场。混合所有制改革的着力点应放在“政企分开、市场化导向”的体制机制建设上，例如，引入战略投资者优化国有产权结构，在国企中引入职业经理人制度和市场化劳动用工制度，建立市场化的激励和约束机制，建立员工持股制度，建立有效制衡的公司法人治理结构等。

（二）营造公平公正的市场竞争环境

21 世纪以来，中国巨大的水务市场给各类水务企业提供了广阔的发展空间。但是在实践过程中，各类性质的水务企业所面对的市场竞争环境并不公平。某些地方政府在水务项目的招标过程中，更偏向于属地国有企业和非属地国有企业，而轻民营企业和外资企业。市场化改革实践证明，水务市场的开放，外资企业的进入，带来了水务产业发展的资金、先进的技术、高效的管理，更重要的是营造出一个竞争的市场环境，激发了水务市场的活力，促进了中国本土水务企业的成长，也促进了中国水务产业的发展。因此，营造公平公正的市场竞争环境是促进水务企业提升效率的重要措施。在进一步深化市场化改革过程中，应该逐渐减少，甚至取消直接授予方式在水务项目特许经营管理中的运用；在招标过程中，给予国有企业、民营企业和外资企业公平竞争的机会，地方政府应邀请能够代表公众利益的第三方组织加入评标，以保证招标过程的公平公正。

（三）清晰界定水务项目的公益性和盈利性

公益性是指为满足社区或居民的公共利益而进行的活动。在市场化改革背景下，水务项目的公益性是指水务项目具有普遍服务的义务，水产品和水服务必须达到国家相关的规定，水产品和水服务的价格不可以超过居民的承受能力，以确保人民的生活和生产得以顺利进行。水务项目的盈利性指水务企业按照特许经营协议提供了符合要求的水产品或水服务，就有获取盈利性收入的权利。1998 年，国家计委和建设部联合制定了《城市供水价格管理办法》，明确了供水是属于盈利性生产经营活动，城市供水价格应遵循补偿成本、合理收益、节约用水、公平负担的原则。供水企业合理盈利的平均水平应当是净资产利润率的 8% ~10%。此后，国家陆续出台相关文件，文件指出，经营水利工程项目、自来水生产项目、污水处理项目、再生水生产项目、海水淡化项目、水环境治理项目的水务企业均可获得合理利润。因此，水务项目具有盈利性。

水务项目兼有公益性和盈利性，水务项目的公益性应由地方政府承担，水务项目的盈利性应由水务企业承担。目前，某些地方政府并没有清晰界定水务项目的公益性和盈利性，模糊了公益性和盈利性的边界。例如，某些城市水价长期偏低，地方政府迫于消费者反对和维稳要求，迟迟不肯调整水价，导致水务企业在水价和成本倒挂的情况下维持运营。某些地方政府长期拖欠污水处理服务费、管网铺设和维护的费用、水环境治理的费用，严重影响水务企业的正常运营。地方政府将一切涉水项目直接交与属地国有水务企业执行，不管企业是否愿意，都需无条件服从。地方政府模糊了水务项目的公益性和盈利性边界，政企关系没有实现分离，必然导致企业负重前行，无法成为“自主经营、自负盈亏、自我约束、自我发展”的独立法人机构。因此，清晰界定水务项目的“公益性”和“盈利性”边界，明确水务企业和地方政府各自的权利职责，是深化水务市场化改革，激发水务企业活力的必要措施。

第四章　城市水务产业的管理体制改革

2002 年，中国全面实行了城市水务产业市场化改革，城市水务治理模式由原来国家垄断治理的模式裂变为国家、企业和社会公众共同治理模式。在市场化改革背景下，水务管理体制也发生了重大的转变，管理模式从城乡分割向城乡一体化水务转变，管理方式从直接管理向间接管理转变，运行机制从政府统包向政府主导、市场运作、企业开发转变。目前，城市水务管理体制改革取得了显著的成效，我国水环境质量明显改善，水务产业发展迅速，市场秩序良好。但是，我国水务管理体制仍存在很多不完善之处，仍需进一步深化改革。

第一节　城市水务产业管理体制改革的历史演进

一、城市水务系统的特征

（一）耦合性

耦合性是指某两个事物之间存在一种相互作用、相互影响的关系。城市水务系统包含了天然水资源系统和人类涉水活动系统，这两个系统之间相互作用、相互影响，具有较强的耦合性。天然水资源系统为人类涉水活动提供水资源、水环境，是城市水务产业发展的基础。人类涉水活动是对天然水资源的开发和利用，必须符合水资源自然循环规律，不可超过水资源的综合承载能力。例如，上游区域过度取水将导致下游区域的缺水和干旱，对排污管理不严将导致水环境的污染，水利工程设施滞后将导致洪涝灾害的发生。因此，城市水务管理就是在了解清楚水资源自然循环规律和综合承载能力的基础上，运用法律、行政、工程、经济、技术、教育等手段对人类涉水活动行为进行引导、管理和限制，使天然水资源系统和人类涉水活动系统能够可持续发展（见图4－1）。

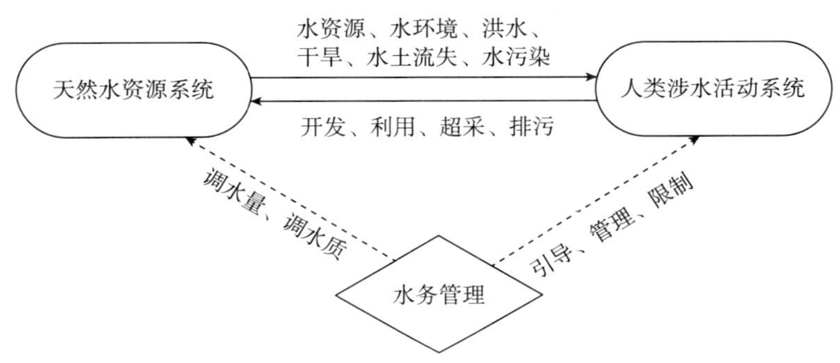

图4－1　城市水务系统的耦合性特征

（二）整体性

城市水务系统是天然水资源和人类涉水活动所构成的一个循环体系，它是一个环环相扣、相互制约、相互影响的整体。每个子系统的发展都会对其他子系统和整体系统产生影响。水务产业发展规划和水务产业管理需要从水务系统的整体性出发，分析子系统之间、子系统和整体系统之间的相互联系和相互制约关系，协调好子系统之间、子系统和整体之间的发展关系，做到各个子环节发展目标服从整体发展目标。例如，生产污水和生活污水的排放管理不严格，将会影响污水处理厂的运营成本，将会破坏水生态环境，增加对水生态环境治理的需求，影响水源的水质，自来水厂的运营成本，生产用水和生活用水的定价。

（三）网络性

城市水务系统中的供水、污水处理、再生水产业都需要依靠固定的物理网络才能够提供产品和服务，被称为网络型产业（见图4－2）。网络型产业由两大部分组成，一是传输产品和服务的传输网络部分（以下简称管网），二是提供产品或服务的部分（以下简称厂）。其中，管网部分被称为网络型产业的“瓶颈”或基础设施。在市场化改革过程中，网络型产业结构改革有两种主要的途径：纵向结构分离和纵向一体化。纵向结构分离是指“管网的建设和维护”与“厂的建设和运营”进行分离，分别由不同的企业承担。纵向结构分离可以减少企业投资成本、降低进入门槛。

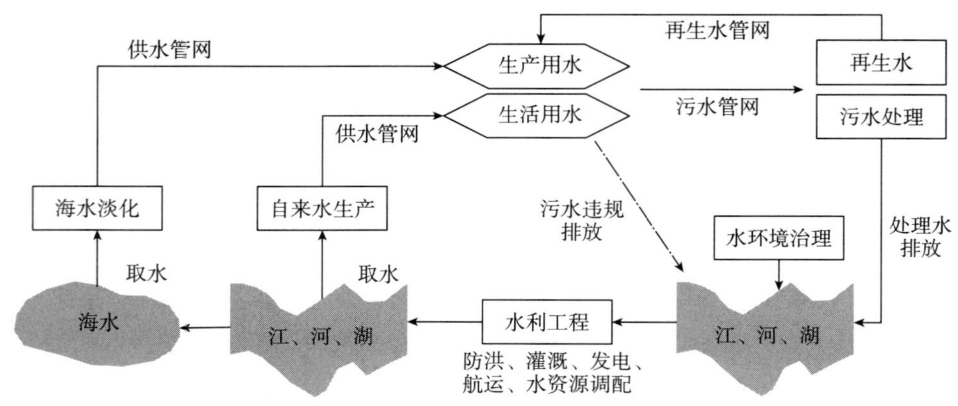

图 4-2　城市水务系统的整体性特征

但是，容易造成“管网和厂”之间的不协调，导致关联经济的损失，例如，地方政府往往重视污水处理厂的建设和运营，忽视污水收集管网的建设和维护，导致管网与厂的适配性差，污水处理厂污水进水不足，运营负荷率低。纵向一体化是指“管网的建设和维护”与“厂的建设和运营”由同一个企业承担。纵向一体化有利于提高管网与厂之间的适配性，避免关联经济的损失。但是，管网与厂打包在一起的投资成本较大，能够参与竞争的企业不多。在我国水务产业的市场化改革初期，很多地方政府采用纵向结构分离的改革模式，该种模式导致管网与厂的适配性差，关联经济损失大。近年来，很多地方政府逐渐倾向于采取纵向一体化的模式，旨在提高管网与厂的适配性，减少关联经济的损失（见图 4-3）。

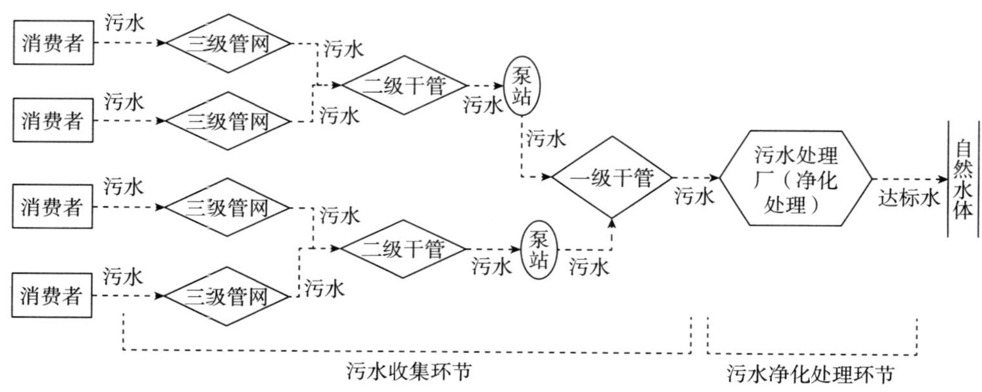

图 4-3　城市集中式污水处理系统

（四）外部性

外部性是指一个主体（企业或个人）的经济活动造成其他主体利益受损或受益的情况，而这些影响并不是由行为主体所获得或承担，是一个行为主体对另一个行为主体的“非市场性”的影响。外部性分为正的外部性和负的外部性。正的外部性是指一个主体的经济活动使其他主体受益，而受益者无须花费成本；负的外部性是指一个主体的经济活动造成其他主体的利益受损，而行为主体无须支付成本。人类涉水活动具有很强的外部性，而且人类对水务系统的管理可以减少负的外部性，增加正的外部性。例如，人类的排污行为具有很强的负外部性，而排污控制、污水收集、污水处理、水环境治理等经济活动大大减少了这些负外部性。

（五）区域垄断性

水利工程、自来水生产、海水淡化、污水处理、再生水、水利工程等水务产业需要上亿元的前期建设投资，企业投资所形成的固定资本具有资产专用性。企业投产后，平均成本和边际成本随着产量的增加而大幅度降低，具有规模经济效益。因此，城市水务产业采取区域垄断经营模式，由地方政府对经营企业授予特许经营权。但是，垄断企业可能会滥用市场支配地位而损害企业或消费者利益，垄断企业也可能由于缺乏竞争环境而效率低下。因此，作为水务管理者的地方政府要加强对垄断企业的规制，增加对垄断企业的竞争激励。

二、水务管理体制的改革历程

（一）国家垄断管理体制（1949～1993 年）

从 1949 年到 20 世纪 90 年代初，我国把水务产业看作是社会公益性事业，一直沿用计划经济体制下的国家垄断管理体制。政府集所有者、经营者和监管者于一身，出资建设和运营水利工程、自来水厂、污水处理厂、供排水管网等水务项目，地方政府的水利局、市政园林局、建设局、卫生局、环保局等分管不同的涉水事务。在特定的历史条件下，这种国家垄断管理体制有利于集中国家力量建设一批水利工程、自来水厂、污水处理厂，在防洪减灾、供排水、污水处理等方面取得了很大的发展。1949～1993 年，我国供水综合生产能力从 240.7 万立方米/日上升至 16927.9 万立方米/日，供水管道长度从 6587 公里上升至 123007 公里，污水处理能力从无上升至 1792 万立方米/日，排水管道长度从 6035 公里上升至 75207 公里。

从发展水平来看，我国水务产业仍处于较低的发展水平。1993 年，我国城市用水普及率仅为 55.2%，污水处理率仅为 20%。随着我国经济持续增长、工业化水平不断提高、城镇化加速发展、水生态环境不断恶化、水污染问题日益严重，国家垄断管理体制已无法适应中国经济和社会发展的需要，主要体现在以下四个方面：第一，国家作为主要投资主体已经无法满足水务产业发展的需求，必须拓展多元的投资主体，运用多种筹资方式；第二，国有企业和事业单位作为水务产业的主要投资经营主体，出现效率低下、技术水平差、缺乏发展资金等问题；第三，水务管理城乡分割、区域间互相争利，导致水资源配置失衡、水污染严重；第四，水务管理存在地区、职能和行政上的分割，导致“多龙治水，相互推诿”现象。例如，一条河流的监管涉及不同部门，河道污染归水利局管、工业污染归环保局管、生活污染归城乡建设部管。水务产业的市场化改革和管理体制改革势在必行。

（二）城乡一体化管理体制的试点探索阶段（1993～2002 年）

20 世纪 90 年代初到 21 世纪初，我国在部分城市实行供水和污水处理环节的市场化改革。计划经济体制下国家垄断治理的水务管理模式已不适合水务产业的发展。个别城市政府开始实行水务管理体制的改革。1993 年，深圳市设立了全国第一个城市水务局，统一管理城乡一切涉水事务。随后，广东、河北、河南、黑龙江、辽宁、陕西、山东等 7 个省，100 多个市、县开始了水务管理体制改革的试点探索。1998 年，国务院明确水行政主管部门统一管理水资源。2001 年，中共十五届五中全会明确指出要改革水的管理体制。2002 年，国家重新修订《中华人民共和国水法》，明确规定我国水资源管理采用“流域管理与区域管理相结合的管理体制”。2002 年 12 月，建设部发布《关于加快市政公用行业市场化进程的意见》，全面开始了中国城市水务产业市场化改革。随着市场化改革的深入，政府逐步将微观水务事务交给了市场中的企业，政府主要集中于水务产业的管理职能。

（三）城乡一体化管理体制的推广实施阶段（2002～2010 年）

随着城市化、工业化的快速发展，我国城市水生态环境严重恶化。2001 年，我国长江、黄河、海河、珠江、松花江、淮河、辽河七大水系水质严重恶化，Ⅰ～Ⅲ类水质仅占 29.5%，Ⅳ～Ⅴ类水质占 26.5%，劣Ⅴ类水质占 44%。城市水务产业的发展难以满足人民群众对水务产品和服务的需求。2001 年，我国设市城市（不含市辖县）公共用水普及率为 72.26%，城市污水处理率为 36.5%。

国家垄断管理模式已经不适应21世纪的发展要求，水务管理体制的全面改革势在必行。

2002年，根据水的自然资源属性与经济资源属性，国家水利部提出实施“城乡水务一体化管理体制”，即水行政管理部门对所辖区域内城市和农村的防洪、水资源、农田水利、水土保持、供水、用水、节水、排水、污水处理、中水回用等所有涉水事务进行统一管理的管理体制。这一管理理念的提出带来了水务管理职能和服务范围的转变，治水思路和水利发展战略的重大转变。这些变化主要体现在以下几个方面：第一，地方政府成立水务局，实行“一龙管水，团结治水”，克服了原来管理体制中流域上的“条块分割”、行政职能上的“部门分割”、城乡区域的“二元分割”弊端；第二，推动水务产业的市场化改革，探索建立多元化、多层次、多渠道的水务投融资机制，建立政府主导、社会筹资、企业开发的水务运行机制；第三，水务管理模式从政府直接管理向间接管理转变，政府工作重点定位于制定水务发展规划、引导产业发展、管理涉水事务、维护市场秩序；第四，水务价格的定价从福利价格逐步向市场价格转变，对国有企业实施政企分离的改革，水务法规从部门立法向符合世贸规则的透明、公正、可预见、统一立法转变；第五，构建统一的水务规划体系，将水资源综合规划与水源、取水、供水、节水、排水、污水处理、再生水各个细分行业规划结合起来，引领水务产业发展，统揽水务管理全局；第六，构建城乡一体化的水务管理体系，统筹调度地表水和地下水、城市和农村、区内和区外的水资源，缓解水资源供需矛盾，推进城乡联网供水，提高饮用水水质，提升城乡公共服务均等化水平。

（四）城乡一体化管理体制的深化发展阶段（2010～2019年）

从现代产权经济学的角度来看，管理体制的有效性依赖于信息和激励两大因素。首先，管理体制能否有效克服监管部门上下级之间、平级之间、政府与企业之间的信息不对称现象，做到有效的监管；其次，管理体制能否对水务企业提供持续有效的竞争激励，促进水务企业不断提高竞争能力。因此，从2010年开始，水务管理体制致力于解决信息不对称问题和提高竞争激励。

第一，借助互联网，建立起全国统一的监管体系。例如，国家住房和城乡建设部建立了“城镇供水设施建设项目信息系统”“全国城市黑臭水体整治监管平台”“海绵城市建设项目库信息系统”“排水防涝补短板项目库系统”，国家水利部建立了“全国水利建设市场监管服务平台”，生态环保部不断完善“全国地表水水质自动监测系统”，水利部和国土资源部建立“全国地下水自动监测系统”

（见表4－1）。水务企业和地方政府在信息系统填报涉水事务的各项信息，填报的信息定期向公众公示，并作为项目招投标、专项建设基金、金融机构优惠贷款、行政审批、评优评奖等工作的重要依据。这些全国信息系统的建立和完善，有助于管理部门对水务市场实施有效的监督，有助于国家制定水务产业的发展规划。

第二，建立起对地方政府水务产业监管的考核评价制度，将水务产业监管能力作为衡量地方政府执政能力和城市发展水平的重要标准。例如，2010年，住房和城乡建设部颁布了《城镇污水处理工作考核暂行办法》，并于2017年进行修订，主要用于对各省、自治区、直辖市城市和县城污水处理设施建设、运行和管理工作进行考核。2016年，中共中央办公厅、国务院办公厅联合印发了《关于全面推行河长制的意见》，把河流养护的责任落实到各级党政领导身上，由“一把手”挑头负责，横向协调水利、国土、农业、环保等多个部门，形成合力共同治水。

第三，利用全国信息系统，对地方政府管理能力进行横向对比，建立起对地方政府的竞争激励。例如，国务院住房和城乡建设部从2010年开始，以省、市为考核单位，对全国城镇污水处理情况进行每个季度考核评分，并进行信息公布，以促进省、市地方政府对城镇污水处理监管水平的提高。

第四，鼓励社会公众、第三方组织积极参与水务治理，包括完善公众参与制度，健全举报、听证、舆论和公众监督等制度，发挥民间组织和志愿者的积极作用等。

表4－1　中国水务市场监管平台

信息系统	建立年份	填报内容
全国城镇污水处理管理信息系统	2008	已建成的、正在建设和拟开工建设的污水处理厂改造、改扩建、新建项目，以及污水管网改造、新建项目的信息
城镇供水设施建设项目信息系统	2013	已建成的、正在建设和拟开工建设的自来水厂改造、改扩建、新建项目，以及供水管网改造、新建项目的信息
全国城市黑臭水体整治监管平台	2016	城市黑臭水体整治情况
海绵城市建设项目库信息系统	2016	项目包基础信息、项目包中各项目信息、投融资信息、海绵城市建设专项规划、实施计划等

续表

信息系统	建立年份	填报内容
排水防涝补短板项目库系统	2018	排水防涝补短板项目信息，易涝点的季报、周报信息
全国水利建设市场监管服务平台	2018	从业单位、从业人员、信用评价、诚信记录、建设项目
全国地表水水质自动监测系统	2000～2018	水质断面的pH值、溶解氧、氨氮、高锰酸盐指数、总有机碳、水质类别、断面属性、站点情况等
国家地下水自动监测系统	2015～2018	共建地下水监测站点20401个，监测扩大到350万平方公里，监测内容：水位、水温、水量、水质等

三、水务管理的法律法规和技术标准

水务产业市场化改革后，随着中国水务管理实践经验的不断积累，国家一边修订现有法律法规中与管理体制不相适应的部分，一边制定出新的法律法规来填补水务管理的空白之处，逐步建立了一系列水务管理的法律法规和技术标准，为依法管理和规范各项涉水事务提供了依据和保障（见表4－2）。

法律是指由全国人民代表大会及其常务委员会依照法定程序制定、修改并颁布的规范性文件。目前，我国涉水事务的法律有《中华人民共和国水法》（2016）、《中华人民共和国水污染防治法》（2017）、《中华人民共和国环境保护法》（2014）、《中华人民共和国水土保持法》（2010）、《中华人民共和国防洪法》（2016）等。

国务院、水利部、住房和城乡建设部、环境保护部、卫生和计划生育委员会、地方政府相关职能部门在自己职权范围内，制定涉水事务相应的行政法规和部门规章。例如，《城市供水条例》（1994）、《城镇污水处理工作考核暂行办法》（2010）、《城镇排水与污水处理条例》（2013）、《水污染防治行动计划》（2015）、《基础设施和公用事业特许经营管理办法》（2015）等。

水利部、住房和城乡建设部、环境保护部、卫生和计划生育委员会等部门依托有关科研、规划设计等单位初步建立了有关水务管理的技术标准与规范体系。例如，《二次供水设施卫生规范》（GB 17051—1997）、《城镇污水处理厂污染物排放标准》（GB 18918—2002）、《城市污水处理厂工程质量验收规范》（GB 50334—2002）、《城市供水水质标准》（CJ/T 206—2005）、《生活饮用水卫生标准》（GB 5749—2006）等。

表 4－2　水务产业的法律法规、技术标准

序号	名称	颁布/最新修订年份	涉及内容
1	《中华人民共和国水法》	2002/2016	水资源
2	《中华人民共和国水污染防治法》	1984/2017	排水、污水处理
3	《中华人民共和国环境保护法》	1989/2014	水污染防治
4	《中华人民共和国水土保持法》	1991/2010	水资源保护
5	《中华人民共和国防洪法》	1997/2016	防洪
6	《城市供水条例》	1994	城镇供水
7	《城镇排水与污水处理条例》	2013	排水、污水处理
8	《水污染防治行动计划》	2015	水污染防治
9	《城镇污水处理工作考核暂行办法》	2010	污水处理
10	《基础设施和公用事业特许经营管理办法》	2015	水利、供水、污水处理
11	《政府和社会资本合作建设重大水利工程操作指南（试行）》	2017	水利工程
12	《二次供水设施卫生规范》（GB 17051—1997）	1997	城镇供水
13	《城镇污水处理厂污染物排放标准》GB 18918—2002	2002	污水处理
14	《城市污水处理厂工程质量验收规范》（GB 50334—2002）	2003	污水处理
15	《城市供水水质标准》（CJ/T 206—2005）	2005	城镇供水
16	《生活饮用水卫生标准》（GB5749—2006）	2006	城镇供水
17	《城市供水服务》（CJ/T 316—2009）	2009	城镇供水
18	《城镇供水厂运行、维护及安全技术规程》（CJJ 58—2009）	2009	城镇供水
19	《生活饮用水卫生标准》（GB 5749—2006）	2006	城镇供水、饮用水
20	《城市给水工程规划规范》（GB 50282－2016）	2016	城镇供水
21	《污水排入城镇下水道水质标准》（CJ 343—2010）	2010	排水
22	《城镇污水处理厂污泥处理稳定标准》（CJ/T 510—2017）	2017	污水处理
23	《城市污水水质检验方法标准》（CJ/T 21—2004）	2004	污水处理

四、水务管理的行政体系

2002年颁布的《中华人民共和国水法》（以下简称《水法》）给水务产业管理提供了法律的依据。《水法》规定：国家对水资源实行将流域管理与行政区域管理相结合的管理体制，国务院水行政主管部门负责全国水资源统一管理和监督工作，国务院水行政主管部门在国家确定重要的江河、湖泊设立的流域管理机构，在所管辖的范围内行使法律、行政法规规定的和国务院水行政主管部门授予的水资源管理和监督职责。县级以上地方人民政府水行政主管部门按照规定的权限，负责本行政区域内水资源的统一管理和监督工作。国务院有关部门按照职责分工，负责水资源开发、利用、节约和保护的有关工作，县级以上地方人民政府有关部门按照职责分工，负责本行政区域内水资源开发、利用、节约和保护的有关工作。

（一）水资源、防洪、水利工程项目管理

在水资源、防洪、水利工程项目的管理方面，主要由国家水利部和各省、自治区水利厅负责。水利部在我国重要河流设有流域管理机构，包括长江、黄河、淮河、海河、珠江、松辽水利委员会和太湖流域管理局，各个流域管理机构隶属于水利部，是具有行政职能的事业单位。各省、自治区水利厅在省内各个支流也设置了流域管理局，例如，广东省水利厅下设西江、北江、东江、韩江流域管理局，负责各个支流流域范围内的水资源和水利工程项目方面的管理，属于公益一类事业单位。在市级层面，则由水务局负责水资源、防洪、水利工程项目管理。

（二）市政公用事业管理

根据中华人民共和国国家发展和改革委员会、财政部、住房和城乡建设部、交通运输部、水利部、中国人民银行于2015年4月25日联合发布《基础设施和公用事业特许经营管理办法》规定：国务院发展改革委、财政、国土、环保、住房和城乡建设、交通运输、水利、能源、金融、安全监管等有关部门按照各自职责，负责相关领域基础设施和公用事业特许经营规章、政策制定和监督管理工作；县级以上地方人民政府发展改革委、财政、国土、环保、住房和城乡建设、交通运输、水利、价格、能源、金融监管等有关部门根据职责分工，负责有关特许经营项目实施和监督管理工作。

城市供水、排水、污水处理、再生水、海水淡化都属于市政公用事业，实施特许经营制度管理（见图4－4）。在国家层面，由住房和城乡建设部负责实政公

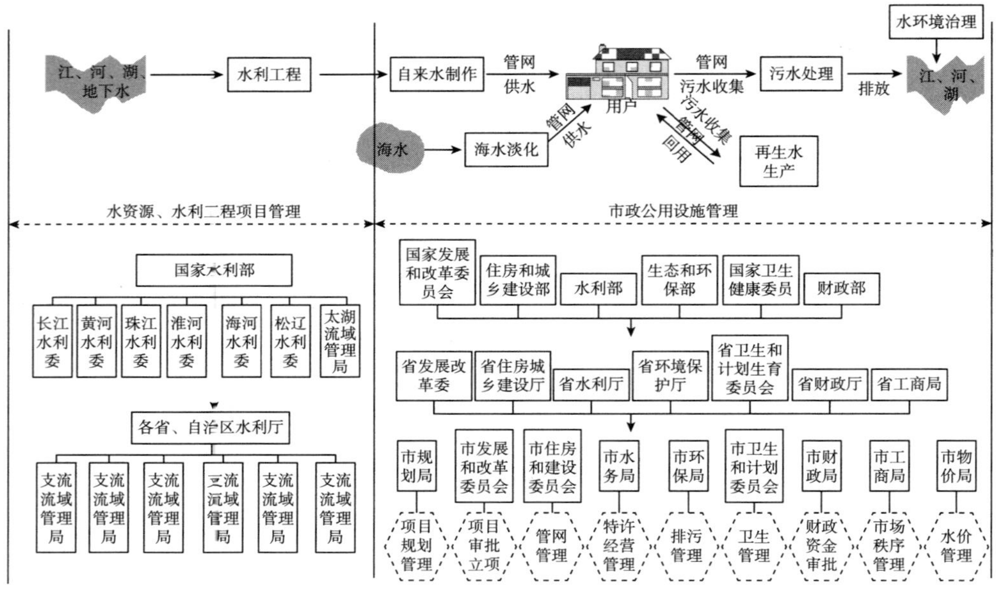

图 4－4 水务产业的管理体系

用设施全国特许经营活动的指导和监督工作，由水利部负责指导节约用水、水利行业供水和乡镇供水工作，由国家发展改革委员会负责编制水务产业发展规划、水生态环境整治规划，指导水价格监管工作。由生态和环保部负责水环境保护工作，由国家卫生健康委员会负责指导全国饮用水安全工作，由财政部负责涉水事务财政资金的运用和监管工作。在省、自治区层面，各个职能部门按照其各自的职权范围行使相应的管理职能。

直辖市、市、县是特许经营项目实施和监督管理的层级，由地方人民政府授权市政公用事业主管部门负责本行政区域内的市政公用设施特许经营的具体实施，不同的城市根据当地的实际情况采取不同的实施方式。一般而言，在市级层面，由规划局负责水务项目的规划，由发展和改革委员会负责水务项目审批立项，由水务局负责水务项目的特许经营管理，由住房和城乡建设委员会负责供水管网、排水管网的建设管理，由财政局负责水务项目财政资金的审批，由物价局负责水务价格管理，由环保局负责排污管理，由市卫生和计划生育委员会负责饮用水的安全，由工商局负责水务企业的登记注册、市场秩序管理。在不同的城市，水务管理机构的设置和职责会根据各地的情况有所不同。例如，在广州市，由水务局负责供水、污水处理、再生水利用的特许经营管理；在杭州市，由城市管理委员会下设的直属单位公用事业监管中心负责城市供水的特许经营管理，由城市管理委员会下设的直属单位市政设施监管中心负责污水处理的特许经营管理。即使在同一个城市，不同片区的监管机构也会有所不同。例如，在深圳，宝安区的排水管网运营监管单位为宝安区环保和水务局，光明新区的排水管网运营监管单位为区城市建设局，大鹏新区的排水管网运营监管单位为区城管水务局（见表4－3）。

表4－3　2016年深圳市市政排水管网运营监管单位

序号	排水片区	运营单位	监管单位
1	宝安区沙井、松岗、石岩、福永	深水咨询公司	宝安区环保和水务局
2	宝安区新安、西乡	大通水务公司	宝安区环保和水务局
3	龙岗区平湖、横岗、龙城、坪地、中心城	深水咨询公司	龙岗区环保和水务局
4	龙岗布吉、坂田、南湾	国祯环保	龙岗区环保和水务局
5	光明新区	深水咨询公司	光明新区城市建设局
6	大鹏新区	大通水务公司	大鹏新区城管水务局
7	龙华新区	大通水务公司	龙华新区城市建设局
8	龙华二线拓展区	深圳市（水务）集团	龙华新区城市建设局
9	坪山新区	大工业区水司	坪山新区城市建设局
10	福田	深圳市（水务）集团	福田区环保和水务局
11	盐田	深圳市（水务）集团	盐田区环保和水务局
12	罗湖	深圳市（水务）集团	罗湖区环保和水务局
13	蛇口	深圳市（水务）集团	南山区环保和水务局
14	南山	深圳市（水务）集团	南山区环保和水务局

资料来源：深圳市水务局。

五、水务管理的主要内容

根据《城市供水条例》（1994）和《城镇排水与污水处理条例》（2013），国务院住房和城乡建设主管部门负责指导监督全国供水、城镇排水与污水处理工作，县级以上地方人民政府城镇供水、城镇排水与污水处理主管部门（如水务局、建设局、公用事业局等）负责本行政区域内城镇供水、城镇排水与污水处理的监督管理工作，县级以上人民政府其他有关部门（如环保局、卫生局、发改委等）依照条例规定在各自的职责范围内负责城镇供水、城镇排水与污水处理管理的相关工作。在具体实施过程中，由于各省、市的具体情况不同，导致了管理部门和实施方式有所不同。

（一）运行监管

政府主管部门（如水务局、建设局）对供水、污水处理运营单位的运营实施监管制度，包括初始运行评估考核和正式运行评估考核。对于新建运营单位，政府主管部门会司本级发改委、卫生、环保、工商等相关部门对新建运营单位进行初始运行评估考核，考核不合格不得运行。考核合格后，政府主管部门颁发《试运行合格证》，有效期为1年。试运行期满后，政府主管部门会同本级政府的发改、卫生、环保、工商等相关部门对运营单位进行正式运行考核评估，并将评估意见报上一级主管部门组织综合评定。供水企业运行评估考核内容包括基础管理、原水安全管理、水质管理、水厂运行与管理、管网运行与管理、二次供水管理、安全管理、供水服务等内容。污水处理厂运行评估内容包括人员素质、基础管理、工艺管理、设备管理、安全管理、厂区环境、财务管理、档案管理等。通过考核的运营单位将取得省住房和城乡建设厅颁发的《城镇供水企业运行评估考核合格证书》或者《城镇生活污水处理厂运行评估考核合格证书》。取得《运行评估考核合格证书》的运营单位方可运营，评估考核不合格的运营单位，在限期内进行整改，若整改后经评估考核仍不合格，当地人民政府有权取消其特许经营权。《运行合格证书》有效期为3年，有效期满后，再重新进行运行状况复审。

（二）卫生监管

根据《生活饮用水卫生监督管理办法》（2016），国家对供水单位实行卫生许可制度，供水单位供应的饮用水必须符合国家生活饮用水卫生标准。卫生行政主管部门（卫生和计划生育委员会）负责对供水运营单位（集中式供水、二次供水）的卫生状况实施监管。供水单位新建、改建、扩建的饮用水供水工程项目的选址和设计审查、竣工验收必须有卫生行政主管部门参加。卫生行政主管部门负责本行政区域内饮用水的水源水质监督检测和评价。供水运营单位应向卫生行政主管部门申请办理《卫生许可证》，《卫生许可证》的有效期为4年。供水单位取得《卫生许可证》后，方可从事供水活动。

（三）排污监管

根据《环境污染治理设施运营资质许可管理办法》（2011），国家对环境污染治理设施运营实行资质许可制度。从事生活污水、工业废水治理运营的单位，应当向环境保护主管行政部门（如环保局）申请环境污染治理设施运营资质，并按照资质证书的规定从事环境污染治理设施运营活动，未取得环境污染治理设施运营资质的单位，不得从事环境污染治理设施运营活动。环境污染治理设施运营分为甲级资质、乙级资质和临时资质，甲级资质和乙级资质有效期为5年，临时资质有效期为2年。

根据《排污许可管理办法（试行）》（2017），国家根据排放污染物的企事业单位和其他生产经营者污染物的产生量、排放量和环境危害程度，实行排污许可重点管理和简化管理制度。工业废水集中处理厂、日处理量为10万吨及以上的城镇生活污水处理厂、接纳工业废水的日处理量为2万吨及以上的生活污水集中处理厂属于实施重点管理的行业，日处理量为10万吨以下的城镇生活污水处理厂属于实施简化管理的行业，适用排污许可水处理行业技术规范。污水处理运营单位应当向所在地市级环境保护主管部门申请排污许可证，环保部门根据国家和地方污染物排放标准，确定运营单位的污水排放口和许可排放浓度。未取得排污许可证的运营单位，不得排放污染物。

（四）市场秩序监管

工商行政主管部门负责水务市场秩序管理，包括市场主体登记管理、经营行为的监督管理、市场主体信用监督管理、垄断行为监督管理等。市政公用事业属于自然垄断行业，水务企业可能会滥用市场支配地位损害社会公共利益。因此，垄断行为监督管理成为重要的职责。例如，供水企业可以利用其市场支配地位，在供水工程施工、材料设备采购等领域规定供应商或供应目录，实施排除、限制竞争行为，严重损害了企业或消费者利益。

（五）价格监管

根据《中共中央　国务院关于推进价格机制改革的若干意见》（2015）规定，政府定价范围主要限定在重要公用事业、公益性服务、网络型自然垄断环节。因此，水务行业中的水利工程供水价格、自来水价格、再生水价格、污水处理费都属于政府定价的范围。水务行业各类水价的制定遵循一定的规定程序，一般包括成本监审、公众参与、专家论证、价格听证、合法性审查（见表4-4）。

表 4－4 水务产业的政府定价目录

定价项目	定价内容	定价部门	备注
水利工程供水	中央直属及跨省（自治区、直辖市）水利工程供水价格	国务院价格主管部门	供需双方自愿协商定价的除外
	省辖区内跨市和省属水利工程的供水价格	省价格主管部门	水利工程由用户自建自用的，和供方与终端用户通过协议明确由双方协商定价的部分除外
	辖区内跨县和市属水利工程的供水价格	授权市人民政府	
	县属水利工程的供水价格	授权县人民政府	
自来水	市人民政府所在地市辖区内城乡公共管网供应的自来水	授权市人民政府	农村村民自建、自管的自来水价格除外
	除市人民政府所在地以外的县辖区内城乡公共管网供应的自来水	授权县人民政府	
再生水	市人民政府所在地市辖区内城乡公共管网供应的再生水	市价格主管部门	农村村民自建、自管的再生水价格除外
污水处理	市人民政府所在地市辖区污水处理收费标准	授权市人民政府	
	除市人民政府所在地以外的县辖区内污水处理收费标准	授权县人民政府	

资料来源：《中央定价目录》（2016 年），各省、市《定价目录》（2018 年）。

第二节 城市水务产业管理体制改革的发展方向

一、水务管理体制存在的问题

（一）水务管理体制改革上下不同步

我国水务管理体制改革是一场自下而上的体制改革。1993 年，深圳成立了全国第一个水务局，开启了水务管理体制改革的序幕。截至 2014 年底，由水务局或水利局统筹负责水务管理职能的县级以上行政区约 2000 个，约占县级以上行政区的 80%。但是，目前省和中央层面的机构仍保留原来的管理模式。例如，供水和污水处理在中央层面归属住房和城乡建设部管，省级层面归属住房和城乡建设厅管，市级层面归属水务局管。由于各级行政机构的水务管理体制改革不同步，不利于各级行政部门之间建立工作联系，在一定程度上造成水务管理运转不通畅，容易形成水务管理的“相互推诿、相互掣肘”现象。

（二）水务管理水平有待提升

我国水务管理体制改革已经实践20多年，但是城乡水务一体化管理的水平并不高。主要体现在以下几个方面：第一，部分城市的水务局是近几年才建立的，水务局的建构基本是从原来涉水相关的职能部门移植过来，职能设置和管理能力仍在不断完善中；第二，城乡一体化管理体制中，仍存在很多相互脱节的现象，比如，排污管理、污水收集和污水处理这三个环节常常互相脱节，排污管理不严导致污水未经净化处理直排自然水体，管网建设滞后导致污水处理厂低负荷运行；第三，缺乏水务管理协作机制，水务管理事务往往涉及政府几个部门，比如，水务局、环保局、建设局等，职责明确和协作机制显得尤为重要，而现实中却缺乏这种部门之间的协作机制；第四，水务管理还存在很多薄弱的环节，例如，污水排放、防洪排涝、管网建设和维护、水环境治理等方面；第五，在管理方式上，主要依靠传统的行政管理方式，忽略使用现代的行政管理方式，比如，缺乏竞争激励机制、缺乏对管理机构的再监督、缺乏科技化和信息化的管理手段等；第六，在管理绩效评估方式上，主要采用总量考核，忽略效率考核。

（三）水务规划缺乏战略远见

水务规划是政府解决当前和未来城市水务问题最直接的手段。因此，水务规划要具有战略前瞻性，成为统筹和指导城市水务产业发展和水务管理的纲领。由于我国正处于城镇化和工业化快速发展时期，而水务规划缺乏战略远见，导致水务规划往往赶不上社会经济的快速变化，水务问题层出不穷。例如，据住房和城乡建设部对351个城市的排涝能力专项调查显示，2008～2010年，有62%的城市发生过城市内涝灾害。其中，有57个城市的最大积水时间超过12小时，有137个城市发生内涝灾害超过3次以上。城市内涝灾害频繁发生根源在于城市排水管网建设和维护滞后，城市蓄水设施建设滞后，城市地面大量硬化，绿地生态和水生态遭到破坏。而将城市建设成具有吸水、蓄水、净水和释水功能的海绵体，是解决城市内涝灾害的主要措施之一。直至2013年，中央城镇化会议才提出建设海绵城市的建议；2014年，住房和城乡建设部出台《海绵城市建设技术指南》；2015年，国家确定首批16个海绵城市建设试点，国务院办公厅印发《关于推进海绵城市建设的指导意见》。

（四）政企关系并没有完全分离

在计划经济体制下，水务项目由政府出资建设、由国有企业或事业单位运营。2002 年，水务产业实施市场化改革后，很多地方政府国资委逐步对涉水国有企业（或事业单位）进行资产重组，实行“政企分离”的国有企业改革，成立或组建国有水务企业（或国有水务集团），成为“自主经营、自负盈亏、自担风险、自我发展、自我约束”的市场竞争主体。在实际的操作中，政企关系却难以做到完全分离，主要表现在以下几个方面：第一，有些地方政府将水务项目的设计、建设、监理、运营等环节采用直接授予方式授予国有水务企业（或国有水务集团），没有经过任何竞争的环节，不利于国有企业增强竞争力，也妨碍了其他市场主体参与竞争，不利于水务产业的可持续发展。第二，对于一些水环境治理项目，有些地方政府直接交予国有企业负责。不管企业是否愿意，也没有经过任何竞争性协商环节，没有清晰界定项目的公益性边界和营利性边界，不利于国有企业进行成本控制和效益核算。第三，有些地方政府碍于社会压力，在物价上涨的条件下，仍迟迟不肯调整水价，导致水价和成本倒挂，国有水务企业只能负重运营。

（五）水行政执法体制机制不完善

市场化改革以来，大量水务项目由市场中的企业来承担，而企业是追逐利润的经济体，为了获取经济利益，企业行为很可能会破坏水资源和水生态环境。因此，在市场化背景下，必须建立完善的水行政执法体制机制。市场化改革后，我国在水行政执法方面也做了多方面的改革，水行政执法的质量和水平也有了很大的提高，取得了较大的成效。但是，水行政执法体制、机制方面还存在很多需要进一步完善的地方，主要表现在以下几个方面：第一，执法部门职能交叉，出现多头执法、相互推诿、执法漏洞的问题；第二，部分法律法规衔接不畅，地方法规相对滞后，缺乏配套的制度，导致执法依据乏力；第三，执法取证难，执法力度弱，处罚难度大；第四，基层执法机构和人员配备不足，执法人员素质有待提高，执法后勤保障和激励措施较弱；第五，没有落实水行政执法问责制度，内部和外部监督机制较弱；第六，某些地方存在地方保护和行政干预问题，以“重点工程”“纳税大户”“招商引资”等理由，阻碍执法工作或者要求降低执法标准。

（六）其他社会主体参与水务治理不足

水务治理是一项复杂而庞大的公共事务，违法、违规行为随时、随地、随机发生，违法、违规方式越来越隐蔽，单靠政府力量难以做到精确监管。城市水务管理体制应从传统的“公共管理”向现代的“公共治理”转变。传统的“公共管理”强调政府对公共事务进行管理，带有强制性。政府作为城市水务管理机构，出现了管理“缺位”“错位”现象，源于缺乏监督政府行为的主体和手段。而现代的“公共治理”理念除了强调政府力量外，还重视社会力量对公共事务的管理，例如，社会组织和公民的参与。在过去20多年的水务管理体制改革中，侧重于政府机构和职能的转变和调整、市场机制的运用，而忽略了政府和市场之外的第三种力量。行业协会、环保组织、社会公众是水务治理的第三种力量，是政府和市场的有力补充。从2010年开始，部分地方政府开始探讨其他社会主体参与水务治理的实践，比如，河长制、志愿者服务、热线举报等，并初步呈现出较好的治理效果。目前，其他社会主体参与水务治理的范围较窄，途径和方式较少，远远没有发挥出其应有的作用。

二、水务管理体制改革的目标

（一）确保水资源系统的良性循环

水资源具有稀缺性和不可替代性，水务产业的发展必须遵循水资源的自然循环规律，确保水资源系统的良性循环。目前，我国水资源系统出现了水多、水少、水分布不均、水污染严重、水生态恶化等问题。人类通过水利工程对水量进行调节和调配，在防洪排涝的同时，对水资源进行发电、灌溉、航运等方面的开发和利用；通过自来水生产、海水淡化、再生水等产业来解决人类生产和生活的用水问题；通过排污管网、污水处理、水环境治理等产业来减少污水排放对水资源环境的破坏。城市水务管理的目标就是要对这些人类涉水经济活动进行规划、管理和控制，使人类经济活动符合水资源系统循环的自然规律，确保天然水资源系统的良性循环，确保人类可以一代接一代地开发和利用水资源。

（二）确保水务产业的公益性

水务产业包括水利工程、供水、排水、污水处理、污泥处理、再生水、水环境治理等产业，这些产业都是人类生存和发展的基础，关乎人民群众的身体健康和生命安全。水务产业是公益性、自然垄断特征的准市场化产业。在市场化改革的背景下，需要加强对水务企业的监管和引导，防止水务企业滥用市场支配地位，损害消费者权益，偏离了水务产业的公益性。城市水务产业的公益性主要体现在合理配置水资源、保障饮用水的可得性和安全性、保障水价的合理性和公平性、保障低收入家庭的用水、防治水环境的污染、保障水生态的良性循环、提升防洪排涝能力等。

（三）促进水务产业可持续发展

水务产业与人们日常生活、生产息息相关，是社会进步和经济发展的重要支柱。水务产业可持续发展是人类社会、经济和环境可持续发展的重要保障。水务产业可持续发展需要遵循水资源的自然循环规律，需要源源不断的资金投入，还需要科学的规划和引导。水务企业是追逐利润的经济体，市场调节具有自发性、盲目性和滞后性，需要政府机构来进行管理和引导，确保水务产业发展符合水资源的自然循环规律。因为水资源的开发需要成本，所以科学合理制定水价是实现水资源价值、补偿开发成本并获取合理利润的重要形式，是确保水务产业发展资金来源的重要途径。科学规划水务产业的发展，确保水务产业发展与社会经济发展相适应，城市水务与农村水务发展相适应，产业内各细分产业之间发展相适应。

（四）促进水务产业效率提升

城市水务系统是由很多个细分产业构成的一个整体，每个细分产业之间相互依存、相互影响。细分产业效率会影响产业整体效率，细分产业之间的协调性也会影响产业整体效率。例如，城市污水治理由排污控制、污水收集和污水处理三个紧密相连的环节所构成，排污控制严或松、管网的污水收集效率、污水处理厂的运营效率、管网和厂之间的适配性都会影响污水治理效率。在市场化改革背景下，细分产业之间的协调难以靠市场机制实现，必须依靠水务管理体制对水务产业发展进行规划、引导和管理，从而弥补市场机制的缺陷，促进水务产业效率的提升。

三、水务管理体制改革的发展方向

（一）营造公平公正的市场竞争环境

市场竞争可以促进企业提高效率。水务产业属于自然垄断行业，一般采用特许经营管理。目前，只有在特许经营权的招投标环节存在市场竞争，水务企业在特许经营期间处于市场垄断地位，缺乏市场竞争激励。因此，招投标环节的设计决定了水务市场的竞争环境。水务市场掌握在地方政府手中，地方政府采用何种方式发包水务项目决定了不同的市场竞争环境。地方政府对招标方式、投标条件、评标环节的设计都会影响市场竞争程度。例如，直接授予、邀请招标、公开招标的市场竞争程度依次升高。在实践操作中，地方政府具有自由裁量权，由于可能存在贿赂、关联利益、政企不分等情况，导致水务市场竞争程度较低，应该采用招标方式时却采用直接授予方式，应该采用公开招标方式却采用邀请招标方式。营造公平公正的市场竞争环境，选择优秀企业承担水务项目，为消费者提供优质的水务产品或服务，是培育水务企业发展壮大的沃土。营造公平公正的市场竞争环境重点在于特许经营者的选择环节，给予不同企业平等的竞争地位，尽量采用公开招标方式，规范招投标环节，接受社会各界的监督。

（二）加强智慧水务的建设

信息不对称是影响城市水务管理效率的重要因素之一。减少信息不对称现象是提高水务管理效率的重要途径。智慧水务是指通过数采仪、水质水压表、无线网络等方式在线监测设备实时监测城市水系统的运行状态，形成“城市水务物联网”，对水务信息进行识别、定位、跟踪、模拟、预测和管理等，为城市水务管理提供第一手准确信息，为城市水务精细化管理提供可能，是水务行业发展与管理的重要支撑和保障。例如，智慧水务可以通过水量、水质、水压、温度等数据进行实时回传，帮助水务管理部门及时掌握管网振漏、排污控制、卫生状况等水务方面的实时信息，为水务管理部门的科学决策提供依据。目前，我国水务管理部门已经开始运用智慧水务来管理水务事务，取得了很好的管理效果，比如，全国地表水和地下水自动监测系统。我国智慧水务的建设体系尚不完善，仍处于宣传、布局和试点阶段，各级政府通过不断加强智慧水务的建设，必将大大提高水务管理的能力。

（三）完善水行政执法的机制体制

完善我国水行政执法的机制体制，做到有法可依、有法必依、执法必严、违法必究，这是促进水务产业健康快速发展的有力保障。完善我国水行政执法的机制体制，可以从以下六个方面进行努力：第一，完善我国水法律法规的体系建设，理顺法律法规之间的衔接，建立起相关的配套制度；第二，建立一支专职水政监察执法队伍，使水政监察执法队伍的机构设置、编制和人员配备与各城市的依法治水工作任务相适应；第三，完善水行政综合执法，完善部门之间联动工作机制，保证执法履职到位；第四，加强对水政执法人员的培训和管理，提高执法人员的业务素质；第五，完善水行政执法的证据证明标准，提高执法的力度和效率；第六，强化水行政执法监督，建立水行政执法的公示制度，加强人大、政协、公众、媒体对水行政执法的监督。

（四）加强对水务管理机构的激励和监督

水务管理的目的在于保护水资源、维持市场秩序、提高资源配置效率、保障社会公共利益，以及促进水资源和水务产业的可持续发展。地方政府是水务管理的主要实施者，在委托—代理的条件下，管理机构和被管理者之间存在信息不对称现象，管理者有可能被受管理者所俘获，很可能使水务管理的实际效果偏离管理目标。过去10多年的水务管理实践证明，在水务管理过程中，伴随着大量寻租行为和贪污渎职行为，使水务管理偏离了管理目标。因此，必须加强对水务管理机构的激励和监督，以保证水务管理行为的积极性、合理性与规范性。对水务管理机构的激励和监督措施包括建立水务管理机构内部的权力制衡机制，避免权力的过度集中；提高第三方组织、社会公众对水务管理机构监督的途径；建立水务管理的公示制度，加强水务管理的信息化建设；将水务管理绩效列入地方政府的政绩考核体系，加强上级部门对下级部门的督导。

（五）构建以政府为主导的网络型治理结构

城市水务管理是一项复杂而庞大的公共事务，仅仅依靠政府的力量还难以做到全面监督，必须拓展治理主体和治理工具，构建以政府为主导的网络型治理结构。新的治理主体包括社会公众、行业协会、环保组织、中介组织等，新的治理工具包括志愿服务、监督举报、标杆指标、信息公开、检查评估等。网络型治理结构是政府和市场之外的第三种治理结构，它以共同的价值理念作为链接和中介，不同的治理主体运用不同的工具共同参与水务事务治理。其中，既包含了科层结构和市场结构，又扩展了他们以外的第三方力量的参与，使治理的结构更加完善，治理的力量更加强大。例如，违规排污行为具有分散性、隐蔽性、随时性、取证难等特点，仅靠环保部门的行政监督是不够的，若拓展社会公众作为治理主体，使用志愿服务、监督举报、信息公开等治理工具，将可以大大减少违规排污行为的发生。供水行业具有自然垄断特性，供水企业难以进行运营效率的横向对比，若拓展水务行业协会作为治理主体，使用标杆指标、信息公开等治理工具，找出供水行业的标杆企业，对标杆指标数据信息进行公开，必将促进其他供水企业效率的提升。对水务管理事务，政府可以委托社会中介机构和专业机构对水务事务进行采样取证、现场稽查、监测评估等工作，可以加强水务管理的专业性、独立性和公信力。

第五章　城市水务产业的价格改革

我国水资源短缺、水资源分布不均、水体污染较为严重等问题已经成为了制约我国经济和社会可持续发展的障碍。价格是商品价值的货币表现形式、是经济信息的传播者。价格机制是调节市场供求关系和资源配置的重要手段。市场机制要发挥调节作用，就必须通过价格机制来实现。经过多年的市场化改革，我国的城市水价体系已初步建立，水价机制已在水资源配置、水供需调节、水污染防治中发挥着越来越重要的作用。目前，我国水价机制仍存在很多不完善之处，比如，水价总体水平偏低、水价调整缺乏弹性、竞争激励不足等问题，这些问题的存在将阻碍水价机制发挥市场调节和价格杠杆的作用。通过进一步深化水价机制的市场化改革，充分发挥价格机制在促进节约用水、水环境治理、提高用水效率等方面的作用。

第一节　城市水务产业价格改革的历史演进

一、水价的构成

水务产业是指以原水、取水、制水、输水、售水、排水、污水处理及管网建设和维护、相关设备生产等一系列产业节点形成的产业价值链。2004 年 4 月，国务院发布了《关于推进水价改革促进节约用水保护水资源的通知》，该通知指出了我国城市水价体系包括水资源费、水利工程水价、供水价格、污水处理费和再生水价格五种类型。

（一）水资源费

水资源费是指国家对城市中取水的单位或个人所征收的使用水资源的费用。水资源费是水资源价值的体现，主要体现在稀缺性、产权和劳动价值三个方面。水资源属于国家所有，国家对城市中取水的单位或者个人征收水资源费。这是国家对水资源使用权的让渡，也是水资源所有权的体现。天然水资源转变为可供人类利用的水资源需要投入一定的人类劳动和资金，包括勘测、开发和保护费用等，这部分人类劳动和成本需要体现在水资源费当中。水资源费属于政府非税收入，被全额纳入财政预算管理，作为国家或地方水资源节约、保护、管理和合理开发的专项资金。

（二）水利二程水价

水利工程供水价格是指供水经营者通过拦、蓄、引、提等水利工程设施销售给用户的天然水价格。水利工程供水是人类劳动的成果，具有商品的属性。水利工程供水属于经营性供水，水利工程水价属于商品价格。

（三）供水价格

供水价格是指供水企业通过一定的工程设施，将地表水、地下水进行必要的净化、消毒处理，使水质符合国家相关规定标准后供给用户使用的商品水价格。自来水生产属于生产经营活动，是人类劳动的成果，具有商品的属性，供水价格属于商品价格。

（四）污水处理费

污水处理费是按照“污染者付费”的原则，由排水单位和个人缴纳并专项用于城镇污水处理设施建设、运行和污泥处理处置的资金。污水处理费源于排水设施使用费，属于行政事业性收费，是非税收入，收费全额上缴地方国库，纳入地方政府性基金预算管理，实行专款专用。

（五）再生水价格

再生水是指对经过或未经过污水处理厂处理的集纳雨水、工业排水、生活污水等非传统水源进行回收，经适当净化处理后达到一定水质标准，可在一定范围内再次被利用的非饮用水。再生水主要用于园林绿化、道路保洁、工业回用、车辆冲洗、环境补水。再生水价格是指使用再生水的单位和个人缴纳的再生水费用。再生水生产属于生产经营活动，具有商品的属性，再生水价格属于商品价格。

二、我国水价改革的历程

中国的水价改革发展可以大致分为三个阶段：公益性供水阶段（1949～1985年）、市场化改革起步阶段（1985～1995年）、市场化改革深化发展阶段(1995～2019年)。

（一）1949～1985年：公益性供水阶段

我国在此阶段以公益性供水为主，实行低价政策。新中国成立之初，我国以公益性供水为主，除个别水利工程外，大部分的水利工程不收取水费，自来水供给实行“包费制”低价政策，不征收污水处理费。直到1965年，水电部制定了《水利工程水费征收使用和管理试行办法》，明确规定了水利工程应征收水费。这是我国第一个关于水价制度的重要文件，结束了我国水利工程无偿供水的状况。1980年，原国家经委、计委等部门联合出台了《关于节约用水的通知》，通知要求在两年内取消生活用水“包费制”，按楼站或大院装表，实行用水计量、按量收费制度。

（二）1985～1995年：市场化改革起步阶段

我国在此阶段确立了水的商品属性，水利工程供水和自来水供给逐步实行保本微利的定价方式，省会城市开始征收排水设施使用费。1985年，国务院发布《水利工程水费核订、计收和管理办法》，该办法明确规定凡水利工程都应实行有偿供水，将水利工程水费由原来的“征收”改为“计收”，明确了供水的商品属性。1992年，国家物价局将水利工程水价管理由原来的“行政事业性收费”管理转变为“商品价格”管理，这标志着水利工程供水完全转变为商品性质，水利工程水价逐步提高。1993年，国家物价局、财政局发布《关于征收城市排水设施使用费的通知》，明确表示凡直接或间接向城市排水设施排放污水的企事业单位和个体经营者，应按规定向城市建设主管部门缴纳城市排水设施使用费。在此政策的指引下，个别省会城市在20世纪末开始向企事业单位和个体经营者征收较低的排水设施使用费。1994年，国务院颁布了《城市供水条例》，该条例规定：城市供水价格应该按照生活用水保本微利，生产和经营用水合理计价的原则制定。

（三）1995～2019年：市场化改革深化发展阶段

我国在此阶段逐步提高水价标准，确定水务企业可以获得合理收益，将排水设施使用费改为污水处理费，污水处理费逐步从行政事业性收费转变为经营性收费，开始实行取水许可和水资源费征收制度，鼓励再生水产业的发展。1998 年，国家计委和建设部联合制定了《城市供水价格管理办法》，明确了供水是属于盈利性生产经营活动，城市供水价格应遵循补偿成本、合理收益、节约用水、公平负担的原则，供水企业合理盈利的平均水平应当是净资产利润率的 8% ~10%。2002 年，中国污水处理行业实施了市场化改革，污水处理费逐步从行政事业性收费转变为经营性收费。2003 年，国家发展和改革委员会与水利部联合制定了《水利工程供水价格管理办法》，明确规定了水利工程可以获取合理收益。2004 年，国务院办公厅发布的《关于推进水价改革促进节约用水保护水资源的通知》，将再生水价格列入我国的水价体系，为再生水定价提供政策指引，有力地促进了我国再生水产业的发展。2006 年，我国开始实行取水许可和水资源费征收制度。2016 年，水资源税改革在河北省试点，后于 2017 年扩大到 9 个省（自治区、直辖市）（见表 5 –1）。

表 5 –1　中国水价改革历程

水价类型	公益性供水阶段（1949 ~1985 年）	市场化改革起步阶段（1985 ~1995 年）	市场化改革深化阶段（1995 ~2019 年）
水资源费	无偿使用	无偿使用	取水许可制度，开征水资源费（2006 年）→水资源税试点（2016 年）
水利工程水价	大部分无偿使用→计收水费，低成本定价，补偿日常管理开支（1965 年）	确定商品属性，按成本定价（1985 年）→“行政事业性收费”变为“商品价格”，按保本微利定价（1992 年）	可获得合理利润（2003 年），实行政府定价或政府指导价
供水价格	低成本定价，实行包费制→按量收费（1980 年）	按保本微利定价（1994 年）	可获合理利润（1998 年），实行政府定价，阶梯式计量水费
污水处理费	无	征收排水设施使用费，低成本定价，属于行政事业性收费（1993 年）	改为污水处理费，低成本定价（1998 年）→向经营性收费逐步转变，向成本定价发展

续表

水价类型	公益性供水阶段（1949～1985年）	市场化改革起步阶段（1985～1995年）	市场化改革深化阶段（1995～2019年）
再生水价格	无	试点发展	列入水价体系（2004年）→向政府指导价、市场定价发展

三、各类水价改革的实施和现状

（一）水资源费

1949～2002年，我国水资源实行无偿使用制度，社会组织和个人使用地表水和地下水资源不需要缴纳费用。直到2002年，我国重新修订了《中华人民共和国水法》（2002年修订），该法规定：水资源属于国家所有，国家对水资源依法实行取水许可制度和有偿使用制度。2006年2月21日，国务院颁布了《取水许可和水资源费征收管理条例》。该条例规定：凡是利用取水工程或者设施直接从江河、湖泊或者地下取用水资源的单位和个人，应当向水行政主管部门申请领取取水许可证，并缴纳水资源费。

国家对水资源管理实行流域管理与行政区域管理相结合的管理体制。国务院水行政主管部门在国家重要江河、湖泊设立流域管理机构，比如，长江、黄河、淮河、珠江、松花江等。在这些流域内，由流域管理机构负责取水许可制度的组织实施和监督管理，水资源费的征收标准由国家发改委会同国务院财政部、水利部制定，水资源费由取水口所在的地方政府（省、自治区、直辖市）的水行政主管部门代为征收。在流域管理机构权限外，取水许可制度的组织实施和监督管理由县级以上的地方政府水行政主管部门负责，水资源费的征收标准由地方政府（省、自治区、直辖市）价格主管部门、同级水行政部门和财政部门共同制定，报本级人民政府批准，并报国务院价格、财政和水行政主管部门备案，水资源费由县级以上地方水行政主管部门负责征收。

水资源费征收标准需遵循以下原则：第一，有利于促进水资源的合理开发、利用、节约和保护；第二，征收标准要与当地水资源条件和经济社会发展水平相适应；第三，征收标准要统筹地表水和地下水的合理开发利用；第四，充分考虑不同产业和行业的差别。各个地方政府根据本地区水资源的稀缺程度、社会经济发展水平合理制定水资源费征收标准。因此，全国各省市的水资源费征收标准并不完全一致。取水单位或者个人按照经批准的年度取水计划取水，并缴纳水资源费，对超定额取水的部分累进收取水资源费，比如，广东省水资源费征收标准如表5－2所示。

表5－2　广东省水资源费征收标准　　单位：元/立方米

<table>
<tr><th colspan="2" rowspan="3">水源
标准
类型</th><th rowspan="3">地表水</th><th colspan="4">地下水</th></tr>
<tr><th colspan="2">公共供水管网覆盖区域</th><th colspan="2">公共供水管网未覆盖区域</th></tr>
<tr><th>超采区/限采区</th><th>一般区域</th><th>超采区/限采区</th><th>一般区域</th></tr>
<tr><td colspan="2">城乡生活取水</td><td>0.2</td><td>2.00</td><td>1.00</td><td>0.50</td><td>0.25</td></tr>
<tr><td colspan="2">生产、经营取用水</td><td>0.2</td><td>4.00</td><td>2.00</td><td>1.00</td><td>0.50</td></tr>
<tr><td colspan="2">核电、火力发电贯流式冷却取用水</td><td>0.005</td><td>4.00</td><td>2.00</td><td>1.00</td><td>0.5</td></tr>
<tr><td rowspan="2">水力发电取用水</td><td>大中型</td><td>0.007</td><td rowspan="2">—</td><td rowspan="2">—</td><td rowspan="2">—</td><td rowspan="2">—</td></tr>
<tr><td>小型</td><td>0.005</td></tr>
<tr><td rowspan="2">地热水、矿泉水</td><td>生产、经营取用水</td><td>—</td><td>4.00</td><td>2.00</td><td>4.00</td><td>2.00</td></tr>
<tr><td>城乡生活取用水</td><td>—</td><td>2.00</td><td>1.00</td><td>2.00</td><td>1.00</td></tr>
<tr><td colspan="2">其他取用水</td><td>0.2</td><td>4.00</td><td>2.00</td><td>1.00</td><td>0.50</td></tr>
</table>

注：1. 表中水力发电的计征单位为元/千瓦时，其他计征单位为元/立方米；

2. 由公共供水管道及其附属设施向农村用户提供生活饮用水的供水工程收费标准为0.02元/立方米；

3. 生物质能发电的火电厂按核电、火力发电贯流式冷却取用水标准减半征收；

4. 已缴纳矿产资源补偿费的地热水、矿泉水取用水按相关用途减半征收。

资料来源：粤发改价格［2015］847号。

为进一步推进水资源的节约和循环利用，国家在河北省试点实施水资源税改革。2016年7月，按照财政部、国家税务总局和水利部联合颁布的《水资源税改革试点暂行办法》（财税［2016］55号），河北省按税费平移原则试点开征水资源税的同时，将水资源费征收标准降为零，以税收杠杆调节社会用水需求。再生水、地表水、地下水的税额标准依次增高，通过差别化税率，引导企业和个人调整用水结构，少用稀缺的地下水，尽量使用再生水和地表水。2017 年 12 月，水资源税改革试点扩大到北京、天津、山西、内蒙古、山东、河南、四川、陕西、宁夏 9 个省（自治区、直辖市），2017 年天津市水资源税额标准如表 5－3 所示。

表 5－3　2017 年天津市水资源税税额标准　　单位：元/立方米

<table>
<tr><th colspan="2">类别</th><th colspan="2">取用水单位或个人</th><th>税额标准</th></tr>
<tr><td colspan="2" rowspan="4">地表水</td><td colspan="2">城镇公共供水企业</td><td>0.76</td></tr>
<tr><td colspan="2">农业生产者（超规定限额）</td><td>0.1</td></tr>
<tr><td colspan="2">特种行业</td><td>25</td></tr>
<tr><td colspan="2">其他行业</td><td>1.6</td></tr>
<tr><td rowspan="7">地下水</td><td rowspan="3">全部区域</td><td colspan="2">城镇公共供水企业</td><td>1.6</td></tr>
<tr><td colspan="2">农业生产者（超规定限额）</td><td>0.2</td></tr>
<tr><td colspan="2">农村人口生活集中式饮水工程单位</td><td>0.2</td></tr>
<tr><td rowspan="2">一类区域（包括市内六区、环城四区、滨海新区、武清区、静海区）</td><td colspan="2">特种行业</td><td>40</td></tr>
<tr><td colspan="2">其他行业</td><td>5.8</td></tr>
<tr><td rowspan="2">二类区域（包括蓟州区、宁河区、宝坻区）</td><td colspan="2">特种行业</td><td>30</td></tr>
<tr><td colspan="2">其他行业</td><td>4</td></tr>
<tr><td colspan="2" rowspan="6">其他用水</td><td colspan="2">水力发电企业</td><td>0.005 元/千瓦时</td></tr>
<tr><td colspan="2">火力发电贯流式冷却用水企业</td><td>0.005 元/千瓦时</td></tr>
<tr><td rowspan="2">疏干排水的单位和个人</td><td>直接外排</td><td>视同其他行业直取地下水</td></tr>
<tr><td>回收利用</td><td>0.6</td></tr>
<tr><td rowspan="2">地源热泵使用者</td><td>直接外排、回扬水</td><td>视同其他行业直取地下水</td></tr>
<tr><td>回收利用</td><td>0.6</td></tr>
</table>

资料来源：天津市人民政府：《天津市水资源税改革试点实施办法》，津政发［2017］43 号。

（二）水利工程供水价格

1949～1965 年，我国以公益性供水为主，除个别的水利工程外，大部分的水利工程不收取水费。当时，水利工程供水征收标准很低，一般只要求能够补偿水利工程管理工作的日常开支。例如，1965 年，广东省水利工程价格征收标准为：农业用水 0.1～0.2 分/立方米，工业用水、火电和热电厂用水 0.2～0.3 分/立方米。由于征收标准过低，征收管理不完善，导致了水资源浪费严重，水利工程失修失管严重，缺乏更新和改造资金，很多水利工程要靠国家补贴来维持运营管理。

1980 年，我国实行财政体制改革，国务院提出：凡有条件的水利工程单位实行“独立核算、自负盈亏”的企业制度，并按制度收取水费。同年，水利部组织了大型水利工程供水成本的调查，并提出了“水的商品属性”概念，奠定了水利工程有偿供水的理论基础。1985 年，国务院发布《水利工程水费核订、计收和管理办法》。该办法明确规定凡水利工程都应实行有偿供水，将水利工程水费由原来的“征收”改为“计收”，明确了供水的商品属性。水费按供水成本制定，包括水利工程的运行管理费、大修理费和折旧费以及其他按规定应计入成本的费用，以保证水利工程的运行管理、大修和更新改造费用。该办法出台后，水费收入有所提高，基本能维持正常的运营管理。但是，由于水费计收标准还是偏低，很多水利工程仍然缺乏更新改造和扩大再生产的资金。1988 年，我国颁布了《中华人民共和国水法》。该法规定：“使用供水工程供应的水，应当按照规定向供水单位缴纳水费。”该法为水利工程供水实行有偿收费制度提供了法律依据。1992 年，国家物价局将水利工程水价管理由原来的“行政事业性收费”管理转变为“商品价格”管理，这标志着水利工程供水被赋予了商品价值性质。

2003 年，国家发展和改革委员会与水利部联合制定了《水利工程供水价格管理办法》，该办法规定，水利工程供水价格由供水生产成本、费用、利润和税金构成，明确规定了水利工程可以获取合理收益。供水生产成本主要包括水资源费、人员工资、材料费、固定资产折旧费、修理费。供水生产费用主要包括销售费用、管理费用和财务费用；利润是指供水生产经营者获得的合理收益；税金是供水经营者按税法向国家缴纳的税金。水利工程定价实行政府指导价和政府定价两种方式。民办民营水利工程供水价格实行政府指导价，其他水利工程供水价格实行政府定价。水利工程供水价格按供水对象分为农业用水价格和非农业用水价格。农业用水是指直接供应给粮食作物、经济作物和水产养殖的用水，这类水按补偿生产成本和费用原则核定，不计利润和税金。非农业用水是指供应给工业、自来水厂、水力发电和其他用水，这类水在补偿生产成本、费用、税金的基础上，按供水净资产计算合理利润。水利工程供水价格实行基本水价和计量水价的两部制水价。基本水价按补偿供水的直接工资、管理费用和 50% 的折旧费、修理费原则核定。计量水价补偿基本水价以外的水资源费、材料费等其他成本、费用以及计入规定利润和税金的原则核定。各类用水实行定额管理，超定额用水实行累进加价。中央直属和跨省、自治区、直辖市水利工程的供水价格，由国务院价格主管部门商水行政主管部门审批。地方水利工程的供水价格，由各省、自治区、直辖市人民政府价格主管部门商水行政主管部门规定，比如，2014 年南水北调东线一期主体工程运行初期各口门供水价格如表 5－4 所示。

表 5－4　2014 年南水北调东线一期主体工程运行初期各口门供水价格

单位：元/立方米

序号	区段划分	区段内各口门供水价格	
		基本水价	计量水价
1	南四湖以南	0.16	0.20
2	南四湖上级湖（含上级湖）至长沟泵站前	0.33	0.40
3	南四湖下级湖	0.28	0.35
4	长沟泵站后至东平湖（含东平湖）	0.40	0.49
5	东平湖至临清邱屯闸	0.69	0.65
6	临清邱屯闸至大屯水库	1.09	1.15
7	东平湖以东	0.82	0.83

资料来源：国家发展改革委关于南水北调东线一期主体工程运行初期供水价格政策的通知，发改价格［2014］30 号。

（三）供水价格

1949 年，我国只有 72 个城市建有自来水厂，生产能力约为 240.6 万立方米/日。绝大部分的供水设施是外国人设计，为达官贵人和外商服务。老百姓一般直接取用井水或河水。新中国成立后，国家十分重视供水行业的发展，开始自行设计和建设了一批供水工程。例如，1949～1980 年，我国以公益性供水为主，城市供水实行低价政策，绝大多数城市实行用水“包费制”。“包费制”根据居民家庭人口按户收取一定数额的水费，由于水费与实际用水量无关，导致了比较严重的用水浪费现象。为了解决经济发展中水资源缺乏、用水浪费严重、供水能力不足、财政负担重等问题，原国家经委、计委等部门在 1980 年联合出台了《关于节约用水的通知》，通知要求在两年内取消生活用水“包费制”，按楼站或大院装表，实行用水计量、按量收费制度。

20 世纪 90 年代以前，供水企业属于事业单位或国有企业，由地方政府投资建设。随着中国经济的发展和人口在城市的集聚，城市供水能力被提出了更高的要求，城市公共财政难以支撑水务产业快速发展的要求。为了促进水务产业的发展，解决资金不足问题，中央水行政主管部门开始酝酿水务产业的市场化改革，从公益性供水逐步向盈利性供水转变。1994 年，国务院颁布了《城市供水条例》，条例规定：城市供水价格应该按照生活用水保本微利，生产和经营用水合理计价的原则制定。1998 年，国家计委和建设部联合制定了《城市供水价格管理办法》，明确了供水是属于营利性生产经营活动，供水价格实行政府定价，计价方式实行分类阶梯式，定价需实行听证会制度和公告制度。该办法规定城市供水价格应遵循补偿成本、合理收益、节约用水、公平负担的原则。供水企业合理盈利的平均水平应当是净资产利润率的 8% ~10%。主要靠政府投资的供水企业，净资产利润率不得高于 6%。主要靠企业投资的供水企业，还贷期间净资产利润率不得高于 12%。城市供水按照居民生活用水、工业用水、行政事业用水、经营服务用水、特种用水五类，采用阶梯式计量水价。2009 年，国家发改委、住建部下发了《关于做好城市供水价格管理工作有关问题的通知》，将城市供水由原来的 5 类简化为 3 类，居民生活用水实行阶梯式水价，非居民用水超定额累进加价，特种用水实行计量计价。

20 世纪 90 年代后期，有些地方政府为了吸引外国资本，曾向外资承诺水务项目的固定投资回报率，从而导致水价上涨过快，引起了消费者的强烈不满。例如，1996 年，上海市政府与泰晤士水务公司签署大场自来水厂 PPP 协议，政府承诺给予 15% 的固定投资回报率和保底水量。1998 年 9 月，国务院发布了《关于加强外汇外债管理开展外汇外债检查的通知》，明确指出吸收外商投资，要贯彻中外投资者共担风险、共享收益、共负亏损的原则，中方不顾投资项目的经营效益和市场承受能力，承诺其产品的价格和收费水平，或以项目以外的收入等保证外方固定投资收益，其实质都是变相举债，要坚决防止和纠正。2002 年 9 月，国务院办公厅发布《关于妥善处理现有保证外方投资固定回报项目有关问题的通知》，对于以项目自身收益支付外方固定回报的项目，中外各方应在充分协商的基础上修改合同或协议，以提前回收投资等合法的收益分配形式取代固定回报方式；对于项目亏损或收益不足，以项目外资金支付外方部分或大部分投资回报，或者未向外方支付原承诺的投资回报的项目，可以根据项目情况，分别采用“改、购、转、撤”等方式进行处理。2004 年 4 月，泰晤士水务公司与上海水务资产经营公司签订了《上海泰晤士大场自来水有限公司股权转让合同》，大场水厂回购国有。2017 年桂林市水价标准如表 5 - 5 所示。

表 5 - 5　2017 年桂林市水价标准　　单位：元/立方米

用水类别		水资源费	供水价格	污水处理费	最终价格
居民生活用水	第一阶梯：月用水量≤28 立方米/户	0.10	1.43	1.00	2.53
	第二阶梯：28 立方米/户＜月用水量≤40 立方米/户	0.10	2.15	1.00	3.25
	第三阶梯：月用水量＞40 立方米/户	0.10	2.86	1.00	3.96
非居民生活用水		0.10	2.10	1.25	3.45
特种用水		0.10	6.50	1.50	8.10

注：非居民生活用水包括行政事业用水、工业用水、经营服务月水。

资料来源：桂林市物价局市价格［2015］14 号。

（四）污水处理费

从 1949 年到 20 世纪末，城市污水治理被看作是社会公益事业来办，主要由地方政府承担城市排水和污水处理设施的建设、运营和维护费用，社会组织和消费者并不需要支付污水处理费。随着中国经济和城市化的快速发展，城市水环境污染问题日益严重，城市迫切需要资金发展污水处理行业。1984 年，国务院发布《关于大力开展城市节约用水的通知》，明确表示城市建设部门必须尽快会同有关部门制定排水设施的有偿使用办法；1987 年，国务院发布《关于加快城市建设工作的通知》，提出要征收城市排水设施使用费；1993 年，国家物价局、财政局发布《关于征收城市排水设施使用费的通知》 明确表示凡直接或间接向城市排水设施排放污水的企事业单位和个体经营者，应按规定向城市建设主管部门缴纳城市排水设施使用费。在以上政策的指引下，个别省会城市在 20 世纪末开始向企事业单位和个体经营者征收较低的排水设施使用费，平均每吨只有 0.1 元左右，最低的有 0.03 元。

随着城市发展和水污染治理的需要，排水设施使用费征收对象扩展到各种类型的组织和个人，排水设施使用费也逐步更名为污水处理费。例如，广州市从1998年1月开始实施征收污水处理费，按照自来水用水总量的90%计算，按0.20元/吨标准计收，凡在广州市所辖范围内的行政机关、企事业单位（含中央、省、部队、外地驻穗单位）、个体经营者和居民等单位和个人，均按此标准缴纳城市污水处理费。随着城市化的快速发展，城市对污水处理的需求日益扩大。污水处理系统建设所需投资资金多、投资回收期长，资产专用性强等特性使资金成为了制约城市污水治理绩效的瓶颈。为了弥补建设资金的缺乏，中国的一些省会城市陆续建立了使用者付费制度——污水处理费收取制度，政府将从用户收取的污水处理费用于弥补部分污水管网和污水处理厂的建设、运营和维护费用，污水处理费在我国从无到有。

污水处理费源自于排水设施使用费，属于行政事业性收费。行政事业性收费是指国家行政机关为加强社会经济管理而收取的费用，或提供不以盈利为目的的产品和服务而收取的费用，或为弥补国家拨款不足而收取的补偿性费用。例如，《广州市城市污水处理费征收制度》规定：从1998年1月起，广州市建立污水处理费征收制度，凡向市政排水设施排放污水的单位和个人都要缴纳污水处理费，污水处理费属于行政事业性收费。污水处理费由自来水公司在收取自来水费时一并收取，自来水公司将收取的污水处理费交付给当地政府财政部门，财政部门设立专项账户实行“收支两条线”进行管理，收取的资金专项用于城市污水处理设施建设、运营和维护所需费用，由当地政府财政部门从专项账户中核拨。1998年，广州市污水处理费征收标准为0.20元/吨，按自来水用水量90%计算。

2002年，中国污水处理行业实施了市场化改革，从污水收集环节到污水净化环节都由市场中的企业进行运营管理，污水处理费逐步从行政事业性收费转变为经营性收费。经营性收费是指以盈利为目的的经营性服务所收取的费用。按照《广州市城市污水处理费征收管理实施办法》（2009），广州市政府授权广州市水务投资集团有限公司下属的污水治理有限责任公司收取污水处理费，广州市财政局、水务局、审计局、物价局对污水处理费征收和使用情况进行监管。经营性收费和行政事业性收费的区别主要在于：第一，征收主体的区别。经营性收费的征收主体是提供产品或服务的企业。行政事业性收费的征收主体是政府机关或事业单位。第二，收入归属的区别。经营性收费是属于企业的收入；行政事业性收费是属于政府财政的收入。第三，属性上的区别。经营性收费是体现商品和服务买卖双方之间的交换关系；行政事业性收费是体现政府、企事业单位和消费者之间的分配关系，是属于财政分配问题。第四，征收目的的区别。经营性收费以盈利为目的，是一种商品的价格补偿。行政事业性收费不以盈利为目的，体现收益补偿原则，受益对象在接受产品和服务时适当负担一部分费用。

中国的污水处理费正处于从行政事业性收费逐步向经营性收费转变的过渡阶段，污水处理费性质仍然没有满足真正意义上的经营性收费，它兼有行政事业性收费和经营性收费的双重性质。中国一些城市的污水处理费被定性为经营性收费，主要是针对污水处理厂所提供的污水净化处理服务而言的，它并没有覆盖与此相关的污水收集环节的费用，大部分城市的污水收集管网的建设和运营费用都是由政府公共财政来承担。2017 年，广州市发改委发布《广州市中心城区污水处理费调整方案》，该方案指出：2015 年，广州市财政用于支付购买污水处理服务的总金额为 29.19 亿元，而污水处理费同年的实收金额仅为 7.55 亿元。也就是说，社会单位和消费者支付的污水处理费用只占总费用的 25.87%，剩余部分费用仍需广州市公共财政来支付。根据成本监审报告，2013 ~ 2015 年，广州市污水处理定价成本为 1.04 元/吨，如加上管网资产贷款利息，则污水处理成本为 1.46 元/吨。2016 年，广州市中心城区污水处理费综合价格为 1.06 元/吨，污水处理费不足以弥补成本，2017 年广州市污水处理征收标准如表 5 – 6 所示。

表 5 – 6　2017 年广州市污水处理费征收标准

污水类别		收费标准（元/吨）
居民生活用水	第一阶梯：0 ~ 26 立方米	0.95
	第二阶梯：27 ~ 34 立方米	1.43
	第三阶梯：34 立方米以上	2.85
非居民类污水		1.4
特种行业污水		2.0

资料来源：广州市发改委《关于调整我市污水处理费有关问题的通知》，2017 年 6 月 9 日。

我国污水处理费征收制度的实施呈现出以下特征：第一，污水处理费征收先从省会城市和直辖市开始实施，现正逐步向地级市、县级市、重点建制镇普及；第二，污水处理费的定价从最初的单一收费向分类别、阶梯式收费发展；第三，污水处理费征收标准逐步从成本补偿向合理盈利转变；第四，污水处理费征收标准呈现东部沿海城市较高，西部城市较低，大城市较高，中小城市较低的特征。2015 年，国家发改委、财政部、住建部联合下发《关于制定和调整污水处理收费标准等有关问题的通知》（以下简称《通知》），该通知提出，到 2016 年底，设市城市居民污水处理收费标准原则上每吨应调整至不低于 0.95 元，非居民不低于 1.4 元。县城、重点建制镇原则上每吨应调整至居民不低于 0.85 元，非居民不低于 1.2 元。截至 2017 年底，全国 31 个省份均已建立了污水处理费制度。其中，省会城市和直辖市已全部开征污水处理费，绝大部分设市城市已按照《通知》要求提高污水处理费的征收标准，个别城市由于居民平均收入水平较低等原因，仍沿用较低标准的污水处理费制度，2017 年部分城市污水处理费的执行标准如表 5－7 所示。

表 5－7　2017 年部分城市污水处理费执行标准　　单位：元/吨

序号	城市	居民生活类	行政事业类	工业用水类	商业用水	特种用水
1	上海	1.70	2.24	2.34	2.34	2.34
2	南京	1.42	1.95	1.95	1.95	1.95
3	北京	1.36	3.00	3.00	3.00	3.00
4	苏州	1.35	1.35	1.35	1.35	1.62
5	武汉	1.10	1.37	1.37	1.37	1.37
6	重庆	1.00	1.30	1.30	1.30	1.30
7	厦门	1.00	1.50	1.50	1.50	1.80
8	昆明	1.00	1.25	1.25	1.25	1.25
9	济南	1.00	1.40	1.40	1.40	1.40
10	贵阳	1.00	1.40	1.40	1.40	1.40
11	乌鲁木齐	0.95	1.40	1.40	1.40	1.40
12	天津	0.95	1.40	1.40	1.40	1.40
13	福州	0.95	1.40	1.40	1.40	1.80
14	哈尔滨	0.95	1.40	1.40	1.40	1.40
15	石家庄	0.95	1.40	1.40	1.40	1.40

续表

序号	城市	居民生活类	行政事业类	二业用水类	商业用水	特种用水
16	银川	0.95	1.40	1.40	1.40	1.40
17	海口	0.95	1.40	1.40	1.40	1.40
18	沈阳	0.95	1.40	1.40	1.40	1.40
19	拉萨	0.80	1.10	1.60	1.60	1.50
20	太原	0.50	0.50	0.80	1.00	1.00

资料来源：笔者调研整理。

（五）再生水价格

我国水资源紧缺、水资源分布不均，城市污水的再生利用是解决水资源危机的一个有效途径。自 20 世纪 80 年代开始，北京、天津等一些北方缺水城市开始实施污水资源化再利用工程。1987 年，北京市出台了《北京市中水设施建设管理试行办法》，鼓励建设一些小型的中水设施。1999 年，北京市建成了高碑店污水处理厂再生水回用项目，主要用于为高碑店湖提供景观用水，为第一热电厂提供冷却循环用水。2001 年，北京市出台了《北京市区污水处理厂再生水回用总体规划纲要》，有力地促进了北京市再生水产业的发展。2003 年，北京市开始实施再生水收费制度，定价方式为政府定价，再生水定价为 1 元/吨。在北京市政府的大力支持下，北京市再生水产业发展走在了全国的前列，2017 年，北京市再生水利用量达到 10.5 亿立方米，占全市用水总量的 26.6%。

2004 年，国务院办公厅发布的《关于推进水价改革促进节约用水保护水资源的通知》，将再生水价格列入我国的水价体系，为再生水定价提供政策指引，有力地促进了我国再生水产业的发展。该通知指出：再生水实行装表计量方式，定价遵循“成本补充、保本微利”的原则。为了降低再生水的生产和使用成本，鼓励再生水产业的发展，国家对再生水生产用电实行优惠电价，不执行峰谷电价政策，免征水资源费和城市公用事业附加。在该文件的指引下，全国很多城市开始大力促进再生水产业的发展，例如，成都、深圳、厦门等。为了加强市场机制对价格的调节作用，再生水价格由原来政府定价模式逐步向政府指导定价、市场定价模式转变。2014 年 4 月，北京市水务局发布《关于调整北京市再生水价格的通知》，指出北京市再生水价格由政府定价管理调整为政府最高指导价管理，价格不超过3.5元/立方米。2016年10月，青岛市物价局发布了《关于调整市内三区再生水价格的通知》，指出对市内三区公共管网供应的再生水价格实行政府指导价管理，不超过1.7元/立方米，具体价格可由供需双方协商确定。2018年，南京市物价局发布了《关于取消再生水销售价格政府定价有关事项的通知》，取消再生水销售价格政府定价，实行市场调节价，由经营企业自行确定再生水的销售价格。

第二节　城市水务产业价格改革的发展方向

一、水价的定价原则

（一）促进合理开发、节约用水的原则

我国是水资源严重短缺的国家，人均水资源量约为2100立方米，仅为世界平均水平的28%。我国水资源地域分布不均，呈现南多北少，沿海多内地少的分布特征。目前，全国约67%的城市存在不同程度的缺水问题，约18%的城市严重缺水。有些城市过度开采地下水，出现地下水水位下降或海水倒灌现象。地方政府应充分利用价格杠杆来优化用水配置，根据各地区的水资源稀缺程度和水资源结构科学制定水价，协调好地表水和地下水合理开发和利用，提高再生水的利用率，引导城市居民和社会组织节约用水，提高用水效率和效益。

（二）保本微利的原则

保本微利的原则就是指水务企业的收益可以弥补成本并获得合理利润的原则，这是保证水务产业可持续发展的基本条件。根据国家计委和建设部发布的《城市供水价格管理办法》（1998）规定，企业的合理盈利的平均水平应当是净资产利润率的8%～10%。地方政府可根据不同的资金来源确定合理盈利的水平，例如，主要靠政府投资的，企业净资产利润率不得高于6%；主要靠企业投资的，包括利用贷款、引进外资、发行债券或股票等方式筹资建设供水设施的供水价格，还贷期间净资产利润率不得高于12%；还贷期结束后，供水价格应按本条规定的平均净资产利润率核定。

（三）公平负担的原则

公平负担的原则是指每个人（或社会组织）的水费负担与其经济状况相适当，并使每个人（或社会组织）之间的负担水平保持平衡的原则。水是人民生活和社会再生产的必需品，水价关系到人民群众的切实利益、社会的稳定和经济的发展。笔者认为，水价的制定应根据使用者和使用用途，综合考虑水资源稀缺程度、社会经济发展水平和居民收入水平，实行分类别和分阶梯计量收费，对农业用水实行低价政策，对经济困难家庭给予减免政策。

（四）污染者付费的原则

1972 年，经济合作与发展组织（OECD）提出了污染者付费的原则，其含义是指污染者应当承担起治理污染源、消除环境污染、赔偿受害人损失的费用。城市居民和社会组织在生活或生产中向城市水环境排放了污水，对城市水环境造成了污染。根据污染者付费的原则，所有排污主体都应当承担起因使用水资源而造成的被污染水资源净化处理设施的建设、运营和维护费用，从而达到保护水生态环境的目的。污水处理费定价应按照能覆盖污水处理全成本的标准来制定。由于各国经济发展水平、居民收入水平、污水处理产业发展水平、城市化进程都存在差异，有些国家实施污染者部分付费原则，有些国家实施污染者完全付费的原则。目前，我国实施的是污染者部分付费的原则，剩余部分由各地方政府通过公共财政来支付。

二、我国水价形成机制存在的主要问题

（一）水价总体水平偏低，未能反映水资源稀缺程度

水资源严重短缺和分布不均已成为制约我国生态环境改善、经济发展和社会稳定的重要因素。因此，水价要反映各地水资源的稀缺程度，正确引导社会组织和消费者节约用水，提高用水效率。目前，除小部分城市外，我国大部分城市的水价总体水平偏低，未能反映水资源的稀缺程度，不利于引导节约用水，不利于用水效率的提高。2017 年，在省会城市或直辖市中，居民生活类第一阶梯水价（含水资源费、水利工程供水价格、供水价格和污水处理费）平均为 3.25 元/吨。其中，约 19% 的城市水价位于 4 ~ 5 元/吨，约 34% 的城市水价位于 3 ~ 4 元/吨，47% 的城市水价位于 2 ~ 3 元/吨。2017 年，我国水价最高的城市是北京市，水价为 5 元/吨，它仅为全球水价最高的城市波特兰市水价的 1/10，波特兰市的水价为 8.01 美元/吨。

（二）定价未能实现保本微利，不利于产业的可持续发展

居民生活用水属于生活必需品，决定了水务产业的定价不能过度按照市场化运作，只能采取保本微利的定价模式。目前，我国大部分的水利工程水价、自来水水价的定价基本能实现水务企业“保本微利”的目标。但是，仍有部分水利工程水价、自来水水价低于供水成本。即使定价之初能够实现“保本微利”的目标，随着成本中的动力、原材料、能源等价格的上涨，也可能使原来“保本微利”的目标难以维持。当前，污水处理费定价还不能实现污水处理企业“保本微利”的目标，需要地方政府公共财政支付部分费用。例如，2017 年，根据乐山市五通桥区发展和改革局发布的《关于五通桥区污水处理厂污水处理定价成本监审报告》，核定五通桥区污水处理厂污水处理单位成本为：2014 年 0.88 元/立方米，2015 年 1.03 元/立方米，2016 年 1.09 元/立方米。而乐山市五通桥区在 2014～2016 年的污水处理征收标准为居民用水 0.60 元/吨，即污水处理费征收标准低于污水处理单位成本，不足部分需要地方政府公共财政来支付。地方公共财政拨付资金需要一定的审批程序，审批时间一般需要半年到一年，有些地方政府甚至达到 2 年之久，资金的延迟拨付将会大大影响企业的运营。

（三）采用成本监审制度，存在成本虚增的可能

根据《政府制定价格成本监审办法》的要求，为提高政府价格主管部门价格决策的科学性，对由政府价格主管部门制定或者调整实行政府指导价、政府定价的商品和服务价格实行定价成本监审制度。按照规定，水务行业的定价和调整采用成本公开和成本监审制度。成本监审制度是指政府价格主管部门对水价的制定和调整建立在对经营者成本的调查、测算、审核的基础之上。成本监审的依据是《政府制定价格成本监审办法》和《城市供水定价成本监审办法（试行）》（2011），基于此，对纳入城市水务行业成本监审的各项费用及其标准做了明确规定，为政府定价和调整提供了有力的依据。但是国家和地方政府在出台相关的成本监审办法的同时，却没有给出各项费用的参考指标。该办法只是规定了能够计入成本的各项费用的计算标准，却没有给出各类规模企业各项费用的最佳额度，缺乏参考指标。水务行业属于自然垄断行业，若水务企业存在机构臃肿、低效运营、漏损率高、浪费严重等问题，将会增加水务企业的成本。成本监审制度不能对企业效率提高形成较强的激励作用，不利于企业经营效率的提高。

（四）水价调整缺乏弹性，不利于水务企业的持续经营

我国水价的制定实行听证会和成本监审制度。水价调整一般由企业或地方政

府主管行业的部门（如城市建设委员会、城市市政公用局或水务局）向物价局提出申请；物价局委托第三方机构对企业进行成本监审，出具《成本监审报告》；物价局按照《政府价格决策听证办法》组织价格听证会，邀请利益相关主体参与听证；在充分听取和采纳群众、专家意见的基础上，物价局拟定调价方案；物价局将调价方案报市人民政府审批通过后，向社会公告后予以实施。水价调整从申请、调研、成本监审、制定调价方案、听证会到最终确定价格，一般前后需经过约一年的时间，水价一旦制定，一般经过5～8年才予以再次调整。而物价水平在5～8年一般会发生变化，若在此期间出现物价上涨现象，供水成本便会提升，水务企业将从合理盈利逐渐转变为亏损，从而不利于水务企业的持续经营。

三、水价形成机制的改革方向

水是人类社会赖以生存和发展的宝贵资源，必须制定科学合理的水价形成机制以促进水资源的良性循环和水务产业的可持续发展。一方面，水价形成机制要保障人民群众的用水权利和用水安全，减少水价对低收入群体的影响，引导社会节约用水，加强水污染防治，促进水资源的良性循环；另一方面，水价形成机制要使水务企业在维持简单再生产的基础上，有动力进行效率改进，有能力进行扩大再生产，以促进水务产业的可持续发展。

（一）明确合理负担水平，确定水价定价区间

水是人民生活和社会再生产的必需品，水价关系到人民群众的切身利益、社会的稳定和经济的发展。因此，水价对消费者或社会组织造成的负担不能过重，必须建立在消费者或者社会组织能够承受的范围之内。水费支出占居民可支配收入的比重（水费收入比）是世界上衡量水费负担的常用指标。联合国开发计划署提出：将水务费用占家庭收入的3%设定为水价的“天花板”。英国环境和运输和地方事务部认为，家庭用于支付水费和污水处理费超过收入的3%是负担过重的标志，它们把支付水费和污水处理费超过收入的3%的家庭称作“无力负担水费”的家庭，国家有责任和义务承担或减轻这些家庭的负担[①]。原中国建设部在《城乡缺水问题研究》中明确指出，为促进公众节约用水，水费收入比达到

① John W. Sawkinst，Valerie A. Dickie. Affordability of Household Water and Sewerage Services in Great Britain［J］. Fiscal Studies，2005，26（2）：225－244.

2.5%～3%为宜。从我国部分城市2016年居民水费负担的调查数据可以看出（见表5-8），我国城市居民的水费负担比较低，10个城市的平均城市居民水费负担为0.54%。根据经济合作与发展组织2003年的水价调研结果，经合组织大部分的成员国水价负担是人均收入的1%～2%。按照这一负担水平，我国的水价还有很大的提升空间。

目前，国家相关职能部门并没有明确规定水费的合理负担水平应为多少。在制定水价时，各个地方政府根据当地的实际情况进行自由裁量，这反而增加了地方政府定价的难度。以致每次水价调整，必然导致居民、企业和政府的互相指责，对水价调整质疑不断。国家相关职能部门应该考虑出台相关的政策指引，明确规定我国水费负担的合理水平，为各地水价制定或调整提供依据。本书认为，我国水费合理负担水平应该为水费支出占人均可支配收入的2%，在不超过该负担水平下，可以适当提高水价。

表5-8　2016年我国部分城市居民的水费负担

序号	城市	居民生活用水价格（生活用水第一阶梯水价，元/吨）	人均日生活用水量（升）	人均年可支配收入（元）	水费负担比例（%）
1	北京	5	173.1	57275	0.55
2	天津	4.95	113.96	37110	0.55
3	广州	2.88	297.42	50941	0.61
4	深圳	3.12	229.73	48695	0.54
5	太原	2.8	123.27	29632	0.43
6	南京	3.10	313.35	49997	0.71
7	福州	2.25	251.74	37833	0.62
8	杭州	2.90	191.53	52185	0.39
9	上海	3.62	200.85	57692	0.46
10	济南	4.2	145.69	43052	0.52
平均		3.51	204.06	46441.2	0.54

注：水费负担比例=（人均年生活用水量×第一阶梯水价）/人均可支配收入。

资料来源：《中国城市建设统计年鉴》、各城市《统计年鉴》、政府网页公布信息等整理。

（二）确保企业保本微利，建立水价补贴机制

保本微利是确保水务行业的公益性和安全性、是水务企业可持续经营的前提条件。2013 年，全国工商联向政协十二届一次会议提交了《关于建立和完善水价形成和调整机制的提案》。该提案指出：在 2012 年，全国约 30% 的城市供水企业处于亏损状态，这些企业没有能力进行技术改造和设备更新，供水质量无法得到保证和提高，供水陷入低质低价的恶性循环。水务企业陷入亏损的主要原因是：第一，供水行业属于自然垄断行业，在经营期间，缺乏竞争激励，很有可能出现结构臃肿、冗员多、费用高等问题，水务企业运营效率低导致了企业亏损；第二，水价属于政府定价，价格调整缺乏弹性，水价不能随着物价的波动而调整，即使在新水价制定之初，水务企业可以实现“保本微利”的目标，随着物价的不断上涨，水务企业的生产成本也跟着不断上涨，从而导致了成本和价格出现倒挂的现象。本书认为，由企业运营效率低而导致的亏损，应该由水务企业自行解决，地方政府不予解决；而由物价上涨所导致的企业亏损，地方政府有责任和义务帮助企业解决。

对于由物价上涨而导致的亏损，可从以下几个方面进行解决：第一，每 3 年对水务企业进行一次成本监审，判断水务企业能否实现“保本微利”的目标，若企业未能实现“保本微利”的目标，则分析有多少是由企业运营效率低导致，有多少是由物价上涨导致的；第二，由于物价上涨导致水务企业未能实现“保本微利”的目标，在居民合理负担水平下，可考虑进行水价调整以弥补物价上涨而导致的企业亏损；第三，若由于物价上涨导致水务企业未能实现“保本微利”的目标，而地方政府又做出不调价的决定，可考虑建立水务企业价格补贴机制，由地方政府通过公共财政资金补贴水务企业而导致的亏损额度。

（三）建立水务行业的标杆管理，确保水务成本优化

我国的水价制定建立在成本监审制度之上。目前，我国的监审制度不够健全，缺乏全国统一的监审尺度，缺乏可借鉴的监审资料，使成本监审的科学性受到一定程度的质疑。水务企业的成本监审，并没有明确规定水务企业的人员配比、劳动生产率和损耗率等生产技术性指标，也没有规定管理费用、营业费用、销售费用等科学合理使用的标准，在审核时缺乏核减依据，成本监审无法解决企业结构臃肿、冗员多、运营效率低等问题。根据建设部颁布的《城市供水管网漏损控制及评定标准》规定：城市供水企业管网基本漏损率不应大于 12%，最高不超过 15%”。但是，2016 年的《中国城市建设统计年鉴》中的数据显示，我

国城市供水行业管网漏损率平均为15%，吉林省供水行业漏损率达31%。由此可见，我国供水行业存在“效率不高，成本虚增”的现象。

在西方发达国家，为了掌握污水处理企业的真实成本，除了采取严格的监管会计标准外，还会拓展其他的治理工具来确保水务企业成本的优化。例如，标杆管理法。标杆管理法是指通过建立水务行业的比较竞争机制，通过同行之间的运营绩效进行比较和评估，从而促进企业之间的相互学习和创新。英国水务办公室（Office of Water Service）运用标杆管理法对英国的水务企业（包括供水和污水处理企业）进行管理和引导，进行特许经营期内区域间的比较竞争。各企业定期向英国水务办公室提供服务绩效数据，水务办公室根据绩效指标对各企业进行评分，并且向公众公布得分情况，促进企业改善自身的经营运营情况，这些绩效指标包括9项客户服务指标，6项水质和环境指标，7项水输送和漏失指标，15项运行费用指标，20项资本支出指标和7项财务效率指标。这些指标的历史数据也用于企业进行下一轮特许经营投标时，地方政府考核竞标企业的参考数据。美国水务协会（American Water Works Association）于2002年开展了供水和污水行业绩效指标体系的研究、开发，并将标杆法引入城市水务行业，政府的监管部门可以借助标杆管理的平台，比较全面地掌握企业的真实成本，也可以利用该平台的统计数据向企业施加竞争压力，促进企业不断地提升经营管理的效率。美国水务协会在2005年所公布的标杆数据是调查了202个来自美国和加拿大的供水和污水企业而获得的，将水务公用事业运营分成5个方面共22个指标来衡量。包括组织发展、客户关系、业务运营、供水运营、污水处理运营（见表5－9）。①

通过建立水务行业的标杆指标，打破了水务行业因为自然垄断特性所决定的不可比较性。通过行业协会等中介机构所整理公布的标杆指标，可以让不同区域运营的企业在组织发展、技术发展、客户关系、业务运营等方面得以比较，一方面促进了企业之间的对比和竞争，从而不断激励企业提升污水处理服务质量；另一方面可以为政府在选择合作伙伴、在制定水价方面提供充足的信息。

① Angela K. Lafferty，William C. Lauer. Benchmarking Performance Indicators for Water and Wastewater Utilities：Survey Data and Analyses Report［R］. American Water Works Association，2005.

表 5－9　美国水务协会在 2005 年所公布的水务行业标杆指标

组织发展

（1）组织最佳实践指标，是让公用事业进行自我评价的指标，企业在以下方面做得如何，包括战略计划、长期的融资计划、风险的管理计划、最优的资产管理、业绩评价、顾客参与、持续提升。

（2）雇员健康和安全强度率，用于测量每个雇员每年损失的工作日。美国公用事业企业填写美国职业安全卫生署的职业伤害及疾病记录表，该表记录的内容包括姓名、性别、伤害事故发生的地点、身体受伤部位、伤害类型、无法工作日数，或更换原有工作日数、伤害或疾病分类等。

（3）每个雇员受培训的时间，用于测量公用事业企业投资在雇员正式培训的时间。

（4）每位雇员的客户账户、每位雇员每天供水多少百万加仑、而每位雇员每天污水处理多少百万加仑，这些数据用于测量雇员的效率。

客户关系

（1）顾客服务投诉和技术质量投诉。每 1000 位顾客账户都是相辅相成的。第一个投诉与服务有关，第二个投诉就会与技术质量投诉有关。

（2）供水服务中断，每 1000 个客户当中经历过供水服务中断的比率。

（3）在居住成本中涉及供水和下水道服务的六个指标。

（4）每个账户的顾客服务成本，测量每个公用事业企业一年用于管理顾客账户的成本。

（5）编制账单的准确性，测量每 10000 份开出的账单中由于出错需要修改的数量。

业务运营

（1）负债率，测量公用事业企业的负债情况。

（2）系统更新率，测量公用事业企业更新它的设施的程度。

（3）资产收益率，显示公用事业企业的融资效率。

污水处理运营

（1）污水管道溢出率，测量污水收集系统的状况和维修效率。用每 100 英里的收集管道溢出率来显示。

（2）收集系统的完整性，测量每 100 英里管道收集系统出现故障的频率。

（3）污水处理的有效率，用以量化公用事业企业遵守污水排放质量标准的情况。

（4）运营和维护成本率，用以统计运营和维护的成本，统计每个账户所需的运营和维护成本，统计处理每百万加仑的污水所需的运营和维护成本。

（5）计划维护率，测量公用事业企业投资在计划维修项目中的效率。用投资在维修项目中的时间率和成本率作为比较。

资料来源：Angela K. Lafferty，William C. Lauer. Benchmarking Performance Indicators for Water and Wastewater Utilities：Survey Data and Analyses Report［R］. American Water Works Association，2005.

（四）逐步提高水价，向“使用者完全付费”发展

我国水价包括水资源费、供水工程水价、供水价格和污水处理费四个部分。

其中，供水工程水价和供水价格已经按照“保本微利”的标准进行定价，由城市居民和用水单位直接向水务企业缴纳水费。而城市居民和用水单位缴纳的污水处理费暂时未能弥补污水处理的成本。在污水处理行业，地方政府先与污水处理企业签订特许经营合同，按保本微利的原则制定污水处理服务费，约定地方政府每年按“污水处理服务费”和实际处理水量进行污水处理费用的结算，由地方财政支付给污水处理企业。污水处理服务费不同于污水处理费，污水处理服务费是地方政府在授予企业特许经营权时，由政府和企业之间协定的，不属于政府定价范围。而城市居民和用水单位缴纳的污水处理费属于政府非税收入，全额上缴地方国库，纳入地方政府基金预算管理，专款用于城镇污水处理设施建设、运行和污泥处理的资金，污水处理费属于政府定价范围。因此，从总体水价来看，我国水价属于“使用者部分付费”，还没有达到“使用者完全付费”（见表5－10）。

表5－10　特许经营制度下污水处理费和污水处理服务费　单位：元/吨

城市	特许经营企业	年份	居民缴纳的污水处理费（居民生活用水）	企业收取的污水处理服务费
重庆	重庆水务集团股份有限公司	2016	1.00	2.78（含污泥处置费和所得税）
郑州	中原环保股份有限公司	2015	0.95	1.23
天津	天津创业环保集团股份有限公司	2015	0.9	1.75
珠海	珠海市水务集团有限公司	2016	0.95	1.43
南阳	北控天润水务有限公司	2016	0.65	1.19

资料来源：笔者根据调研数据整理。

水产品或服务属于准公共品，超过一定的临界点，水产品或服务的非竞争性和非排他性就会消失，拥挤就会出现。目前，我国水资源短缺和分布不均，水污染问题严重，消费者节水意识不强，导致水务企业面临提质扩容的压力，地方政府环境治理债务负担较重，迫切需要通过价格机制来正确引导消费，拓宽水务产业发展的资金来源。而我国的水价总体偏低，居民和企业的水费负担水平较低，水价还有较大的提升空间。本书认为，在保证水费处于消费者和企业的合理负担水平下，中国水价应该由“使用者部分付费”向‘使用者完全付费”发展，逐步提高水价以致完全覆盖了水务企业的合理成本和利润。与此同时，建立和完善对低收入群体的水费补贴机制，保障低收入群体的用水权利，降低水价提升对低收入群体用水的影响。

第六章　污水处理费定价分析

中国污水处理费定价实行听证会和成本监审制度。在污水处理费定价的听证会上，污水处理费定价的科学性常常备受质疑。首先，污水处理的成本往往成为被消费者质疑的对象。由于污水处理属于区域性垄断经营，各项成本指标没有可参照的对象，污水处理的成本很可能因企业人员超编、高福利、管理效率低、管网完善度低和厂网适配性差等原因而虚增。其次，居民对污水处理费的承受能力应该制定在何种范围之内比较适合，政府并没有制定统一的标准。本章尝试从利益相关主体关系互动视角下分析污水处理费的定价，并提出网络型治理结构下的污水处理费定价模式。

第一节　污水处理费定价的利益相关主体

一、污水处理费的性质

污水处理费是消费者购买污水处理服务的价格。污水处理服务的特殊性决定了污水处理费定价的特殊性。首先，污水处理费的定价关乎全体消费者的利益，因此它不是由市场的供求关系来决定的，而是一个由政府规制的价格；其次，污水处理费的收取不是以自愿为原则的，而是由政府出台相关规定而实行的强制性收费；最后，污水处理费定价不一定都实行成本补偿的原则，由于污水处理服务具有很强的正外部性。因此，有些国家是地方政府和消费者共同分摊污水处理成本，有些国家是让消费者直接承担了全部的污水处理成本。我国建立了污水处理费征收制度后，污水处理费先被定性为行政事业性收费，后逐步转变为经营性收费。目前，中国的污水处理费性质仍然不满足真正意义上的经营性收费，它兼有行政事业性收费和经营性收费的双重性质。中国一些城市的污水处理费被定性为经营性收费，主要是针对污水处理厂所提供的污水净化处理服务而言的，它并没有覆盖与此相关管网建设和维护的费用，地方政府仍需用公共财政去支付其余的成本。因此，对于中国的污水处理产品来说，对用水户收取的污水处理费还不是真正意义上的经营性收费。

二、污水处理费定价的利益相关主体

全球治理委员会认为公共事务的治理是各种公共或者私人的机构管理其公共事务的总和，它是一个让利益相关主体对它们之间相互冲突或不同利益得以协调，并采取联合行动的持续过程。[①] 要分析污水处理费定价问题，就必须先了解污水处理费定价中所涉及的利益相关主体，以及这些利益相关主体之间的互动关系。污水处理费的利益相关主体是指在污水处理费定价过程中，受其影响或对其施加影响的个人或组织。根据参与者的性质，把这些利益相关主体划分成三类：地方政府、企业（或污水处理企业）、消费者（或用水户）。

（一）地方政府

政府是代表国家实施公共事务管理、追求公共利益最大化的执行机关。政府是一个政治体系，它是在特定区域内制定法律、执行法律和管理公共事务的一套机构。在我国，政府采取的是五级的层级结构，分别是“中央政府—省、直辖市、自治区政府—市、计划单列市、地级市政府—县、县级市政府—乡镇政府”。中央政府是指国务院及其相关的职能管理部门，地方政府是指除国务院以外的各级政府的统称。地方政府是污水处理费的价格规制机构。价格规制是指政府为了保证资源的有效配置和公平供给，对自然垄断行业的价格水平和价格结构进行限制。污水处理属于自然垄断行业，根据《中华人民共和国价格法》，污水处理费定价实行政府定价方式，国家发展和改革委员会与住房和城乡建设部对全国水价格进行指导和管理，地方政府中的省级、自治区政府对辖区内的水价格进行指导和管理，直辖市、计划单列市、地级市政府的相应部门（如物价局）拥有辖区

① The Commision on Global Governance. Our Global Neighborhood: The Report of the Commission on Global Governance [M]. Oxford University Press, 1995.

内水价的定价权。县、县级市政府在上级市政府相关部门的委托或授权下拥有辖区内水价的定价权。

（二）企业

2002年，我国开始了污水处理的市场化改革，污水处理行业实行特许经营制度，污水处理由国家垄断供给变为政府和企业形成公私合作伙伴关系供给。原来事业单位性质的污水处理厂进行了产权改革，改制成为自负盈亏、自主经营的国有企业。开放市场吸引民营企业和外资企业进入污水处理行业。对于企业而言，获取利润是其进入污水处理行业的动力，因此，保证企业获得合理的投资回报率是维持污水处理行业可持续发展的关键之处。污水处理行业的市场化改革就是要改变生产环节的经营主体，由国有资本垄断经营变为由国有企业、民营企业和外资企业互相竞争经营的局面。在特许经营制度下，地方政府与企业双方通过特许经营合同确定特许经营价格和产品的质量，企业按照特许经营合同的要求向社会提供污水处理产品，企业按特许经营价格向政府收取污水处理服务费。在特许经营定价（污水处理服务费）时，消费者并没有介入定价过程中，定价完全由地方政府与企业确定。因此，特许经营价格（污水处理服务费）是地方政府与企业之间相互博弈的结果。

（三）消费者

消费者是指居住在城市中使用自来水，享受城市政府所提供的污水处理产品，并承担缴纳污水处理费义务的人。在污水处理费定价中，消费者既是定价的接受者，也是定价的监督者。一旦政府的污水处理费定价方案获得通过，即对辖区内的全体消费者具有强制执行力，每位使用了水的消费者都必须支付污水处理费（享受政府豁免政策的公民除外），消费者成为了污水处理产品的购买者。消费者也是地方政府定价的监督者，任何污水处理费的定价必须合情、合理、合法，必须进行成本监审、听证会等程序，并且得到消费者的认同。没有得到消费者认同的污水处理费必然会遭到消费者的强烈抗议，造成征收的困难，甚至会影响社会的和谐稳定。污水处理费并不等同于污水处理服务费，污水处理费是消费者使用了城市公共供水而按相关规定向政府缴纳的用于污水处理的费用。而污水处理服务费则是污水处理企业向社会提供了污水处理服务，按照签订的特许经营合同规定向政府收取的费用。

规制经济学理论认为，政府的规制政策可以造成社会财富由人数较多的消费者利益集团转到人数较少的企业利益集团，人数较少的利益集团可预期的人均财富占有量高，往往具有足够的动力组织来进行政治游说和经济交易，相反地，人数较多的利益集团（消费者利益集团）由于可预期的人均财富占有量较低，组织困难较大，搭便车的动机强，其政治游说和经济交易能力不强。[①] 因此，消费者往往是规制政策的被迫接受者、利益博弈的牺牲者。但是，随着中国消费者经济实力、生活质量和民主意识的提高，人们迫切希望改变这种被动、弱势的地位，积极要求参与到公共事务的制定与执行中。信息技术的发展，使人们越来越意识到他们有能力影响那些与他们切身利益相关的公共政策制定和实施。

三、利益相关主体互动下的污水处理费定价

（一）利益相关主体间的互动关系

污水处理的市场化改革后，污水处理费定价形成了地方政府、企业和消费者利益相关主体共同治理的格局。中国的污水处理费定价所形成的治理结构与英、美等西方发达国家所形成的治理结构有所不同。在英、美等国家，实施“使用者完全付费原则”，污水处理的费用全部由消费者负责，污水处理费由消费者直接交给污水处理企业。消费者是购买者，企业是生产者，地方政府是规制机构。在中国，地方政府和企业通过特许经营制度形成公私合作伙伴关系为消费者提供污水处理。地方政府是规制机构，企业是生产者，地方政府与企业之间的博弈形成了污水处理的总成本。消费者是污水处理的购买者，实施的却是“使用者部分付费原则”，消费者受制于较低的收入水平，只承担了污水处理的部分费用，地方政府既是规制机构，又是污水处理的购买者，承担了污水处理的部分费用。地方政府与消费者形成成本分摊关系，地方政府与消费者之间的博弈形成了污水处理费定价。地方政府、企业和消费者是污水处理费定价中的利益相关主体，地方政府既是规制机构又是购买者，消费者是购买者，企业是生产者，每一个利益相关主体的行为会直接或间接影响着污水处理费定价及污水处理行业的绩效（见图6－1）。

（二）中国的污水处理费定价方式

污水处理费定价是规制机构对消费者实施的价格规制。它的定价方式决定了地方政府与消费者对城市污水处理成本的分摊关系，它是在地方政府与消费者的

---

① 斯蒂格勒．产业组织和政府管制［M］．潘振民译．上海：上海人民出版社，1998.

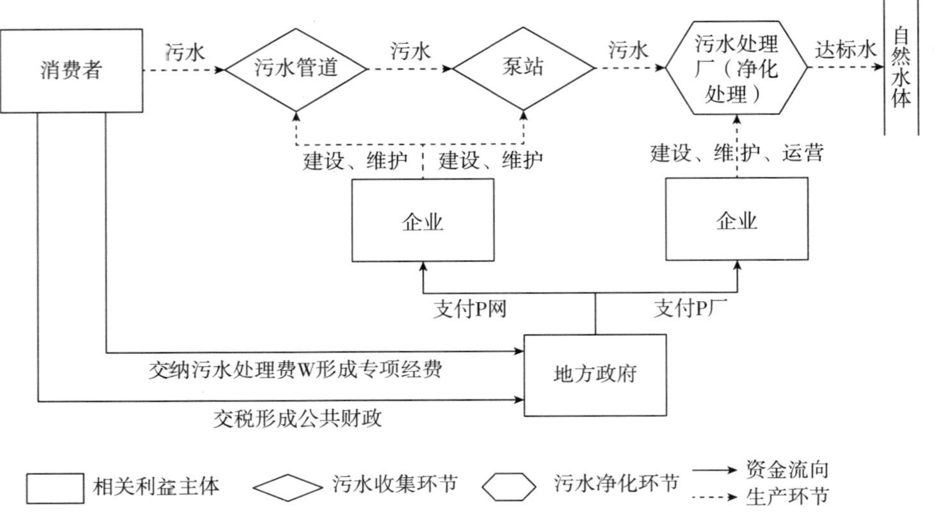

图 6－1　利益相关主体互动关系示意图

博弈中形成的。根据国家计委、建设部、国家环保总局在 1999 年发布的《关于加大污水处理费的征收力度建立城市污水排放和集中处理良性运行机制的通知》中的规定："污水处理费应按照补偿排污管网和污水处理设施的运行维护成本，并合理盈利的原则核定。运行维护成本主要包括污水排放和集中处理过程中发生的动力费、材料费、输排费、维修费、折旧费、人工工资及福利费和税金等。污水处理费标准，可以根据当地各方面的承受能力，分步到位。"在中央管理部门的指导原则下，各省市也制定了具体的实施办法。

污水处理费作为消费者承担城市污水处理成本的一部分，其定价必然受制于公私合作伙伴关系下污水处理的总成本、消费者收入水平、地方政府公共财政这三个因素。

第一，公私合作伙伴关系下污水处理的总成本。它由污水处理行业的特许经营价格和产量所决定，它是在地方政府和企业间博弈中形成的。在实际操作中，特许经营的价格又可分为污水处理厂的特许经营价格 $P_{厂}$ 和管网的特许经营价格 $P_{网}$。厂的特许经营价格是指污水处理厂净化处理每一吨污水所收取的费用，包括污水处理厂的建设和运营成本，以及合理的投资收益率。污水处理产量（$Q_{处理}$）是指污水处理厂对污水的实际净化处理量。污水处理厂所获得的收益等于特许经营价格与实际处理量的乘积（$P_{厂i} \times Q_{处理i}$）。如果一个城市有 n 个污水净化处理厂，即这个城市的污水净化处理的总成本是（$\sum_{i=1}^{n} P_{厂i} \times Q_{处理i}$）。网的特许经营价格是指企业建设或维护一定区域的管网所要收取的费用，包括了污水管网企业的建设和维护成本，以及合理的投资收益率。如果一个城市由 m 个企业进行管网的建设和维护，则城市管网的成本为 $\sum_{j=1}^{m} P_{网j}$。厂的特许经营价格 $P_厂$、网的特许经营价格 $P_网$ 和污水处理产量 $Q_{处理}$共同决定了城市污水处理的总成本。

第二，污水处理费定价受制于消费者收入水平。污水处理费与自来水价格被捆绑收取，使污水处理产品成为了居民生活的必需消费品，污水处理费定价的高低直接影响到居民的生活质量。因此，污水处理费必须做到合情、合理、合法，定价于消费者认同的合理范围之内，不会给消费者带来太大的负担，同时也给污水处理行业的可持续发展增加资金支持。

第三，污水处理费定价受制于政府公共财政的能力。污水处理行业是一个投资巨大、回收期长的行业，必须先依靠政府公共财政和民间资本进行前期的基础设施投资，然后再向公民收取污水处理费。当污水处理费总额低于城市污水处理总成本时，政府必须动用公共财政弥补它们之间的差距。污水处理费定价过低将会大大增加政府公共财政的压力，也会影响到城市污水处理行业的可持续发展。因此，污水处理费不是一般意义上的商品价格，是一个始终包含监管因素的价格，是污水处理企业、用水户和政府三方利益主体博弈中实现均衡的价格（马乃毅、姚顺波，2010）①。

$$G + W \times Q_{收费} = \sum_{j=1}^{m} P_{网j} + \sum_{i=1}^{n} P_{厂i} \times Q_{处理i} \qquad \begin{pmatrix} i = 1,2,\cdots,n \\ j = 1,2,\cdots,m \end{pmatrix} \qquad (6-1)$$

式中，G 为政府公共财政支付，W 为消费者缴纳的污水处理费，$Q_{收费}$为污水处理费收费量，$P_{网j}$为第 j 片区污水管网的特许经营价格，$P_{厂i}$为污水处理厂 i 的特许经营价格，$Q_{处理i}$为污水处理厂 i 的污水实际处理量，m 为区域内网络的特许经营者数量，n 为区域内污水处理厂的特许经营者数量。

在我国消费者收入水平较低的情况下，污水处理费定价的首要原则便是合理

① 马乃毅，姚顺波．污水处理费定价方法分类与比较研究［J］．苏州大学学报（哲学社会科学版），2010，7（4）：51－54.

负担原则，而成本回收和合理盈利原则次之。目前，我国污水处理费定价主要采取低成本定价方法，远远达不到成本回收的目的。中国制定污水处理费征收制度的目标就是实现污水处理成本回收的目的，以促进污水处理行业的可持续发展，保护水资源环境。但是现实情况却非如此。2015 年，国家发改委、财政部、住房和城乡建设部发布了《关于制定和调整污水处理收费标准等有关问题的通知》，通知明确提出，“2016 年 6 月底前，各市、县污水处理收费标准调整至：设市城市居民用水不低于每立方米 0.95 元，非居民用水不低于每立方米 1.4 元；县城、重点建制镇居民用水不低于每立方米 0.85 元，非居民用水不低于每立方米 1.2 元”。即使调整后的污水处理费征收标准也是较低的，也无法弥补污水处理的成本。丽江市发展和改革委员会 2017 年发布的《丽江供排水有限公司污水处理费定价成本监审报告》显示，2013 ~ 2015 年，丽江供排水有限公司单位污水处理成本为 1.77 元。而在此期间，丽江市居民生活类污水处理费仅为 0.90 元/吨（见表 6 – 1）。

表 6 – 1　2013 ~ 2015 年云南省丽江供排水有限公司污水处理费定价成本监审表

项目	核定数	所占比例（%）
年污水处理总量（万立方米）	17348900	—
一、污水处理运行成本合计（万元）	30648227.71	—
（一）污水处理厂运行成本（万元）	11536398.85	37.64
1. 直接材料	236833.33	0.77
2. 工资薪酬	2979479.18	9.72
3. 水电费	2315976.92	7.56
4. 清污费	225746.85	0.74
5. 固定资产折旧	4937611.05	16.11
6. 制造费用	840751.52	2.74
（二）管网及泵站运行成本（元）	12510897.34	40.82
1. 直接材料	0.00	—
2. 直接工资	1276112.51	4.16
3. 水电费	0.00	—
4. 清污费	409200.00	1.34
5. 河道管网泵站维修工程费	0.00	—
6. 固定资产折旧费	10594761.67	34.56

续表

项目	核定数	所占比例（%）
7. 制造费用	230823.16	0.75
（三）期间费用（万元）	6600931.52	21.54
1. 管理费用	3803042.29	12.41
2. 财务费用	1515584.32	4.95
3. 营业费用	1282304.70	4.18
（四）营业税金及附加（万元）	0.00	—
二、单位污水处理成本（元/立方米）	1.77	—
其中：单位污水处理运行成本	0.66	—
单位管网及泵站运行成本	0.72	—
单位期间费用	0.38	—

资料来源：丽江市发展和改革委员会．丽江供排水有限公司污水处理费定价成本监审报告［R］．2017.

（三）污水处理费定价的分析框架

综上所述，研究中国的污水处理费定价问题应该从利益相关主体互动关系的视角出发。首先，研究公私合作伙伴关系下地方政府与企业间博弈所形成的污水处理总成本，它由特许经营制度下的特许经营价格（$P_{厂}$ 和 $P_{网}$）和污水处理产量（$Q_{处理}$）决定。其次，研究成本分摊关系下地方政府与消费者之间博弈所形成的污水处理费定价方式。最后，分析中国目前污水处理费定价机制的缺陷以及利益相关主体所形成的治理结构，提出一个具有利益相关主体互动关系视角下的激励型污水处理费定价模式（见式（6－2））。

$$W \times Q_{收费} = \left(\sum_{j=1}^{m} P_{网j} + \sum_{i=1}^{n} P_{厂i} \times Q_{处理i}\right) - G \quad \begin{pmatrix} i=1, 2, \cdots, n \\ j=1, 2, \cdots, m \end{pmatrix} \qquad (6\text{–}2)$$

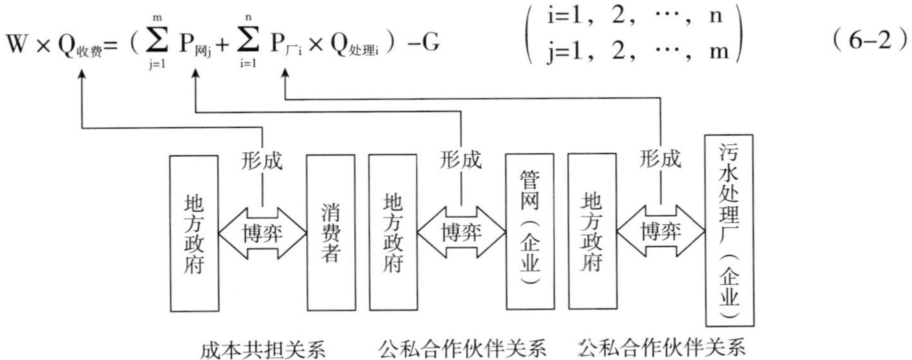

式中，G 为政府公共财政支付，W 为消费者缴纳的污水处理费，$Q_{收费}$为污水处理费收费量，$P_{网j}$为第 j 片区污水管网的特许经营价格，$P_{厂i}$为污水处理厂 i 的特许经营价格，$Q_{处理}$为污水处理厂 i 的污水实际处理量，m 为区域内网络的特许经营者数量，n 为区域内污水处理厂的特许经营者数量。

第二节　地方政府与企业之间的互动分析

污水处理的市场化改革向所有的企业开放了市场，地方政府与企业形成公私合作伙伴关系提供污水处理产品。污水处理行业实行特许经营制度，地方政府通过直接授予、公开招标或邀请招标的形式确定特许经营者，地方政府与企业之间签订特许经营合同来确定污水处理的价格。在公私合作伙伴关系下，地方政府与企业之间互动所形成的特许经营价格和产量决定了污水处理行业的总成本，间接影响着污水处理费的定价。

一、地方政府与企业形成的公私合作伙伴关系

（一）公私合作伙伴关系的制度安排：特许经营制度

地方政府与企业形成公私合作伙伴关系提供污水处理产品，其制度安排是污水处理行业实施特许经营制度。特许经营制度是指由地方政府授予企业在一定时间和范围内对污水处理进行经营的权利。污水处理行业的特许经营管理制度的实施一般要经过规划、报批、投资人选择、特许经营、移交五个阶段（见图 6－2）。在规划阶段，由污水处理行业的主管部门牵头（一般是水务局），联合规划局等单位编制辖区内的污水处理总体规划，上报市政府审批；在报批阶段，由污水处理行业的主管部门（一般是水务局）委托符合资质的工程设计研究院或企业，编制项目建议书、可行性研究报告和初步设计上报市发展计划委员会或者市建设委员会审批（由于各地区情况不同，审批的单位略有不同）。地方政府承担着城市污水处理行业总规划师的角色，对城市的污水处理行业发展起到关键的作用；在投资人选择阶段，地方政府可选择直接授予、公开招标或邀请招标方式确定特许经营的企业；在特许经营阶段，地方政府的相关职能管理部门对企业行为进行引导、管理和监督。在特许经营期限结束后，企业无偿将污水处理厂的

土地、资产、人员等移交地方政府或其指定机构。

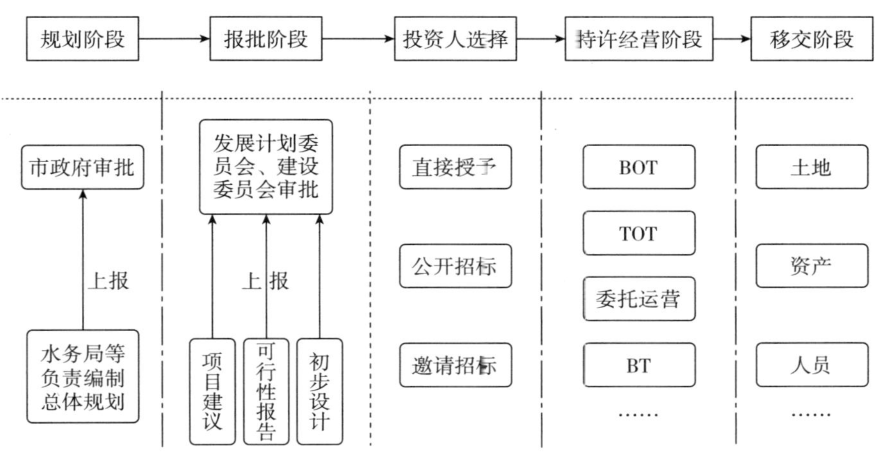

图6-2 污水处理厂特许经营制度实施流程

污水处理的市场化改革存在着一系列的挑战和约束，这些挑战和约束影响着污水处理行业的绩效（见图6-3）。竞争是市场机制促进企业经营绩效提高的强大驱动力，企业的管理者总是面临着众多竞争对手的挑战，如果他们不能以最高效的方式经营，生产出性价比最佳的产品，他的竞争对手就会将他淘汰出局。在公共品领域引入市场机制，其核心精神是引入竞争机制。污水处理的市场化改革旨在通过在公共品领域引入市场机制，来提高市场的竞争力，从而获得更好的污水处理效果。但是，通过对污水处理厂的特许经营制度实施流程的分析可以看出，这个市场的竞争程度并不高。采取直接授予特许经营权的方式，形成了卖方垄断市场，经营权的确定基本上没有经过任何竞争的程序，其中几乎不存在任何竞争的因素，起决定的关键因素是政治上的信任与委托而不是企业的竞争优势。采用公开招标或邀请招标授予特许经营权的方式，形成了卖方竞争的市场，虽然经营权的确定经过了竞争的程序，而这种竞争的因素也只存在于竞标时，是生产前的竞争。中标后则形成了垄断经营，但是企业是否能够履行其竞标时的承诺，那就很难说了。因此，无论是直接授予形式、邀请招标方式，还是公开招标形式，竞争的程度都不高。在污水处理的特许经营制度实施过程中，企业不会面对持续的竞争威胁，这是污水处理行业公私合作伙伴关系所存在的缺陷之一。

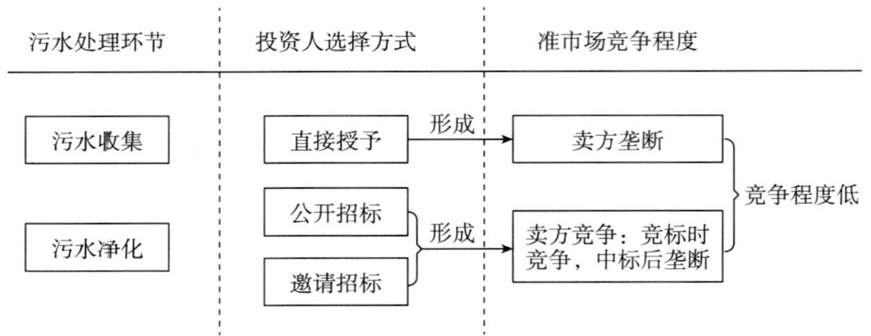

图 6－3　不同投资选择方式下的市场竞争程度

（二）特许经营制度下的政府行为

污水处理行业的市场化改革使地方政府和企业形成公私合作伙伴关系以提供污水处理产品，使地方政府从集规划、生产、管理、购买于一身的角色定位变为只承担规划、规制和购买的角色，将生产的角色让渡给市场中的企业，大大减少了地方政府公共财政的压力，使地方政府更加专注于污水处理行业的规划和规制，从而更有利于污水处理行业的发展。

作为污水处理行业的总设计师，地方政府内部的条块和层级设置在一定程度上分化了污水处理系统的整体性。我国市级政府根据管理职能设置了不同的部门实行条块式管理，如广州市政府设置了 41 个部门，南京市政府设置了 42 个部门。对于污水处理行业，与之相关的部门有发展改革局、规划局、建设局、水务局、环保局、物价局和财政局。发展改革局负责污水处理厂项目的审批立项；规划局负责污水管网系统规划和污水厂布点；住房和城乡建设局或水务局负责污水管网和污水处理设施的建设管理责任，负责对污水处理行业的企业进行管理，负责污水处理费的征收管理工作；环保局负责对污水处理厂的出水质量进行监督；物价局负责污水处理费的制定。在层级结构上，市级地方政府还进一步划分为市政府机构和区政府机构，各区政府又分设不同的机构对接市政府机构的相关职能部门。地方政府的层级结构进一步分化了污水处理系统的整体性，例如，在污水管网建设和管理责任中，市政府机构中的水务局负责主管网的建设和管理，而区政府机构中的建设和水务局（各城市略有不同）负责分管网的建设和管理。由此可见，地方政府内部的条块和层级设置使政府部门之间、上下级之间存在信息沟通和相互协调的障碍，在一定程度上分化了污水处理系统的整体性。地方政府作为污水处理行业的规制机构，规制职能的分散交叉会带来一系列的问题，例如，规制责任分散，部门协调困难、多头执法、各自为政等，严重影响了规制效率（见图6－4）。

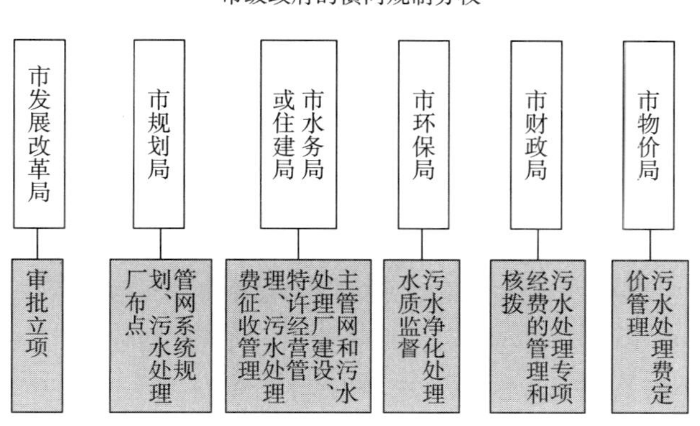

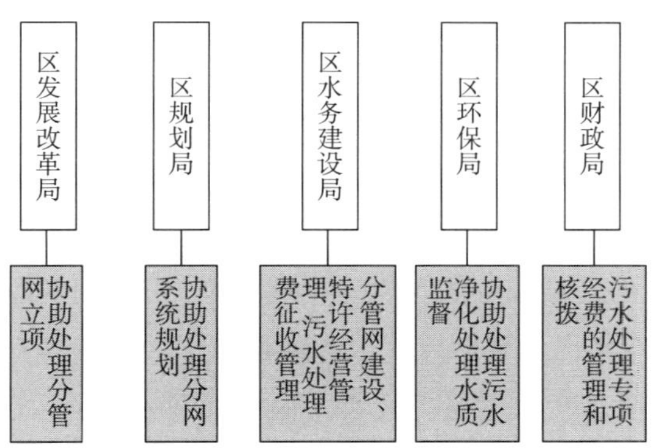

图6－4　政府内部的横向和纵向规制分权

（三）特许经营制度下的企业行为

企业是以经济利益最大化为目标的组织。企业的生产行为取决于其成本收益分析。当企业的预期生产成本大于其预期生产收益时，企业会选择不进入或者退出市场。当市场上的所有企业都达到预期时，市场将不能发挥作用，没有企业愿意为公共产品和服务提供生产。因此，政府在公共事务管理领域引入市场时，必须将市场条件设计在可以产生合理利润而又不至于产生超额利润的空间，既满足了企业的要求也保护了消费者的利益。

在市场化改革前，污水管网和污水处理厂的建设、运营和维护都是由地方政府财政支出的，需要耗费大量的财政资金。在“重经济发展、轻环境保护”的发展思路指导下，很多地方政府都不愿意将有限的财政资金投资于这一行业，这是造成我国污水处理行业发展大大滞后于经济发展的关键因素之一。污水处理的市场化改革后，地方政府退出了城市污水处理的生产领域，利用市场机制引入国有资本、民间资本和外国资本来提供污水处理这项公共品，在资金投入上大大减少了地方政府的财政负担。地方政府采用特许经营制度确定地方政府与企业之间的权利和义务，用特许经营权保证中标企业在特定市场范围内获得垄断的生产地位，用地方政府的信用作担保购买全部污水处理产品，从而使企业获得了盈利的可能性。因此，很多从事与污水处理相关的企业都积极地参与了该市场的竞争。中国污水处理的市场化改革为中国的污水处理行业扩大了资金来源，市场化大大促进了污水处理产业的发展。2002 ~2017 年，污水处理厂从 537 座上升到 4063 座，污水日处理量从 3578 万立方米上升到 1. 78 亿立方米①。

二、公私合作伙伴关系下特许经营定价分析

在厂网分离的市场化改革模式下，城市污水处理总成本由厂和网的特许经营价格和污水实际处理量来决定。特许经营价格分为厂的特许经营价格和网的特许经营价格，它们都是地方政府与企业之间博弈的结果，两者形成的机制基本一样。为了将研究的问题简化，本书以污水处理厂的特许经营价格为例对特许经营价格的形成进行详细剖析。在特许经营制度中，政府在招标中明确规定了评标的核心内容是特许经营协议，重点考虑价格、成本、服务质量和承诺、经营方案、特殊情况的紧急措施等因素，而价格和成本是其中最核心的内容。地方政府是采取直接授予方式、邀请招标方式还是公开招标方式选择污水处理的特许经营者会直接影响到企业的定价策略，从而产生了不同的特许经营价格。

（一）直接授予方式下的定价分析

肖兴志（2005）认为我国垄断行业在推进竞争化的过程中，首要考虑的仍然是如何保证对国有企业有利，或至少把可能的负面影响降到最低限度。② 在市场

① 资料来源：住房和城乡建设部《中国城市建设统计年鉴》（2002）、《住房建设部关于 2017 年上半年全国城镇污水处理设施建设和运行情况的通报》。

② 肖兴志. 加快推进我国垄断行业的改革与发展［J］. 东北财经大学学报，2005（2）：3 -7.

化改革前，地方政府投资的污水处理厂属于事业单位性质，是政府污水处理行业主管部门的下设机构；市场化改革后，污水处理厂属于国有企业性质，市国资委对其进行资产监督管理，政府污水处理行业主管部门对其进行行业管理。市场化改革后，虽然污水处理厂的组织性质发生了变化，但改制后的污水处理国有企业与地方政府仍有着天生的“血缘关系”。很多地方政府出于扶持国有企业发展，便于管理等原因，将特许经营权直接授予这些国有企业，根本不存在竞争的因素。在一些大城市，在市场化改革前就已存在相当规模的污水处理事业单位，绝大多数地方政府会选择直接授予改制后的国有企业特许经营权。

假设某市政府采取直接授予形式确定某国有企业 A 作为本行政区域唯一的污水净化处理特许经营者，企业 A 成为了本行政区域内污水净化处理的垄断企业，净化处理该行政区域内的污水 Q 吨，在该行政区内将没有其他相关企业与其竞争。污水净化价格将由企业 A 和地方政府之间的博弈中确定，该博弈是一种完全信息动态的合作博弈，地方政府通过成本监审制度可以了解企业内部的成本信息，地方政府与企业之间经过多次的讨价还价，最终达成污水净化处理特许经营定价协议。

作为 A 企业，假设其污水处理的成本是 C_A，C_A 包括固定成本和可变成本，污水处理行业公认的平均利润率为 α，P_A 为企业 A 的定价策略。企业 A 定价的策略空间如式（6－3）所示。

$$P_A \geqslant (1+\alpha)C_A \tag{6-3}$$

而地方政府会根据相关的文件规定来确定定价策略。例如，《广东省物价局关于城市生活污水处理定价成本监审的管理办法》（广东省物价局粤价〔2009〕191 号）文件规定：在调查核实该经营者成本的基础上，根据相关规定进行审核，核定定价成本。地方政府通过对企业 A 的成本监审，地方政府了解企业内部的成本信息。地方政府对于污水净化价格的定价策略是，首先委托政府相关部门（审计局）或委托会计师事务所对企业 A 进行成本的核算，出具相关的成本分析报告，再根据行业公认的平均利润率 α，地方政府确定污水净化价格的定价策略空间，如式（6－4）所示。

$$P_A = (1+\alpha)C_A \tag{6-4}$$

企业 A 与地方政府双方进行讨价还价的博弈后，得出污水净化处理的特许经营价格$P_{净化}$，如式（6－5）所示。

$$P_{净化} \approx (1+\alpha)C_A \tag{6-5}$$

由此可知，在直接授予方式下的污水净化处理价格的确定，基本上是取决于企业 A 的成本C_A及污水处理行业公认的平均利润率 α，并没有参照同行业其他企业的成本，假设企业 A 并不是污水行业内成本较低的企业，甚至还没有达到行业内的平均成本，那么该行政区的污水净化价格是高估的，污水处理成本将会虚增，其直接结果将是保护了落后企业，损害了消费者的利益。而地方政府通过成本监审方法了解企业内部成本信息的作用也是有限的，因为对企业 A 的成本监审也只是审核企业成本中各项支出的使用是否合法，而不能确认企业的该项支出是否该花，花费得是否合理。因此，成本监审制度不能促使企业进行成本的优化。

（二）公开招标方式或邀请招标方式下的定价分析

在选择投资人阶段，如果政府是采取公开招标或邀请招标方式确定特许经营企业，那么，经营权的确定就经过了竞争的程序，形成了卖方竞争市场。根据国家计委、建设部、环保总局出台的《关于推进城市污水、垃圾处理产业化发展的意见》（2002 年 9 月）规定：首先，在公开招标方式时，地方政府首先向社会发布特许经营项目的内容、时限、市场准入条件、招标程序及办法，在规定的时间内公开接受申请；其次，在邀请招标方式时，地方政府向符合条件的几家企业发出邀请招标书；再次，有意竞标的企业，按照招标公告中所要求的条件，向政府递交标书；又次，政府要组织专家根据市场准入条件对申请者进行资格审查和严格评议，择优选择特许经营权授予对象；最后，政府选择出质高价廉的中标企业，授予特许经营权。因此，竞标企业凭借资本、技术、行业经验、资质、承诺等条件进行竞争，形成了卖方竞争市场。在一些小城市，污水处理行业尚没有起步或者处在发展的初期，而当地也没有属地性质的国有污水处理企业，地方政府一般会采用公开招标或邀请招标方式确定特许经营者（见图 6－5）。

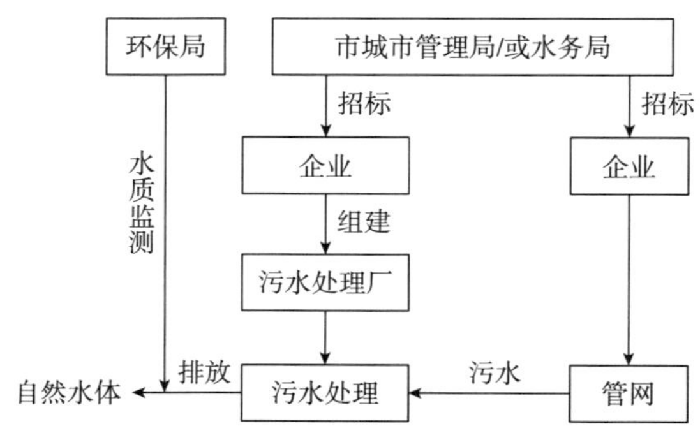

图 6－5　地方政府采用招标方式选择投资者

假设某市政府对辖区内的污水处理系统平均分成了2个片区，每个片区的污水处理量为Q/2吨污水，每个片区以招标的方式确定特许经营者，每个片区各有4个企业准备参与竞标，企业B、C、D、E参与竞投第一片区的污水净化处理经营权，企业F、G、H、I参与竞投第二片区的污水净化处理经营权。在特许经营权的公开投标中，以暗标拍卖的方式进行：①每个企业密封递交标书；②同一时间公证开标；③成立专家委员会并对标书进行评审，选出竞标价格较低和服务质量因素较好的企业作为特许经营者。在竞标的过程中，每个竞标企业都是博弈方，各个博弈方的策略就是它们各自提出的标书，在此，我们只讨论每个竞标企业的定价策略。每个企业都十分清楚自己企业的内部信息，但每个企业并不清楚其他企业的信息，这实际上构成了一个典型的不完全信息静态博弈。

在公开招标的过程中，由于各个企业的标书是密封递交和同时开标的，各个企业在选择自己的定价策略之前都无法知道其他企业的策略，只能根据一般情况或以往的经验作大致的判断。因此，每个企业的定价策略主要是根据自己的企业情况和对竞争对手的定价估计来制定的。假设企业B的成本为C_B，C_B包括固定成本和可变成本，行业公认的平均利润率α。企业B并不是完全了解其竞争对手企业C的成本，它估计企业C成本会产生两种情况：①企业C没有采用新技术降低运营成本，此概率为θ。在此种情况下，企业B可根据企业C以往的竞标情况和经营业绩估算出其成本为C_C。②企业C采用了新技术降低运营成本，此概率为1－θ，企业B估算企业C采用新技术后的成本为CCL，CCL＜Cc。那么，企业B认为企业C的定价策略空间如式（6－6）所示。

$$Pc \geqslant (1+\alpha) \times Cc \times \theta + (1+\alpha) \times CCL \times (1-\theta) \quad (6-6)$$

根据对企业C定价策略空间的估算，企业B的定价策略空间将是：定价比成本CB高，比企业C的竞价要低，如式（6－7）所示。

$$C_B < P_B < (1+\alpha) \times Cc \times \theta + (1+\alpha) \times CCL \times (1-\theta) \quad (6-7)$$

同样，对于企业D，企业B估计企业D成本也会产生两种情况：①企业D没有采用新技术降低运营成本，此概率为β。在此种情况下，企业B可根据企业D以往的竞标情况和经营业绩估算出其成本为C_D。②企业D采用了新技术降低运营成本，此概率为1－β，企业B估算企业D采用新技术后的成本为CDL，C_{DL}＜C_D。那么，企业B认为企业D的定价策略空间如式（6－8）所示。

$$PD \geqslant (1+\alpha) \times CD \times \beta + (1+\alpha) \times CDL \times (1-\beta) \quad (6-8)$$

根据对企业D定价策略空间的估算，企业B的定价策略空间将是：定价比成本 CB 高，比企业 D 的竞价要低，如式（6－9）所示。

$$C_B < P_B < (1+\alpha)\times CD\times\beta + (1+\alpha)\times CDL\times(1-\beta) \quad (6-9)$$

同样，对于企业 E，企业 B 估计企业 E 成本也会产生两种情况：①企业 E 没有采用新技术降低运营成本，此概率为 μ。在此种情况下，企业 B 可根据企业 E 以往的竞标情况和经营业绩估算出其成本为C_E。②企业 E 采用了新技术降低运营成本，此概率为 1－μ，企业 B 估算企业 E 采用新技术后的成本为C_{EL}，$C_{EL} < C_E$。那么，企业 B 认为企业 E 的定价策略空间如式（6－10）所示。

$$PE \geqslant (1+\alpha)\times CE\times\mu + (1+\alpha)\times CEL\times(1-\mu) \quad (6-10)$$

根据对企业 E 定价策略空间的估算，企业 B 的定价策略空间将是：定价比成本C_B高，比企业 E 的竞价要低，如式（6－11）所示。

$$C_E < P_B < (1+\alpha)\times CE\times\mu + (1+\alpha)\times CEL\times(1-\mu) \quad (6-11)$$

将式（6－7）、式（6－9）、式（6－11）相加，得出式（6－12）：

$$C_B < P_B < (1+\alpha)\frac{\theta C_C + (1-\theta)C_{CL} + \beta C_D + (1-\beta)C_{DL} + \mu C_E + (1-\mu)C_{EL}}{3} \quad (6-12)$$

当企业 B 估算企业 C、D、E 都不存在技术创新时，θ＝1，β＝1，μ＝1，企业 B 的定价策略空间如式（6－13）所示。

$$C_B < P_B < (1+\alpha)\frac{C_C + C_D + C_E}{3} \quad (6-13)$$

当企业 B 估算企业 C、D、E 都存在技术创新时，或者任何一个企业存在技术创新时，由于 θ＜1 或 β＜1 或 μ＜1；$C_C > C_{CL}$或$C_D > C_{DL}$或$C_E > C_{EL}$。因此，$0<(1-\theta)<1$ 或 $0<(1-\beta)<1$ 或 $0<(1-\mu)<1$；企业 B 的定价策略空间会更低，如式（6－14）所示。

$$C_B < P_B < (1+\alpha)\frac{\theta C_C + (1-\theta)C_{CL} + \beta C_D + (1-\beta)C_{DL} + \mu C_E + (1-\mu)C_{EL}}{3} < (1+\alpha)\frac{C_C + C_D + C_E}{3} \quad (6-14)$$

以上只是对企业 B 的定价策略的分析，此分析也同样适用于企业 C、D、E、F、G、H、I。由此可见，采用招标的方式确定污水净化处理的特许经营者，实际上在竞标的时候，就使竞标企业之间形成了激烈的价格竞争，各个企业的定价策略必须要保证自己企业盈利的同时，又尽量低于其他企业的出价。因此，公开招标的方式会激励企业竞相努力地降低自己企业的各项成本，从而促进污水处理企业在管理方面和技术层面上的竞争。

邀请招标方式下的定价竞争程度介于公开招标方式和直接授予方式。因为，邀请招标的方式是由地方政府确定有资格参与投标竞争的企业，而公开招标方式是只要符合条件的企业都可以参与投标竞争。邀请招标是有限竞争，公开招标是公开竞争，直接授予是没有竞争（见表6－2）。

表6－2　污水处理项目公开招标与邀请招标的竞争程度比较

	公开招标	邀请招标
发布信息方式	公开媒体	投标邀请书
进入竞争的壁垒	项目要求条件	项目要求条件、招标人发出邀请
参与竞争的数量	符合项目要求条件的投标人，数量不限	符合项目要求条件的投标人，3家以上
适用的情形	（1）列入国家计划的大中型基本建设和技术改造项目 （2）省重点基本建设项目和技术改造项目 （3）使用财政性资金投资、采购货物、购置设备的项目 （4）使用财政性资金进行勘察、设计、咨询、监理、管理等服务项目①	（1）技术要求复杂，或者有特殊的专业要求 （2）受自然地域环境限制 （3）采用公开招标方式的费用和时间与项目价值不相称，不符合经济合理性要求 （4）法律、行政法规或者国务院另有规定的除外
优点	公开竞争性	耗时较短、花费成本较低
缺点	耗时较长、花费成本较大	有限竞争性
在污水治理领域	城镇污水处理项目招标应当依法公开招标方式	如不宜公开招标的，报上级项目审批部门或项目审批部门批准后，可以进行邀请招标

（三）直接授予方式、邀请招标方式和公开招标方式下的定价比较

城市污水处理进行市场化改革后，地方政府将采用直接授予方式、邀请招标方式或公开招标方式确定污水处理的特许经营者，而在不同的方式下，会形成不同的定价博弈方、不同的定价策略空间、不同的价格影响因素。在直接授予方式下，企业的定价策略空间是 $P_A \geqslant (1+\alpha) C_A$，定价的博弈是授予经营权企业和地

① 广东省实施《中华人民共和国招标投标法》办法，自2003年6月1日起施行。

方政府之间的完全信息动态博弈，双方博弈的定价结果将是 $P_A \approx (1+\alpha)C_A$。影响价格的因素主要是被授予经营权企业的成本和行业公认利润率，污水处理市场几乎不存在竞争，直接形成了垄断市场。

而在公开招标或邀请招标方式下，每个竞标企业的定价策略将会是 $C_B < P_B < (1+\alpha)\frac{\theta C_C + (1-\theta)C_{CL} + \beta C_D + (1-\beta)C_{DL} + \mu C_E + (1-\mu)C_{EL}}{3} < (1+\alpha)\frac{C_C + C_D + C_E}{3}$。影响价格的因素是所有竞标企业的成本和行业公认利润率，定价博弈是所有参与竞标企业之间的不完全信息静态博弈，企业之间的定价博弈会自动地将污水净化价格定在一个合理的空间，这个空间既能保证企业的合理利润，又能将价格尽量地降低。企业之间的博弈会形成一种竞争机制，激励各个企业竞相努力地降低自己企业的各项成本，促进了污水处理企业在管理方面和技术层面上的竞争。在污水处理厂的成本构成中，除了污水处理设备和管网的固定资产折旧费、因贷款而发生的财务费用、税金等几项属于不可控成本外，其他的成本都属于可控成本，企业可以通过节能减排、提高管理效率等途径来降低成本。而邀请招标方式下的定价竞争程度介于公开招标方式和直接授予方式之间。直接授予方式、邀请招标方式和公开招标方式会形成不同的特许经营价格，会对企业形成不同的激励机制，产生不同的污水处理质量（见表 6-3）。

表 6-3 直接授予方式、邀请招标方式和公开招标方式下的定价比较

特许经营方式	企业定价策略空间	影响价格因素	博弈形式
直接授予方式	$P_A \geqslant (1+\alpha) C_A$	授予经营权企业的成本、行业公认利润率	授予经营权企业和地方政府之间完全信息动态博弈
邀请招标方式	$C_B < P_B < K < (1+\alpha)\frac{C_C + C_D + C_E}{3}$	被地方政府邀请参与竞标企业的成本、行业公认利润率	被邀请竞标的企业之间不完全信息静态博弈
公开招标方式	$C_B < P_B < K < (1+\alpha)\frac{C_C + C_D + C_E}{3}$	社会上所有自愿参与竞标企业的成本、行业公认利润率	社会上自愿参与竞标企业之间不完全信息静态博弈

注：$K = (1+\alpha)\frac{\theta C_C + (1-\theta) C_{CL} + \beta C_D + (1-\beta) C_{DL} + \mu C_E + (1-\mu) C_{EL}}{3}$。

但是，采用邀请招标方式或公开招标方式所形成的卖方竞争市场，也只是竞标时的竞争，在中标后，就形成了垄断式经营。而且这种公共品的卖方竞争市场有别于平常所谈论的私人品的卖方竞争市场。市场机制配置社会资源供给私人产品时，消费者与生产者之间是直接的供需关系，通过生产者的自由竞争和消费者的自主选择，由市场决定商品的供求和价格。私人品市场竞争的形成，一般是在产品生产出来后，消费者比较产品的质量和价格后再买卖交易，其实质上是产品的竞争，是生产后的竞争。而污水处理行业特许经营权的竞争只是竞标时的竞争，企业凭借其资金、资质、技术、承诺、行业经验等条件的竞争，是产品生产前的竞争。在企业被授予特许经营权后，再也不存在竞争的环境，只有靠特许经营合同对其进行约束，靠地方政府有关部门对其进行规制，以保证产品的质量。

（四）寻租行为对定价的影响

George 认为，政府作为规制者具有创租的权力，受规制的产业具有强大的寻租动力，规制价格便会被提高，企业是规制的主要受益者[①]。在污水处理的市场化改革环节，由于市场机制建设的不完善，存在着许多可以进行寻租活动的空间。例如，在投资人选择方式确定环节中，直接授予方式、公开招标方式和邀请招标方式所确定的市场各具有不同的竞争程度，受益主体分别是国有企业、具备条件的企业、地方政府指定的企业。确定各个企业能否参与准市场竞争的权力就掌握在有限的几个政府官员手中。因此，在确定投资人选择方式之前，相关企业就已经开始进行大量的公关活动。它们通过社会关系、游说、贿赂等手段去影响政府官员的公共决策。在我国污水处理行业从内生规制模式向外生规制模式的转轨过程中，相关的规制机制还没有规范地建立起来。对于企业来说，市场上成本的优势已不再是定价竞争的唯一手段，使用非市场的手段有可能比市场手段更重要，因为它决定了企业能否参与竞争或者能否在竞争中获胜的概率。

进行寻租活动的空间不仅存在于投资人选择确定环节，还可能存在于评标环节、项目验收和行业监管环节等。例如，评标是由招标人依法组建的评标委员会负责，评标委员会的成员由招标人代表和评标专家组成，人数为不少于 7 人的单数，其中技术和经济专家不得少于总人数的 2/3，招标人代表不得多于 2 人[②]。

---

① 斯蒂格勒．产业组织和政府管制［M］．潘振民译．上海：上海人民出版社，1998：77 - 81，211 - 224.

② 福建省人民政府办公厅．福建省城市污水、垃圾处理特许经营项目业主招标投标办法（试行）［N］．闽政协［2007］143 号，2007 - 07 - 20.

由于评标委员会人数不多，如果相关企业得到了这些委员的名单，那么企业就会通过各种非市场的手段去进行寻租活动，影响委员们的评价，从而使评标活动失去公平性，招标环节的公平竞争性将会成为一句冠冕堂皇的空话。在污水处理特许经营定价中，由于招投标程序的不规范、相关法律法规体系的不完善可能会导致定价的高估。对于企业来说，非市场的手段往往比市场的手段更能获得直接的经济收益，因此企业纷纷热衷于寻租活动，从而使污水处理市场化改革仅有的一点点市场竞争性都被削弱了。

三、公私合作伙伴关系下污水处理量的确定

（一）企业规制规避行为影响污水处理量

企业规制规避行为是指企业不按照规制机构所制定的各种规制标准从事生产活动的行为。Becker（1968）认为，企业在做决策时往往会进行成本收益分析，当规制遵从的收益大于遵从成本时，企业就会选择遵从；反之，则选择规制规避。规制遵从成本是指企业在遵守相关规制标准时所耗费的时间及价值，而规制遵从收益是指企业遵守相关规制标准时所获得的收益，包括选择遵从时企业可以避免的罚金及其他惩罚①。污水处理行业是自然垄断型行业，为了保护消费者的利益和公共利益，地方政府必须对企业的生产行为、服务质量和价格进行规制。

信息的不对称性造成了地方政府对企业行为规制的困难。市场化改革后，企业作为经营主体，是以营利为目的的组织。为了规避地方政府的行业管理或者获取非法收益，企业有可能对地方政府规制机构隐瞒有关运营和管理等方面的信息，造成规制机构与被规制企业之间的信息不对称，导致地方政府对污水处理企业的行业监管不力。

（二）厂网分离下的管网完善度和厂网适配性影响污水处理量

污水收集和污水净化是污水处理的两个很重要并密切相连的部分。污水处理量取决于该区域的管网完善度和厂网适配性。管网的完善度主要从污水截流情况和截流管网的输送情况来衡量。截流是指通过二级和一级管网承接三级管网各个排污口所排出的污水，可采用截流比率来衡量。截流比率是指实际截流量与该服务区域内污水排放量之比，截流比率取决于二级和一级管网的长度和海拔高度。

---

① Becker G. S. Grime and Punishment: An Economic Approach［J］. Journal of Political Economy, 1968, 76（2）: 169－217.

污水截流后能否全部被输送到污水处理厂主要取决于管网的坡度、管径大小和管网间的接驳。管网的管径越大，污水堵塞和溢流情况就越小，但是管径越大的管道建设成本越高。管道坡度越大，污水的流速就越大，堵塞的概率也就越低，输送情况就越好，但同时，管网海拔变高，也会降低污水截流率。管网的完好程度主要是看管网运行过程中是否受到损坏。如果污水管网建设不完善，就不能将城市污水收集起来完整地输送到污水处理厂进行净化处理，造成一部分污水没经处理就直排自然水体，污染了水环境。厂网间适配性是指污水的收集能力与污水处理厂的净化处理能力是否匹配。如果污水收集能力大于污水净化处理能力，将会导致部分污水不能被净化处理，污染水环境；如果污水收集能力小于污水净化处理能力，将会导致污水净化处理设备的闲置，造成投资的浪费。城市的生活污水排放量会随着城市发展和人口变化而变化。因此，污水处理系统的设计必须考虑到当前和未来城市发展和人口情况进行科学的规划。

中国污水处理行业主要是实施纵向分离、横向拆分的特许经营制度，在一定程度上影响了污水处理系统的完整性。在厂网分离的市场化改革模式下，无法通过企业之间的协调来达到较高的管网完善度和厂网适配性，只能依靠作为总设计师角色的地方政府来协调。但是在规制方面，污水处理行业的规制又是典型的多重规制，这种规制结构的设计既包括横向分散，又包括纵向分散。虽然，规制权力的分散有利于限制规制权力的滥用，但同时也造成了规制负的外部性，规制机构之间相互掣肘，造成了规制效率低下的现象，也在一定程度上影响着污水处理系统的完整性，抑制产业绩效的提高。此外，官员的“经济人”特性也使政府在污水处理方面的决策行为偏离最优，很容易出现管网完善度低和厂网适配性差的问题。

第三节　地方政府与消费者之间的互动分析

污水处理费按照“污染者付费”的原则，由排水单位和个人缴纳并专项用于城镇污水处理设施建设、运行和污泥处理处置的资金。地方政府在制定污水处理费的收费标准时以该市的污水处理成本作为参照，但并没有起到决定性作用。污水处理费并不等于该市每吨污水处理的成本，它只是污水处理成本的一部分。

在同一时期，全国各大城市所收取的污水处理费并不相同，而且差距较大。笔者认为，我国的污水处理费定价是地方政府和消费者决策行为相互依赖和相互影响的一种博弈活动，博弈的结果决定了地方政府与消费者之间对城市污水处理总成本的分摊关系。

一、地方政府与消费者形成的成本分摊关系

（一）成本分摊关系的制度安排：污水处理费制度

1984 年，国务院发布了《关于大力开展城市节约用水的通知》，明确表示城市建设部门必须尽快会同有关部门制定排水设施的有偿使用办法；1987 年，国务院发布了《关于加快城市建设工作的通知》，提出要征收城市排水设施使用费；1993 年，国家物价局、财政局发布了《关于征收城市排水设施使用费的通知》，明确表示凡直接或间接向城市排水设施排放污水的企事业单位和个体经营者，应按规定向城市建设主管部门缴纳城市排水设施使用费。污水处理费制度的确立，使消费者成为城市污水处理服务的购买者，消费者与地方政府一起共同分摊城市污水处理的成本。

污水处理费定价作为一种价格规制，它实际上是一个政治过程。由于污水处理费的制定决定了地方政府与消费者之间对城市污水处理成本的分摊，它必然要通过相应的政治程序。在中国，污水处理费的定价方案一般由地方政府主管污水处理行业的部门（城市建设委员会、城市市政公用局或水务局）向物价局提出申请，提出申请的部门委托第三方机构出具《城市污水处理的成本监审报告》，物价局接到提价申请方案后，由局长办公会议审议提价申请并初定方案，再按照《政府价格决策听证办法》组织价格听证会，邀请利益相关主体参与听证。在充分听取和采纳群众、专家意见的基础上，物价局拟定调价方案，由局长办公会议集体审定。物价局将调价方案报市人民政府审批通过后，向社会公告后予以实施。从污水处理费的定价过程来看，地方政府虽然拥有对污水处理费的定价权，但是，消费者的行为同样可以影响地方政府对污水处理费的定价，污水处理费是在地方政府与消费者之间的博弈中形成的。

（二）成本分摊的参考指标和制约因素

污水处理的成本是污水处理费制定的参考指标。在污水处理行业的市场化改革背景下，地方政府以政府信用为担保，承诺向企业按特许经营价格支付污水处理服务费用。污水处理费征收后成立专项资金，经过地方政府的核准后划拨给企

业，资金不足部分由地方政府公共财政负担。地方政府与消费者之间形成了成本分摊关系，共同承担城市污水处理的总成本。在污水处理费不变的情况下，污水处理总成本扩大将导致地方政府公共财政负担的加重；在污水处理总成本不变的情况下，地方政府与消费者对成本的分摊呈负相关关系，污水处理费定价高，地方政府公共财政负担就会减少。污水处理的总成本影响着污水处理费定价和地方政府公共财政的负担，同样，污水处理费定价和地方政府公共财政状况也制约着城市污水处理行业的发展，如式（6－15）所示。

$$G = \left(\sum_{j=1}^{m} P_{网j} + \sum_{i=1}^{n} P_{厂i} \times Q_{处理i}\right) - W \times Q_{收费} \quad \begin{pmatrix} i = 1,2,\cdots,n \\ j = 1,2,\cdots,m \end{pmatrix} \tag{6-15}$$

$$W\uparrow \Rightarrow G\downarrow$$

式中，G 为地方政府用于污水处理的公共财政（不包含污水处理费），W 为消费者缴纳的污水处理费，$Q_{收费}$为污水处理费收费量，$P_{网j}$为第 j 片区污水管网的特许经营价格，$P_{厂i}$为污水处理厂 i 的特许经营价格，$Q_{处理i}$为污水处理厂 i 的污水实际处理量，m 为区域内网络的特许经营者数量，n 为区域内污水处理厂的特许经营者数量。

消费者的收入水平是污水处理费定价的重要制约因素。污水处理费捆绑在自来水费中一并收取，而自来水作为生活必需品，是每个消费者必须缴纳的费用，这使消费者对污水处理费负担的变动比较敏感。污水处理费并不是真正意义上的经营性收费，它兼有行政事业性收费和经营性收费的性质，现行的收费标准不是按照污水处理的实际成本和利润确定的，而主要考虑居民的承受能力（经济承受能力和心理承受能力）。因此，污水处理费负担（F）可用污水处理费的缴纳占人均可支配收入的百分比来衡量。假设地方政府 A 在 t 年制定了污水处理费 W_t 元/吨，用水量为 q_t，人均可支配收入为 I_t，公民的污水处理费负担 F_t 如式(6－16)所示。

$$F_t = \frac{W_t \times q_t}{I_t} \tag{6-16}$$

污水处理费的调价幅度与消费者的污水处理费负担有着密切的联系。随着消费者收入水平的提高，若污水处理费不变，消费者对污水处理费的负担会随着收入的提高而不断地下降，这使地方政府又有了提价的空间。假设污水处理费 n 年后提价，用水量为 q_{t+1}，人均可支配收入为I_{t+1}，地方政府提出了调价的方案，污水处理费调至W_{t+1}，消费者的污水处理费负担F_{t+1}变为$\frac{(W_{t+1} \times q_{t+1})}{I_{t+1}}$，污水处理费提价的幅度为Δw，如式（6－17）所示。

$$F_{t+1} = \frac{W_{t+1} \times q_{t+1}}{I_{t+1}}$$

$$W_{t+1} = \frac{F_{t+1} \times I_{t+1}}{q_{t+1}}$$

$$\Delta w = W_{t+1} - W_t = \frac{F_{t+1} \times I_{t+1} - W_t q_{t+1}}{q_{t+1}} \quad (6-17)$$

二、成本分摊关系下的污水处理费定价

（一）地方政府定价的目标及行为构成

公共选择理论认为，政府官员都是有限理性的“经济人”，他们是一个自利的、追求效用最大化的个体，他们的行为总和构成了地方政府的行为。孙海婧（2010）认为，官员行为的目标函数主要包括政治收益、支持收益和经济收益。政治收益主要指职务的升迁；支持收益包括来自省级机构（上级领导、组织部门等）的支持和辖区内社会成员的支持；经济收益包括地区经济发展、政府财政收入和官员个人收入①。本书的地方政府是指具有污水处理费定价权的市级政府。为了将研究的问题简单化，本书忽略政府官员的经济收益这个因素，假定地方政府在制定污水处理费定价决策的目标是为了寻求政治上的最大支持，通过最大化政治支持来获取职位上的升迁。这种政治上的支持来自于两个层面：一是政府内部上级主管部门的支持（简称上级政府）；二是辖区内民众的支持。在中国的代议民主制度下，辖区内的消费者虽然不拥有对地方政府官员任命的直接投票权，但是，消费者可以通过听证会、民意调查、民间组织、媒体、游行等方式来表达自己的意见。地方政府官员通过这些渠道也可以了解到民意，也可以估计出辖区内消费者对于污水处理费调价政策的支持程度。由此可见，地方政府作为污水处理费的价格规制机构，它拥有污水处理费的定价权，其定价决策的目标是为了获得最大的政治支持度，地方政府通过评估由上级政府和消费者对调价政策的支持度后做出定价的决策（见图6－6）。

---

① 孙海婧．地方政府环境规制中利益相关主体的互动关系——基于代际公共品供给的视角和中国的实践［D］．暨南大学硕士学位论文，2010.

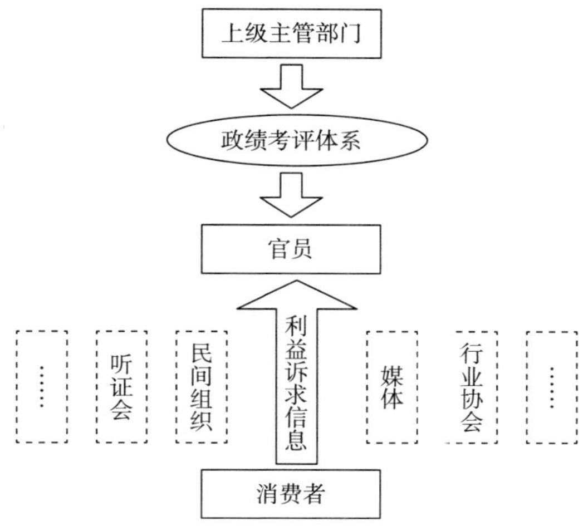

图6-6　上级政府和消费者对地方政府决策的影响途径

从污水处理费的成本分摊角度看，污水处理费定价是地方政府和消费者对成本分摊额度的界定，是两者博弈的结果。因此，本书认为污水处理费定价是地方政府和消费者相互博弈的结果，参与人得益结果之和是城市污水处理的总成本（$\sum_{j=1}^{m} P_{网j} + \sum_{i=1}^{n} P_{厂i} \times Q_{处理i}$），利益的对抗性体现在地方政府和消费者的成本分摊关系上，博弈的结果产生了两者之间的妥协与合作（污水处理费定价的确定）。从博弈的过程来看，地方政府对污水处理费定价的决策不仅受到辖区内消费者决策行为的影响，还受到来自政府机构内部上级政府决策行为的影响。在实际操作中，上级政府也会承担一部分的污水处理成本，为了研究的简化，本书将上级政府所承担的污水处理成本也归入地方政府承担的成本中。本书假设地方政府在评估上级政府和消费者的决策行为后做出自己的决策行为，地方政府决策的结果是该博弈的均衡解。

（二）上级政府的决策行为分析

上级政府是指与地方政府（一般指拥有定价权的市级政府）之间具有行政隶属关系的政府机构，例如省级政府、中央政府。由于上级政府与地方政府之间属于行政隶属关系，因此，上级政府对地方官员的考核、职务任命仍然具有绝对的权威性。上级政府对地方政府官员的政绩考核指标是地方官员获取职位晋升的重要考核指标。上级政府用职位升迁来激励官员行为，用政绩考评体系来评判官员的行政能力，用政绩考评体系激励官员行为与政府的目标相一致。政绩考核指标是上级政府用以衡量地方政府政绩的度量指标，通过这些考核指标的纵向比较、横向比较，促进地方政府政绩的提升和地方政府之间的竞争。在污水处理中，目前上级政府常用的指标有污水处理率、排水管道长度、污水日处理量、污水处理设施的负荷率等。政绩考评体系下的晋升激励让地方政府尽量服从上级政府的政策指导。

上级政府不直接负责各个地区污水处理的实施，而是具有政策指导责任，上级政府会更多地从水资源保护、污水处理行业可持续发展、资源合理配置等宏观角度去引导地方政府的行为。因此，在消费者可接受的调价范围内，上级政府期望地方政府可以筹集到更多的资金用于城市污水处理行业的发展，污水处理费的提价幅度越大，地方政府用于污水处理行业的资金会越多，污水处理的效果会越好。而地方政府需要直接面对消费者，需要化解各方面的矛盾，因此，地方政府并不十分热衷对污水处理费重新定价。自我国的污水处理费征收制度实施以来，大部分城市的污水处理费收费标准提升都是在中央政府的要求下被迫提高的。例如2015年，国家发展和改革委员会、财政部、住房和城乡建设部发布了《关于制定和调整污水处理收费标准等有关问题的通知》，提出到2016年底前，设市城市污水处理收费标准原则上每吨应调整至居民不低于0.95元，非居民不低于1.4元；县城、重点建制镇原则上每吨应调整至居民不低于0.85元，非居民不低于1.2元。在该通知的要求下，很多地方政府才启动了新一轮的污水处理费调整。

上级政府对地方政府调价政策的支持度随着地方政府的污水处理绩效提升而增加，随着绩效的减低而减少。若地方政府在t年的时候提升了污水处理费，在n年内都没有调整，那么地方政府可用于污水处理的公共财政和污水处理费就会束缚污水处理绩效的进一步提高。在第t+n年，污水处理绩效的增量接近于零，上级政府对地方政府的支持度将会处于较低的位置，从而产生地方政府进行污水处理费调整的动力。因此，上级政府对地方政府的支持度会随着污水处理费提价幅度Δw的增加而增加。

但是，上级政府对地方政府的支持度不仅要考虑可预期污水处理行业绩效的提升幅度，还要评估调价政策所引起的民意情况。如果调价的幅度过大将会引起社会不稳定因素，上级政府会降低对地方政府调价的政治支持度。当调价幅度达到Δw_1时，消费者的污水处理费负担处于较高状态，消费者将会明显感觉到污水处理费负担过重，他们会更加积极地通过各种方式来表达反对调价的意见，加大对地方政府定价决策的影响，表达的方式也从较强式向激烈表达方式发展，在一定程度上增加了社会的不稳定因素。此时，上级政府对地方政府调价政策的支持度会在 Δw_1 附近达到极值后开始下降，并且支持度下降的幅度会较快，因为上级政府考虑调价政策所引起的社会不稳定因素多于调价政策对行业发展的影响。

假设上级政府对调价政策的支持度与调价幅度之间呈线性关系，并可用二次函数 g（x）曲线近似描述，x 代表污水处理费的调价幅度，上级政府对地方政府调价政策的支持度在调价幅度为 Δw_1 时达到最大值 M。当调价幅度 $0 < x < \Delta w_1$ 时，调价幅度没有引起社会的不稳定因素，上级政府对地方政府调价政策的支持度只需考虑调价幅度对污水处理行业发展的影响，支持度随着调价幅度的升高而增加，在提价幅度为 Δw_1 时，支持度达到最大值 M。曲线 g（x）可用式（6－18）来表示，式中，x 为调价幅度，a_1 为上级政府的支持度对于调价幅度的敏感程度，a_1 小于零，a_1 越小表示上级政府的支持度对于调价幅度的敏感程度越大。对于不同的地区，上级政府的 a_1 取值大小是不相同的，它取决于上级政府的管理观念、政绩考核评估体系、对社会和谐的重视程度等因素。

$$g(x) = a_1(x - \Delta w_1)^2 + M \qquad x \in [0, \Delta w_1], \ a_1 < 0 \tag{6-18}$$

当调价幅度 $x > \Delta w_1$ 时，调价幅度引起社会的不稳定因素，上级政府对地方政府调价政策的支持度不仅要考虑调价幅度对污水处理行业发展的影响，而且还要考虑调价幅度所引起的社会不稳定因素，而对后者的考虑会更多。因此，上级政府对地方政府调价政策的支持度会随着调价幅度的升高而逐步减少。曲线 g（x）如式（6－19）所示，a_2 表示上级政府的支持度对于调价幅度的敏感程度，a_2 小于零。由于调价幅度 $x > \Delta w_1$ 时，上级政府既要考虑调价幅度对行业发展的影响，又要考虑调价所引起的社会不稳定因素，而且后者考虑更多，因此，上级政府的支持度对于调价幅度的敏感程度越大，曲线越陡，$a_2 < a_1 < 0$（见图 6－7）。

$$g(x) = a_2(x - \Delta w_1)^2 + M \qquad x \in (\Delta w_1, \infty), \ a_2 < a_1 < 0 \tag{6-19}$$

因此，在污水处理费定价过程中，上级政府的策略可以用曲线 g（x）表示，如式（6－20）所示。

$$\begin{cases} g(x) = a_1(x - \Delta w_1)^2 + M & x \in [0, \Delta w_1], \ a_1 < 0 \\ g(x) = a_2(x - \Delta w_1)^2 + M & x \in (\Delta w_1, \infty), \ a_2 < a_1 < 0 \end{cases} \tag{6-20}$$

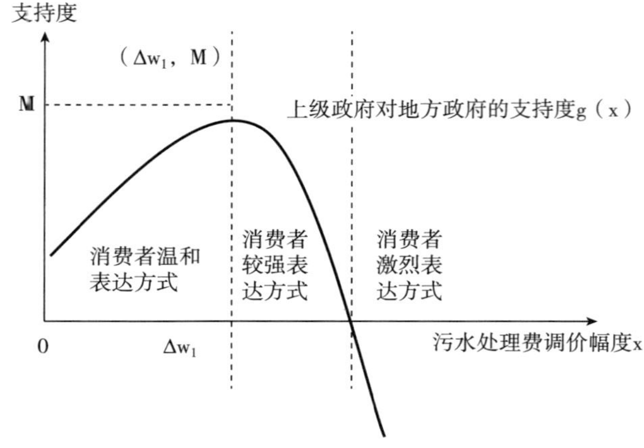

图 6－7　上级政府对地方政府调价政策的支持度曲线

（三）消费者的决策行为分析

地方政府制定的公共政策会直接影响到消费者的利益，因此，每个消费者都有动力参与到公共事务当中，都有动力去影响政府公共政策的制定。消费者向政府反馈信息的渠道可分为制度性途径和非制度性途径。制度性途径是指政府创建和主导的消费者参与途径，如全民直接投票、间接投票、听证会、公示、官方咨询机构、政府授权的社团。通过这些制度内的途径收集、征求有关政策相对人的意见，为消费者提供一个参与政策制定的过程和与不同利益相关主体对话和辩论的平台。制度外途径是民间自发形成的不规范、不稳定、非制度安排的参与形式，包括民间咨询机构、民间社团、报纸和网络媒体、游行示威等参与方式。消费者可以通过这些制度内和制度外的途径来表达自己的意见，政府官员可以通过这些途径来评估公民对公共决策的支持度。公共利益诉求信息从消费者传递政府决策者当中是需要成本的，这个成本取决于可使用的途径、时间和金钱。消费者更倾向于使用成本比较低的制度内途径来反馈信息。但是制度内途径往往是不足够的，或者是缺失的。当制度内途径缺少的时候，消费者将会寻求制度外途径来解决。如果政府对消费者的利益诉求不予理睬的话，消费者将会采取激烈的参与方式，如游行示威、静坐示威，甚至付诸暴力手段。制度内途径参与是消费者参与公共决策过程中的主要途径，应增加和创新制度性参与的途径，提高制度性参与的效率（见图 6－8）。

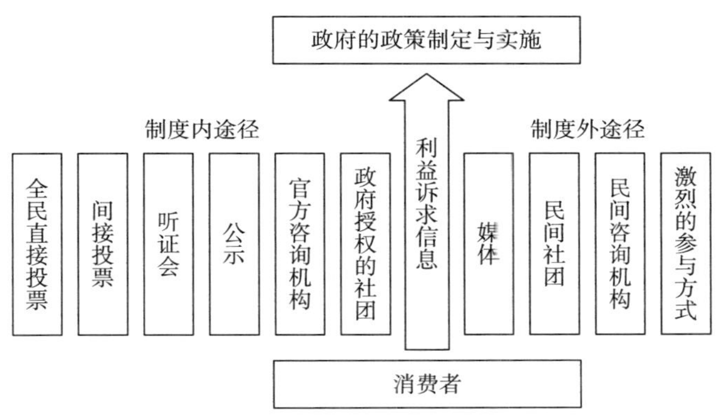

图6-8 从消费者到政府的信息传递途径

在污水处理费的定价过程中，政府的调价方案需要召开价格听证会广泛征求消费者的意见。价格听证会成为地方政府官员了解民众对调价方案政治支持度的一个制度内途径。此外，地方政府还通过官方咨询机构、媒体、民间社团等途径来了解消费者对调价政策的支持度。本书假设消费者对政府调价政策的支持度随消费者的污水处理费负担变化而变化。自来水作为消费者的生活必需品，消费者对污水处理费的负担是很敏感的。如果调价政策减少了消费者的负担，消费者对地方政府的政治支持度上升；如果调价政策增加了消费者的负担，消费者对地方政府的政治支持度将会下降。目前，污水处理费主要采取低成本定价方式，污水处理费的调价政策只会调高而不会调低。

假设：消费者对调价政策的支持度与调价幅度之间呈线性关系，并可用二次函数f（x）曲线近似描述，消费者对地方政府调价政策的支持度随调价幅度的上升而减少，当调价幅度为零时，消费者的支持度达到最大值N。曲线f（x）如式（6-21）所示，其中，b表示消费者的支持度对于调价幅度的敏感程度，b小于零，b越小曲线越陡，表示消费者的支持度对于调价幅度的敏感程度越大，b越大曲线越平缓，表示消费者的支持度对于调价幅度的敏感程度越小。各个地区消费者的b值是不相同的，它取决于各地消费者的平均收入水平、环保意识、用水习惯等因素（见图6-9）。

因此，在定价过程中，消费者的策略可以用曲线f(x)表示（见式6-21）：

$$f(x) = bx^2 + N \qquad x \in [0, \infty),\ b<0 \tag{6-21}$$

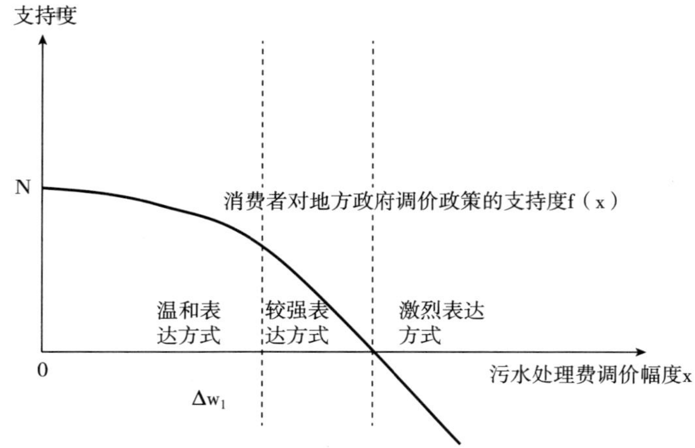

图6－9　消费者对地方政府的支持度曲线

在定价的博弈过程中，消费者博弈策略的得益就是消费者对污水处理成本的分摊，可以表示为：

$$消费者对污水处理成本分摊=(W_t+x)\times Q_{收费}$$

式中，W_t 表示上一期的污水处理费，x 表示调价的幅度，$Q_{收费}$ 表示污水处理费收费量。

（四）地方政府的决策行为分析

地方政府在污水处理费定价决策中是为了寻求政治上的最大支持，地方政府官员通过最大化政治支持来获取职位上的升迁。这种政治上的支持来自两个层面：一是上级领导机构的支持，二是辖区内民众的支持。因此，为了寻求最大限度的职位晋升，地方政府的官员会将来自上级政府的支持度 g（x）与来自消费者的支持度 f（x）加总，选择使支持度到达极值的调价幅度。总政治支持度的曲线可用 η（x）表示，η（x）＝g（x）＋f（x）。

因此，在定价博弈过程中，地方政府的博弈策略可以用曲线 η（x）表示（见式6－22）：

$$\begin{cases}\eta(x)=a_1(x-\Delta w_1)^2+M+bx^2+N & x\in[0,\ \Delta w_1],\ a_1<0,\ b<0\\ \eta(x)=a_2(x-\Delta w_1)^2+M+bx^2+N & x\in(\Delta w_1,\ \infty),\ a_2<a_1<0,\ b<0\end{cases} \tag{6-22}$$

地方政府在定价博弈中，博弈策略的得益就是地方政府对污水处理成本的分摊，可以表示为：

$$地方政府对污水处理成本分摊=(\sum_{j=1}^{m} P_{网j}+\sum_{i=1}^{n} P_{厂i}\times Q_{处理i})-(W_t+x)\times Q_{收费}$$

式中，$P_{网j}$为第j片区污水管网的特许经营价格，m为区域内网络的特许经营者数量，$P_{厂i}$为污水处理厂i的特许经营价格，n为区域内污水处理厂的特许经营者数量，$Q_{处理}$为污水处理厂i的污水实际处理量，W_t为消费者缴纳的污水处理费，x为调价的幅度，$Q_{收费}$为污水处理费收费量。

当调价幅度$x\in[0,\Delta w_1]$时，对η（x）求一阶导数和二阶导数：

对函数η（x）求一阶导数，$\frac{\partial\eta}{\partial x}=\frac{\partial[a_1(x-\Delta w_1)^2+M+bx^2+N]}{\partial x}$

$$\frac{\partial\eta}{\partial x}=2a_1(x-\Delta w_1)+2bx$$

令$\frac{\partial\eta}{\partial x}=0$

求解得：当$x=\frac{a_1\Delta w_1}{a_1+b}$，函数η（x）有极值：$\eta=\frac{a_1}{a_1+b}b\Delta w_1^2+M+N$

因为，$x=\frac{a_1\Delta w_1}{a_1+b}<\Delta w_1$

所以，极值点落于$[0,\Delta w_1]$范围内，该极值有意义。

对函数η（x）求二阶导数，$\frac{\partial^2\eta}{\partial x^2}=2a_1+2b$

因为，$a_1<0$，$b<0$，$\frac{\partial^2\eta}{\partial x^2}=2a_1+2b<0$

所以，函数η（x）为凸函数，函数有极大值：$\eta=\frac{a_1}{a_1+b}b\Delta w_1{}^2+M+N$

同理，求得：

当调价幅度$x\in(\Delta w_1,\infty)$时，对函数η（x）求一阶导数，令$\frac{\partial\eta}{\partial x}=0$，

求解得：当$x=\frac{a_2\Delta w_1}{a_2+b}$，函数η（x）有极值：$\eta=\frac{a_2}{a_2+b}b\Delta w_1{}^2+M+N$

因为，$x=\frac{a_2\Delta w_1}{a_2+b}<\Delta_1$

所以，极值点落于$(\Delta w_1,\infty)$范围外，该极值无意义。

对函数 η（x）求二阶导数，$\frac{\partial^2 \eta}{\partial x^2}=2a_2+2b$

因为，$a_2<0$，$b<0 \Rightarrow \frac{\partial^2 \eta}{\partial x^2}=2a_2+2b<0$

所以，函数η（x）为凸函数。

当 $x=\Delta w_1$ 时，函数的极大值为 $\eta=M+N+b\Delta w_1{}^2$，得出：

$$\begin{cases} \text{当 } x=\frac{a_1\Delta w_1}{a_1+b}\text{ 时，}\eta(x)\text{ 有极大值 } \eta=\frac{a_1}{a_1+b}b\Delta w_1{}^2+M+N & x\in[0,\ \Delta w_1] \\ \text{当 } x=\Delta w_1\text{ 时，}\eta(x)\text{ 有极大值 } \eta=b\Delta w_1{}^2+M+N & x\in(\Delta w_1,\ \infty) \end{cases}$$

又因为，$a_1<0$，$b<0$，$0<\frac{a_1}{a_1+b}<1$

所以，$\frac{a_1}{a_1+b}b\Delta w_1{}^2+M+N>b\Delta w_1{}^2+M+N$

函数 η（x）有极大值：$\eta=\frac{a_1}{a_1+b}b\Delta w_1{}^2+M+N$

因此，求出该定价博弈的均衡解，即地方政府的最佳调价方案如式（6－23）所示。

$$\Delta w=W_{t+1}-W_t=\frac{a_1\Delta w_1}{a_1+b}$$

$$W_{t+1}=\frac{a_1\Delta w_1}{a_1+b}+W_t \tag{6－23}$$

消费者与地方政府对城市污水处理成本的分摊关系如式（6－24）所示。

$$\frac{\text{消费者}}{\text{地方政府}}=\frac{\left(\frac{a_1\Delta w_1}{a_1+b}+W_t\right)\times Q_{\text{收费}}}{\left(\sum_{j=1}^{m}P_{\text{网}j}+\sum_{i=1}^{n}P_{\text{厂}i}\times Q_{\text{处理}}\right)-\left(\frac{a_1\Delta w_1}{a_1+b}+W_t\right)\times Q_{\text{收费}}} \tag{6－24}$$

从以上的分析可知，地方政府对污水处理费的调价幅度会落在区间［0，Δw_1］内，该博弈的均衡解是选择能够使地方政府获得的总支持度最大值的点，即 $x=\frac{a_1\Delta w_1}{a_1+b}$，污水处理费定价为 $W_{t+1}=\frac{a_1\Delta w_1}{a_1+b}+W_t$。因此，地方政府的污水处理费定价决策取决于四个因素。a_1、Δw_1、b 和 W_t。a_1 为上级政府支持度对调价幅度的敏感程度，Δw_1 为调价政策开始导致社会出现不稳定因素的调价幅度，b 为消费者支持度对调价幅度的敏感程度，W_t 为上一期的污水处理费（见图 6－10）。

污水处理费定价确定后，就确定了消费者和地方政府对城市污水处理成本的分摊关系。

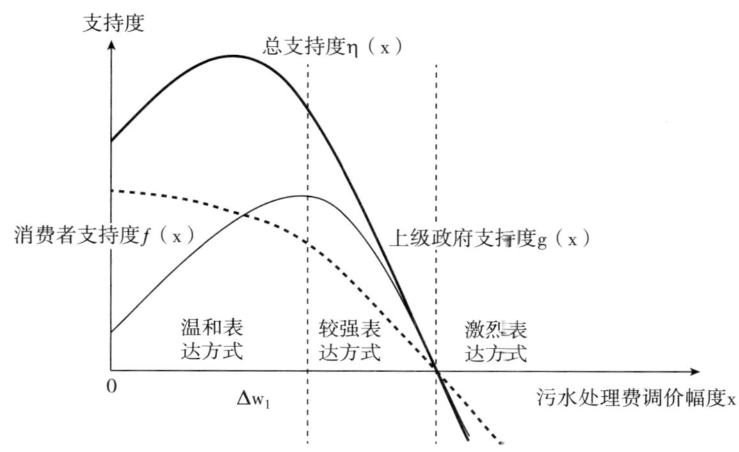

图 6－10 地方政府对总支持度的评估曲线

在实际操作中，首先，地方政府在进行污水处理服务费调价前，一般都会通过报纸、网络等媒体提前半年到一年来进行提价和水资源保护方面的舆论宣传，让消费者对调价有个心理的预期和准备，进一步提升消费者的心理接受程度。其次，地方政府会通过官方的或民间机构进一步调查消费者对调价的意见和接受程度。再次，地方政府依照《政府价格决策听证办法》召开价格听证会，进一步了解民意。如果听证会代表多数不同意定价方案或者对定价方案有较大分歧时，地方政府协调申请机构调整定价方案。最后，地方政府会通过对来自消费者的支持度和来自上级政府的支持度进行汇总和估计，确定污水处理费的定价。

因此，本书认为污水处理费的定价是地方政府、上级政府和消费者行为相互依赖和相互影响的一种博弈活动，是地方政府与消费者之间对污水处理成本的分摊，各个城市地方政府对污水处理费定价决策取决于四个因素：a_1、Δw_1、b 和 W_t。由于各个城市的 a_1、Δw_1、b 和 W_t 都不相同，导致了各个城市污水处理费定价的不同。

三、中国15个城市污水处理费定价分析

由于地方政府官员评估上级政府支持度和消费者支持度是一种主观的心理判断，很难用具体的数值去测量，只能将其趋势和变化作为一种近似的描述。本书选取中国15个城市从2007～2016年的污水处理费负担变化来考察污水处理费定价情况。

对于污水处理费负担的制定，英国环境运输和地方事务部认为家庭用于支付水费和污水处理费超过收入的3%是负担过重的标志，它们把支付水费和污水处理费超过收入3%的家庭称为“无力负担水费”的家庭，国家有责任和义务承担或减轻这些家庭的负担①。按照这一标准，本书将到户水费支出占人均可支配收入的比例分为四个档次，分别是低、中、高和超高档，分界点分别是1%、2%、3%。我国污水处理费与自来水费捆绑在一起收费，因此，消费者对污水处理费负担的感知，实际上是消费者对到户水费（水资源费、自来水价格和污水处理费）负担的感知。如图6－11所示，本书认为当消费者感知到户水费负担处于（0，1%］区间时，污水处理费负担处于较低水平，消费者对污水处理费提高比较支持；当消费者感知到户水费负担处于（1%，2%］区间时，污水处理费负担处于中等水平，消费者会采取温和的方式来表达利益诉求；当消费者感知到户水费负担为（2%，3%］区间时，污水处理费负担处于较高水平，消费者会采取较强的方式来表达利益诉求；当消费者感知到户水费负担为（3%，∞）区间时，污水处理费负担较重，消费者会付诸激烈方式来表达利益诉求。为了社会和谐发展的考虑，地方政府的污水处理费定价决策会选择消费者的到户水费负担小于3%。

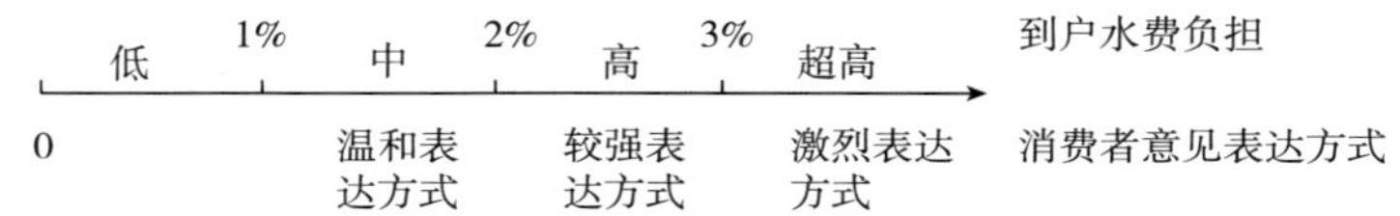

图6－11 消费者水费负担与意见表达方式变化

从中国15个城市污水处理费和到户水费的平均定价来看，2007～2016年的污水处理费和到户水费一直都处于上升趋势，污水处理费从2007年的0.72元/吨涨

① John W. Sawkinst, Valerie A. Dickie. Affordability of Household Water and Sewerage Services in Great Britain［J］. Fiscal Studies, 2005, 26（2）: 225－244.

到2016年的0.98元/吨，到户水费从2.41涨到3.27元/吨。在15个城市中，南京的污水处理费定价最高，从2007年定价为1.10元/吨到2016年价格提升到1.42元/吨；太原的污水处理费定价最低，从2007年定价为0.25元/吨到2016年才提升为0.50元/吨（见表6－4）。

表6－4　2007～2016年中国15个城市的污水处理费和到户水费定价情况

单位：元/吨

城市	2007年		2010年		2013年		2016年	
	污水处理费	到户水费	污水处理费	到户水费	污水处理费	到户水费	污水处理费	到户水费
北京	0.90	3.70	1.04	4.00	1.04	4.00	1.36	5.00
天津	0.80	3.90	0.88	4.40	0.90	4.90	0.95	4.95
广州	0.70	2.02	0.90	2.22	0.90	2.88	0.90	2.88
深圳	0.82	2.72	0.82	2.72	0.82	3.12	0.82	3.12
太原	0.25	2.35	0.50	2.80	0.50	2.80	0.50	2.80
南京	1.10	2.50	1.30	2.80	1.42	3.10	1.42	3.10
福州	0.85	2.05	0.85	2.55	0.85	2.55	0.85	2.55
杭州	0.50	1.85	0.50	1.85	0.50	1.85	1.00	2.90
沈阳	0.50	1.90	0.60	2.40	0.60	2.40	0.60	2.95
上海	0.90	1.93	1.08	2.41	1.30	2.93	1.70	3.62
长沙	0.65	1.88	0.75	1.98	0.85	2.18	0.85	2.68
武汉	0.80	1.90	0.80	1.90	0.80	2.32	1.10	2.47
济南	0.70	2.95	0.90	3.15	0.90	3.15	1.00	4.20
厦门	1.00	2.80	1.00	2.80	1.00	2.80	1.00	3.20
银川	0.40	1.70	0.70	2.21	0.70	2.40	0.70	2.65
平均	0.72	2.41	0.84	2.68	0.87	2.89	0.98	3.27

注：1. 到户水费负担＝（水资源费＋自来水价格＋污水处理费）×人均年用水量/人均可支配收入；

2. 到户水费价格采用居民生活用水第一阶梯价格。

资料来源：中华人民共和国住房和城乡建设部编的《城市建设统计年鉴》，各城市2007年、2010年、2013年、2016年的《国民经济和社会发展统计公报》，各城市发展和改革委员会、物价局的污水处理费和水费调价文件。

如图6－12所示，15个城市消费者的到户水费负担（表示污水处理费负担）比较低，平均到户水费负担（污水处理费负担）在2007年是1%，在2010年是0.78%，在2013年是0.63%，在2016年是0.56%，到户水费负担（污水处理费负担）均处于偏低的档次。2007～2016年，由于各个城市消费者人均可支配收入水平的不断上升，到户水费（含水资源费、自来水费、污水处理费）的提升比较缓慢，收入水平上升幅度较大减缓了污水处理费上涨对消费者负担的影响。2007年，长沙到户水费负担（污水处理费负担）达到1.60%，引起了消费者较大的反对。2007～2016年，长沙市政府对污水处理费和水费的提价幅度并不大，污水处理费从0.65元/吨提高到0.85元/吨，到户水价从1.88元/吨提高到2.68元/吨，到户水费负担却从1.60%下降为0.66%。由于各个城市的a_1、Δw_1、b和W_t都不相同，导致了各个城市污水处理费定价略有不同，但是，总体的定价决策是相近的。这些数据表明，在污水处理费的定价过程中，并不是由地方政府说涨多少就涨多少，上级政府和消费者决策行为会影响地方政府的定价决策，消费者作为污水处理费定价中的利益相关主体，有能力影响地方政府的定价策略。

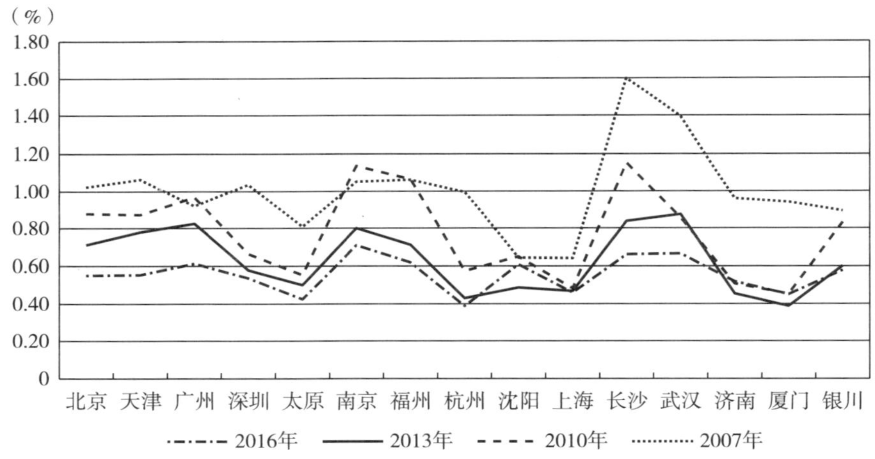

图6－12　2007～2016年中国15个城市的消费者污水处理费（到户水费）负担

第四节　网络型治理结构下的污水处理费定价分析

污水处理费定价是地方政府、污水处理企业和消费者三方利益主体博弈中实现均衡的价格。污水处理费定价机制的完善并不是仅仅靠政府和企业的力量就可以完成的，它还需要与其他众多的消费者、自愿性协会、利益团体等建立起一种合作、对话和互动的关系，构建起一种多元治理主体共同参与的网络型治理结构。Rhodes（1996）认为，网络式结构是与政府、市场相区别又介于两者之间的第三种治理结构形式，它是治理变革的一个重要特征。网络是政府与民间、公共部门与私营部门之间建立在非等级的协调之上的，通过资源依赖而形成的一种组织彼此相联的集群和联合体，其参与主体经过对资源的相互依赖和经常性的互动，培养出共同的价值观，形成一套解决问题的方法①。本书提出中国应该构建起网络型治理结构下的污水处理费定价方法。

一、中国污水处理费定价机制的缺陷

（一）总成本存在成本优化空间

在公私合作伙伴关系下，市场的竞争程度、企业的寻租行为和规制规避行为、管网的完善度和厂网适配性使污水处理的总成本还有优化的空间。

污水处理的市场竞争程度较低，会虚增污水处理产品的成本。竞争压力是市场机制促进企业不断提高产品质量的强大驱动力，污水处理市场化改革的核心精神是引入竞争机制，提高市场的竞争力，从而获得更好的产品质量和最优定价。但是，污水处理行业市场机制的竞争力却是非常低的。在污水处理行业的特许经营制度下，企业所面对的竞争只是生产前的竞争，并不贯穿于整个生产过程，特许经营权确定后就直接形成了垄断市场。在生产前的竞争也只存在于公开招标方式和邀请招标方式，若政府采取直接授予方式，其中几乎不存在竞争的因素，而是政治上的信任与委托。直接授予方式、公开招标方式和邀请招标方式会形成不

① R. A. W. Rhode. The New Governance：Governing without Government［J］. Political Studies，1996，XLIV：652－667.

同的特许经营价格，公开招标方式最优，邀请招标方式次优，直接授予方式较差。污水处理的市场竞争力低，导致企业可能利用自然垄断优势而提高污水处理费定价，导致城市污水处理成本增高（见图6－13）。

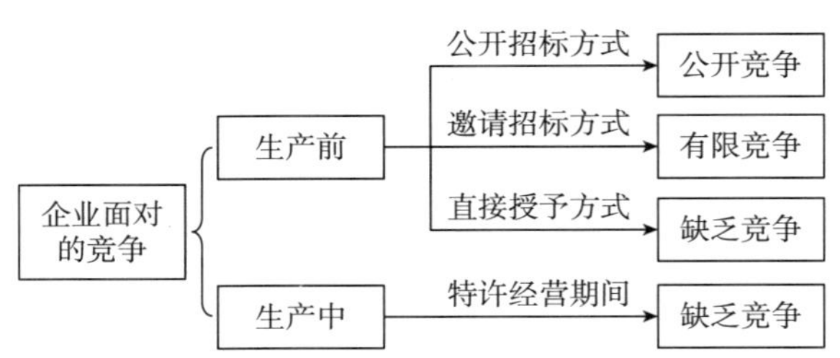

图6－13　污水处理企业所面对的市场竞争情况

企业的寻租行为和规制规避行为也会虚增污水处理产品的成本。污水处理行业是自然垄断型行业，为了保护消费者的利益和公共利益，地方政府必须对企业的生产行为、服务质量和价格进行规制。在特许经营定价过程中，企业的寻租行为有可能使特许经营价格偏离最优；在地方政府对企业的生产行为和服务质量进行规制的过程中，企业的寻租行为有可能使地方政府出现规制俘获问题，而信息的不对称性也造成了地方政府对企业行为规制的困难。市场化改革后，污水处理厂是以盈利为目的的企业，为了规避地方政府的行业管理或者追求盈利的目的，企业有可能对地方政府进行寻租，对地方政府有关规制部门隐瞒有关运营和管理等方面的信息，造成地方政府规制部门与污水处理企业之间的信息不对称，导致地方政府对污水处理企业的监管不力，部分企业用低劣的服务质量获取较高的收益。

污水处理产业结构的拆分和规制机构的规制分权也可能会虚增污水处理的成本（见图6－14）。在城市污水处理行业中，污水收集和污水净化是污水处理的两个很重要并紧密相连的部分。在纵向分离和横向拆分的市场化改革模式下，无法通过企业之间的协调来达到污水处理行业较高的网络完善度和厂网适配性，只能依靠作为总规划师角色的地方政府来协调，而地方政府内部的层级和条块式规制分权体制在一定程度上也将管网内部、厂和网之间割裂开来。因此，污水处理行业的产业结构拆分和规制机构内部的规制分权也很可能会导致管网内部、厂网之间的适配性变差，从而造成过度投资或投资不足的现象。

（二）竞争激励机制存在完善空间

中国污水处理行业的市场竞争程度、企业的寻租行为和规制规避行为、管网的完善度和厂网适配性都根源于地方政府的规制行为。地方政府全权决定特许经营权的投资人选择方式，从而决定了污水处理的市场竞争程度。地方政府官员的“经济人”特性是企业寻租行为和规制俘获发生的根源。若地方政府对企业的监督能力不足，将导致企业规制规避行为的发生。若地方政府的规划和协调能力不足，将导致污水处理系统的网络完善度低和厂网适配性差。因此，建立针对地方政府的竞争激励机制与建立对企业的竞争激励机制具有同样重要的地位。

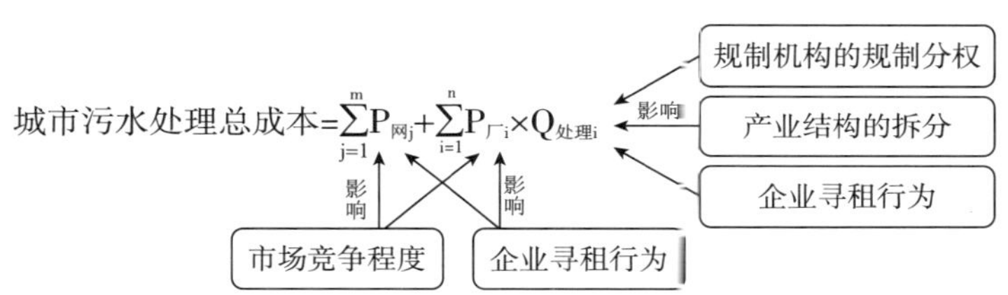

图6－14　城市污水处理总成本组成结构

（三）治理主体与治理工具存在拓展空间

Howlett、Michael 和 Ramesh（1995）认为，传统的治理理论运用强制性工具进行治理，使治理过程缺乏弹性、资源和信息，往往不能有效地解决公共问题。而现代的网络治理比传统的治理更能有效地解决公共问题，因为它采取了直接提供服务、公共事业、规制、征税与使用者付费、补贴、信息与规劝、私有化、志愿组织、家庭与社区等多种治理工具，这些多元化的治理工具比传统的治理工具具有激励性、沟通性、契约性和资源性。政府在制定和实施公共政策的时候，把企业、利益集团、民间组织和市民都纳入政策的制定和执行过程，各个主体根据实际情况，选择比较合适的方法参与公共事务的治理过程，从而有利于提高公共决策和执行的效率①。

在市场化改革前，我国采取了政府直接提供服务、公共事业、征税这三种治理工具来提供城市的污水处理，产生了污水处理率低、污水处理质量差、资金严

① Howlett, Michael, Ramesh M. S tudy ing Public Policy: Policy Cycles and Policy Subsystems［M］. Oxford: Oxford University Press, 1995.

重匮乏、企业效益差等问题。市场化改革后，政府运用市场、征税与使用者付费、信息与规劝、规制这些新的治理工具代替传统的治理工具，大大提升了污水处理率，提升了污水处理质量，缓解了资金匮乏的困难，激励了企业提高运营效率，使我国的污水处理行业得到了较快的发展。据国家住房和城乡建设部统计，2002～2017 年，污水处理厂从 537 座上升到 4063 座，污水日处理量从 3578 万立方米上升到 1.78 亿立方米①。

治理主体和治理工具的拓展使中国污水处理行业得到了飞速的发展，但是也使一些深层次的矛盾暴露出来。市场化改革后，由于污水处理行业具有自然垄断特性，特许经营企业获得了垄断经营地位，企业没有面对持续的竞争压力，地方政府也没有面对持续的竞争压力，可能会导致污水处理总成本的虚增，从而增加了地方政府公共财政和消费者的负担。中国污水处理绩效的进一步改进，单靠市场化改革后现有的治理主体和治理工具是不足够的，它需要扩展一些新的治理主体和治理工具来弥补市场化改革后的这些缺陷（见表 6－5）。

表 6－5　污水处理行业治理主体和工具的变迁及对比

	治理主体	治理工具	优点	缺点
传统治理工具	政府	直接提供、公共事业、征税	消费者的负担少	污水处理率低；污水处理质量差；资金严重匮乏；企业效益差等
市场化改革后治理工具	企业、政府、消费考	市场、公共事业、信息与规劝、规制、征税、使用者付费	提升了污水处理率；提升了污水处理质量；大大缓解了资金匮乏；激励企业提高效率	企业不能面对持续的竞争压力；厂网间的适配性差；地方政府不能面对持续的竞争压力；地方政府规划管理能力不足；污水处理总成本虚增等

二、利益相关主体所形成的网络型治理结构及特点

污水处理费的定价就是利益相关主体、地方政府、企业和消费者为达到公共利益的最大化目标，对与之相关的权利和义务进行划分，并进行相互合作、沟通、协调和监督的过程，利益相关主体之间的互动决定了权利和义务的动态变

① 住房和城乡建设部．关于 2017 年上半年全国城镇污水处理设施建设和运行情况的通报[Z]．2017.

化，决定了污水处理行业的绩效，决定了污水处理费的定价。

（一）主体间博弈式的互动关系

污水处理费定价包含了规制因素，在地方政府、企业和消费者三者直接或间接博弈中形成的均衡价格。市场化改革背景下的中国污水处理费定价机制存在着一些问题：总成本存在成本优化空间，竞争激励机制存在完善空间，治理主体和治理工具存在扩展的空间等。伴随着中国经济的发展和消费者维权意识的觉醒，非营利组织的发展，它们正逐步进入公共事务治理主体地位的角色，它所带来的如公众参与、标杆指标、志愿服务等新型治理工具都可以很好地克服当前治理结构下污水处理费定价机制的问题。在不久的将来，污水处理费定价的利益相关主体地方政府、企业和消费者将构成一种网络型的治理结构，三者之间将存在相互依存、密不可分的关系。

在网络型的治理结构中，地方政府作为污水处理行业的总设计师，负责组织企业和消费者等治理主体围绕着污水处理问题，通过对话、讨价还价、协商、谈判、妥协等集体行动，达成共同的目标，并建立起纵向、横向或两者兼有的组织网络，形成资源共享、彼此依赖、相互合作的机制。企业作为污水处理产品的生产者，与地方政府形成公私合作伙伴关系为消费者提供污水处理服务或产品。消费者作为污水处理产品的购买者，不仅具有支付污水处理费的责任，而且享有监督企业行为和地方政府行为的权力。非营利组织作为代表消费者利益的民间组织或民间关系的总和，是联系政府、企业和消费者的纽带。新的治理主体和治理工具的引入有利于更好地监督、激励企业和地方政府的行为，从而优化污水处理的成本，提高地方政府的规制能力，可以很好地克服市场化改革后污水处理费定价机制的缺陷。

地方政府、企业和消费者所形成的网络型公共治理结构是政府和市场之外的第三种治理结构，它以共同的价值理念作为链接和中介，利益相关主体之间具有平等和相互依赖的关系，不同的主体运用不同的工具或方式共同治理公共事务，使治理的结构更加完善、治理的力量更加强大。网络式治理结构的特点有三点：第一，组织之间的相互依存性；第二，各个组织之间形成了大大小小的网络，网络成员之间进行持续的互动，成员之间需要互相交换资源和互相协商沟通；第三，博弈似的互动关系，网络建立在互相信任的基础之上，同时受博弈规则的约束，网络参与者之间进行协商达成一致协定。因此，在网络型的治理结构下，地方政府、企业和消费者之间形成了博弈式的互动关系，三者之间的博弈互动会更好地促进污水处理行业绩效的改进和污水处理费定价的优化。

（二）治理工具的多样性

在污水处理的网络型治理结构下，引入了消费者这个治理主体，诸如公众参与、信息公开、标杆指标和志愿服务等新型治理工具。公众参与和信息公开可以很好地杜绝企业排污监督难、政府规制责任和能力弱化等问题；标杆指标可以打破污水处理行业和地区的自然垄断特性，通过构建横向和纵向比较的各种指标对企业和地方政府形成持续的竞争激励；志愿服务可以用以市场失灵和政府失灵的区域，也可以用以监督企业和政府的行为；消费者介入治理结构，也可以对政府形成压力，迫使上级政府加强对地方政府的监督与引导。新的治理工具的引入可以克服以市场化改革后污水处理费定价机制的缺陷（见图6－15）。

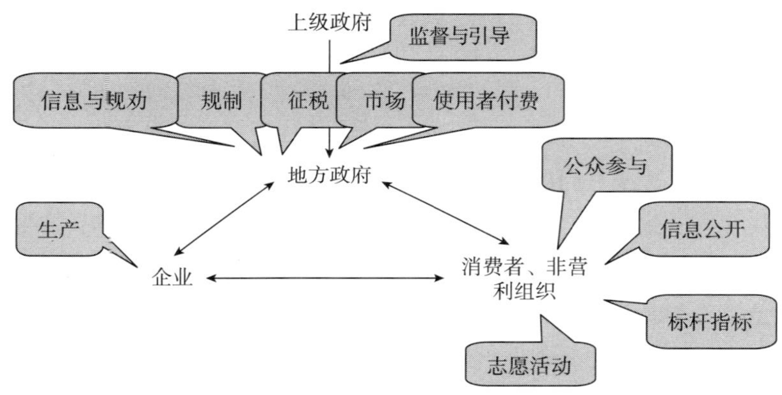

图6－15　利益相关主体所形成的网络型治理结构

三、污水处理费定价的趋势：低成本定价向完全成本定价发展

目前，中国的污水处理费定价主要是采取低成本定价的方式，政府仍需动用公共财政补贴城市污水处理的成本。在污水处理行业市场化改革的背景下，中国的水污染问题依然严重，而投资资金不足又导致了污水处理行业的产能不足。因此，未来污水处理费的定价趋势必然是低成本定价向完全成本定价发展。完全成本定价是指按照“污染者完全付费原则”，由排污个体（或排污组织）支付的污水处理费能够覆盖城市污水处理的总成本，包括管网和污水处理厂的建设、运营或维护成本，并使企业可获得合理利润。

（一）水污染问题依然严重

污水处理费是消费者用以购买污水处理服务的价格，其征收目的在于治理城市水体污染、保护水资源。因此，中国水环境质量可以直接反映污水处理行业的绩效，污水处理费的定价及发展趋势与中国的水环境质量状况密切相关。市场化改革为污水处理行业拓宽了资金来源，有力地促进了污水处理产业的发展，但是，中国水污染问题依然严重。根据生态环境部发布的《2017 年中国生态环境状况公报》，2017 年，在全国地表水的 1940 个水质监测断面中，Ⅰ～Ⅲ类水质断面占 67.9%，Ⅳ类、Ⅴ类水质断面占 23.8%，劣Ⅴ类水质断面占 8.3%；在全国地下水的 5100 个水质监测点中，地下水水质为优良、良好、较好、较差和极差级，分别占 8.8%、23.1%、1.5%、51.8% 和 14.8%，主要超标指标为总硬度、锰、铁、溶解性总固体、亚硝酸盐氮、氨氮、硝酸盐氮、硫酸盐、氟化物、氯化物等，个别监测点存在砷、六价铬、铅汞等重（类）金属超标现象。目前，中国水污染状况依然严峻，污水处理行业仍需投入大量资金。

（二）投资资金不足导致污水处理行业产能不足

污水处理的市场化改革，引入民间资金和外资资金投入污水处理行业，实施污水处理费征收制度大大拓宽了污水处理行业的资金来源。污水处理的总成本需要地方政府和消费者来共同承担。而地方政府用于污水处理的资金受制于当地公共财政的收入状况，污水处理费的定价受制于消费者的收入水平。因此，在地方政府公共财政不充裕和消费者收入水平较低的情况下，导致了污水处理行业的投入资金不足。据国家住房和城乡建设部统计，截至 2017 年 6 月，全国共建成运行污水处理厂 4063 座，污水处理能力达 1.78 亿立方米/日。其中，设市城市建成运行污水处理厂 2327 座，污水处理能力达 1.48 亿立方米/日，全国 94.2% 的县城建有污水处理厂，累计建成污水处理厂 1736 座，污水处理能力为 0.31 亿立方米/日[①]。但是，污水处理设施仍存在区域不均衡、配套管网建设滞后、老旧管网渗漏严重、污水处理设施提标改造需求迫切、再生水利用率不高、农村污水处理滞后等问题。这些问题的解决都需要投入大量的资金，主要通过以下三种方式获取：第一，充分发挥污水处理行业市场机制的作用，利用市场中的企业筹集投资资金；第二，在公共财政不变的情况下，调整公共财政支出的分配比例，提高地方政府用于污水处理行业的资金；第三，在保证消费者污水处理费负担适中的条件下，尽量提高污水处理费的定价。随着居民收入水平的提高和污水处理行业的发展，我国污水处理费将会逐步改变这种低成本定价的方式，向完全成本定价方式发展，污水处理费的定

① 住房和城乡建设部．关于 2017 年上半年全国城镇污水处理设施建设和运行情况的通报［Z］．2017.

价将会逐步提高至能够弥补污水处理完全成本的价格水平。

四、网络型治理结构下的污水处理费定价构思

（一）激励型定价

从前文分析可知，利益相关主体博弈的均衡解是：污水处理费定价为$W_{t+1} = \frac{a_1 \Delta w_1}{a_1 + b} + W_t$，消费者与地方政府对城市污水处理成本的分摊为：$\frac{消费者}{地方政府} = \frac{(\frac{a_1 \Delta w_1}{a_1 + b} + W_t) \times Q_{收费}}{(\sum_{j=1}^{m} P_{网j} + \sum_{i=1}^{n} P_{厂i} \times Q_{处理\ i}) - (\frac{a_1 \Delta w_1}{a_1 + b} + W_t) \times Q_{收费}}$。从该博弈的均衡解可以看出：第一，污水处理费定价与消费者对调价政策的支持度有关，反映在Δw_1和b的取值上。因此，要调高污水处理费定价必须重视消费者的利益诉求，取得消费者对调价政策的信任和支持。第二，城市污水处理的总成本与企业行为和地方政府行为密切相关，反映在$P_{网j}$、$P_{厂i}$和$Q_{处理i}$的取值上。因此，要对企业行为和地方政府行为进行竞争激励，尽量减少城市污水处理的总成本。

在污水治理中，上级政府、地方政府、企业和消费者将构成一个网络型的治理结构，利益主体之间具有高度相互依赖性，主体之间是博弈性的互动关系，各种主体依靠各自的优势和资源采用不同的治理工具进行协同治理，各个主体通过主体间的对话建立起共同的公共管理目标，增进主体间的相互理解和相互信任，最终建立起一种共同承担风险，共同增进公共利益的公共事务的管理机制。

目前，污水处理费的定价机制的总成本存在优化空间，竞争激励机制存在提升空间，治理主体和治理工具存在拓展空间。因为定价方法模糊不清，污水处理费定价的科学性备受各方的质疑。在网络型治理结构下，可以构建一个不同于现状的污水处理费激励型定价模式。这是一个可以由利益相关主体参与的对话体系、是一个可以促进学习和变迁的体系，也是一个可以让竞争激励持续存在于自然垄断产业的体系。该定价模式主要是针对污水处理费定价的网络型治理结构特点而建立的，充分利用主体间的相互依存性、博弈式的互动关系和治理工具的多样性。该模式主要包括三个方面：第一，建立一套分别针对企业和地方政府的标杆指标，向这两个主体施加持续的竞争激励，打破污水处理因区域垄断而造成的不可比性，尽量降低污水处理的总成本（$\sum_{j=1}^{m} P_{网j} + \sum_{i=1}^{n} P_{厂i} \times Q_{处理i}$）；第二，建立信息公开制度，激励企

业之间和地方政府之间的竞争，让企业生产行为和地方政府规制行为接受消费者的监督；第三，将污水处理费的提价幅度与居民收入水平、标杆指标的情况进行挂钩，降低消费者对调价幅度的敏感程度，取得消费者对调价政策的信任和支持。构建一个在网络型治理结构下让消费者、地方政府、企业三方都满意的污水处理费定价模式，构建一个可以促进污水治理绩效不断改进的机制。

（二）标杆指标的构建

标杆管理是一个帮助机构发现其他组织更高绩效水平的过程，并有助于了解它们是怎样达到该种水平的，以便将更好的做法和程序运用到自己的组织机构中。英国、美国等西方发达国家所建立的污水处理行业标杆指标主要是针对企业而言的，范围包括厂和网的指标。因为这些国家的污水处理是实行厂网纵向一体化的经营模式，网的完善度和厂网间的适配性会影响到污水处理量，从而影响到企业的收益，故企业有动力去保持污水处理系统的完整性。而在中国，不仅要设置对企业的标杆指标，还要设置对地方政府的标杆指标。因为在我国厂网纵向分离和横向拆分的市场化改革背景下，不可能靠分散的企业去协调污水处理系统的完整性，而是必须依靠地方政府的规制能力和协调能力来保证污水处理系统的协调性和完整性，从而降低城市污水处理的总成本。地方政府行为和企业行为一样，对于污水处理费定价和污水处理行业的发展起到至关重要的地位。因此，对于中国的污水处理行业，必须建立一套既针对企业又针对地方政府的标杆指标，向这两个主体施加持续的竞争激励（见表6－6）。

表6－6　污水处理行业的标杆指标体系

对象	内容	标杆指标	
		序号	指标名称和内容
地方政府	特许经营者选择	1	污水处理平均成本y：$y=\frac{(\sum_{j=1}^{m}P_{网j}+\sum_{i=1}^{n}P_{厂i}\times Q_{处理i})}{Q_{处理}}$处理每吨污水所需要投入的成本，包括：污水收集成本和污水净化成本
	对排污行为的控制	2	城市自然水体水质情况b：用来衡量地方政府对排污行为的控制、水环境保护的情况
		3	企业排污违规率c：用来衡量地方政府对企业污水排放行为的控制，减少违规排污行为对污水处理绩效的破坏

续表

对象	内容	标杆指标	
		序号	指标名称和内容
地方政府	网络完善度和厂网间适配性	4	污水管道的溢出率 d：用来测量污水收集系统的破损状况和维修效率
		5	污水收集系统的故障频率 e：用来测量污水收集系统的完整性，如错接、断接情况
		6	污水处理率 u：用来测量污水处理供给和需求之间的关系，反映污水处理行业的总体发展状况
		7	污水净化处理设施运营负荷率 h：测量污水处理厂设计的合理性，污水处理厂与管网建设的协调性
污水净化处理企业	规制规避行为	8	污水处理厂违规率 z：测量污水处理厂遵守特许经营合同的情况
	企业运营情况	9	污水净化处理厂特许经营价格 $p_{厂}$：用来测量企业的运营效率
		10	污水净化处理成本 f：处理每吨污水需要投入的成本
		11	职工工作效率 l：平均每位职工每天处理多少吨污水
		12	设备的更新率 r：企业更新设施的程度
		13	资产收益率 t：反映企业的融资效率
		14	负债率 v：测量企业的负债情况

对于企业而言，标杆指标的构建主要针对其经营情况和规制服从行为而制定，包括企业的负债率、设备更新率、资产负债率、职工工作效率、污水净化处理成本、污水净化处理特许经营价格和规制违规率等。而对于负责管网建设和维护的企业来说，比较难建立标杆指标对它们的绩效进行衡量。因为在中国目前这种厂网分离的模式下，管网的建设和维护是由不同层级、不同区域的地方政府部门负责发包给不同的企业去完成的，涉及的企业太多，特许经营的区域大小不同，很难建立起标杆指标进行比较。但是可以通过建立针对地方政府的标杆指标来衡量一个城市的管网建设的情况。对于地方政府而言，标杆指标的构建主要针对规制效率而制定，衡量城市的整个污水处理系统中的排污控制、污水收集和污水净化处理三个环节的完整性和协调性，包括企业排污违规率、自然水体的水质、污水处理率、污水收集系统的故障频率、污水管道的溢出率、污水处理平均成本、污水处理企业的运营负荷率等。

标杆指标的构建可由全国性行业协会组织来承担，由中央政府的相关行业管理机构引导和协助建立，由企业和地方政府提供有关的数据。中国城镇供水排水协会（以下简称中国水协）是全国性的污水处理行业协会，是由污水处理行业企业依法自愿组成的，进行民主管理的自治性、互益性、非营利性、非政府性的经济类社会团体法人，属于非营利组织。中国水协的单位会员包括城镇供水、排水、节水企事业单位，地方城镇供水（排水）协会，会员企业与水协之间构成了一个行业内的自治体系；个人会员包括相关科研、设计单位，大专院校及城镇供水排水设备材料生产等企事业单位和从事城镇供水、排水、节水工作的管理人员和技术人员。中国水协具有充足的技术、人才和资源来构建污水处理行业的标杆指标，建立标杆指标的全国性数据库。标杆指标的建立离不开政府的大力支持，特别是中央政府的支持。中央政府和中国水协之间建立平等合作的伙伴关系，引导和协助水协建立起全国范围内的企业和地方政府的标杆性指标体系，这些数据将会向社会公众定期公布，从而对企业生产行为和地方政府生产行为进行引导、激励和监督。

中央政府、行业协会、地方政府和企业相互依赖。行业协会处于中观层面，担当中央政府、地方政府和企业成员之间的桥梁和中介作用，使零散的系统连接成一个互动的有回应的网络。首先，中国水协是污水处理企业进行自我管理的组织，所以能够掌握污水处理企业全面的信息，了解污水处理企业的需求；其次，中国水协与中央政府建立了平等合作的关系，中央政府协助中国水协建立起有关企业和地方政府的标杆指标体系及数据库，让企业和地方政府打破了因区域垄断的不可比性，可以进行横向和纵向的对比和竞争；最后，中国水协通过构建标杆指标体系及其数据库，可以向公众、企业和地方政府提供有关污水处理行业发展的全面信息，可以向政府制定公共政策提供专业的咨询意见，也可以为公众监督企业行为和地方政府行为提供准确而完整的数据支持。

五、网络型治理结构下的污水处理费定价模式

污水处理费定价的未来发展趋势是低成本定价向完全成本定价发展，因此，污水处理费提价是未来发展的趋势。但是在中国当前的污水处理费定价方式下，由于定价机制存在缺陷，定价的科学性备受质疑。因此，必须建立起一种既合理又可令利益相关主体都满意的污水处理费的定价模式。首先，由地方政府与消费者协商确定一个中期或者长期的污水处理目标；其次，分别计算出每次污水处理费提价要求地方政府所要达到的各项指标；最后，地方政府召开价格听证会，根

据各项指标的达标程度，与消费者协商确定污水处理费定价。这种定价必须满足以下两个条件：第一，污水处理费的提价幅度必须在消费者可承受的范围之内；第二，前一次污水处理费的提价导致了污水处理绩效的提高，提价的效果得到消费者的认同。下文分别以地方政府和消费者的角度来分析污水处理费的定价意愿：

（一）地方政府和消费者协商确定污水处理目标

本书认为，污水处理费定价是从目前的低成本定价向完全成本定价逐步发展的一个渐进性过程。在污水处理费定价达到污水处理完全成本时，消费者必然要求地方政府在污水处理方面达到以下要求：第一，确保城市所有的生产和生活污水都能得到净化处理，城市污水处理率达到100%；第二，确保城市污水处理的总成本处于较优水平，减少成本虚增情况。消费者对地方政府的这些政绩要求可由第三方组织通过建立标杆指标体系来衡量。本书认为，只要平均到户水费负担处于2%以下，污水处理费都具有提价的空间。对于个别低收入消费者到户水费负担超过3%的情况，地方政府可采取政府补贴的方法降低定价对低收入家庭的影响。

（二）地方政府的定价意愿

对于地方政府来说，污水处理费的定价越高越好，但是，在消费者收入水平较低的情况下，污水处理费定价不可能太高。假设W_t为当期的污水处理费，本次污水处理费提价的幅度为Δw，污水处理费少于或等于城市污水处理的完全成本y如式（6－25）、式（6－26）所示。

$$y = \frac{(\sum_{j=1}^{m} P_{网j} + \sum_{i=1}^{n} P_{厂i} \times Q_{处理i})}{Q_{处理}} \tag{6-25}$$

$$W_t + \Delta w \leqslant y$$

$$\Delta w \leqslant y - W_t \tag{6-26}$$

（三）消费者的定价意愿

对于消费者来说，污水处理费的定价越低越好。但是，随着消费者环保意识的提升，他们会逐渐接受污水处理费的完成成本定价乃是未来的发展趋势。在污水处理费定价的过程中，消费者不再是被动的接受者。既然要为污水处理产品付费，消费者也要提出自己的消费要求。第一，污水处理费定价幅度不能使消费者的负担过重；第二，既然地方政府征收了污水处理费，就必须提供质量相当的污水处理服务，并且要尽可能确保城市污水处理总成本的优化。以上这两项要求都需要量化成具体的指标和数据来衡量。

首先，污水处理费负担应该处于中等程度或以下。英国环境、运输和地方事务部认为家庭用于支付水费超过收入的3%是负担过重的标志，国家有责任和义务减轻这些家庭的负担。本书认为平均污水处理费的提价，应使到户水费负担处于中等程度以下，因为负担太低不利于污水处理行业的发展，不利用水环境的保护。而到户水费负担过高会增加消费者的负担，引致消费者的不满和社会不稳定因素。因此，本书认为污水处理费的定价应该使消费者的到户水费负担处于2%以下，如式（6－27）所示。K_i为当期的到户水费，Δw 为污水处理费提价幅度，Q 为消费者年用水量，I 为消费者的人均可支配收入。

$$\frac{(K_i+\Delta w)\times Q}{I}\leqslant 2\% \qquad \Delta w\leqslant\frac{I}{Q}\times 2\%-K_i \tag{6-27}$$

其次，地方政府必须保证能够提供与污水处理费质量相当的污水处理服务，并需达到一定的指标要求。污水处理产品的质量高低取决于两个治理主体的行为绩效，一是企业的生产行为，二是地方政府的规制行为。污水处理费的提价要得到消费者的认同，就必须使消费者认识到前一次污水处理费的提价的确导致了污水处理绩效的提高，这就需要借助标杆指标体系。标杆指标的构建和数据库的建立都是由行业协会来完成的。因此，被公布的指标和数据对消费者来说最具有说服力。第一，通过对污水处理企业指标的横向比较，如特许经营价格、违规率等，可以评估地方政府所选择的特许经营企业是否是最优秀的企业，特许经营价格定价是否最优；第二，通过对地方政府指标进行横向对比，如自然水体水质情况，排污违规率、污水处理率、污水收集系统的故障频率、污水管道的溢出率、污水处理的平均成本、污水处理企业的运营负荷率等，可以了解到前一次的污水处理费提价是否导致了城市污水处理绩效的提高，地方政府作为污水处理行业的总规划师这个角色是否称职，从而让消费者可以判断本次污水处理费的提价是否合理（见表6－7）。

根据使用者付费原则，消费者要求地方政府提供的污水处理产品至少需要满足以下要求：

（1）污水处理的成本达到或接近全国的平均水平，以此来衡量地方政府提供给消费者的污水处理产品是优质的产品。与此相关的标杆指标有污水处理厂的特许经营价格、污水处理厂违规率、城市污水处理的平均成本，如式（6－28）、式（6－29）、式（6－30）所示。

污水处理厂特许经营价格≤全国平均水平　$P_{厂t+1} \leq \overline{P}_{厂}$　（6－28）

污水处理厂违规率≤设定的比率　$Z_{t+1} \leq Z_{设}$　（6－29）

污水处理成本（含管网和厂）≤全国平均水平　$y_{t+1} \leq \overline{y}_{全国}$　（6－30）

表6－7　网络型治理结构下污水处理费定价及相关指标

<table>
<tr><th rowspan="2">约束对象</th><th rowspan="2">检测目标</th><th colspan="2">标杆指标</th><th colspan="2" rowspan="2">需达到的目标</th></tr>
<tr><th>序号</th><th>名称</th></tr>
<tr><td rowspan="8">地方政府</td><td rowspan="2">定价</td><td>1</td><td>污水处理费提价幅度</td><td>定价不多于完全成本</td><td>$\Delta w \leq y - W_t$</td></tr>
<tr><td>2</td><td>污水处理费负担</td><td>负担处于中等以下</td><td>$\Delta w \leq \frac{1}{Q} \times 2\% - K_i$</td></tr>
<tr><td>特许经营对象选择是否最优</td><td>3</td><td>城市污水处理平均成本：$y = \frac{(\sum_{j=1}^{m} P_{网j} + \sum_{i=1}^{n} P_{厂i} \times Q_{处理i})}{Q_{处理}}$</td><td>不多于全国平均水平</td><td>$y_{t+1} \leq \overline{y}_{全国}$</td></tr>
<tr><td rowspan="2">对违规排污行为的控制</td><td>4</td><td>自然水体水质情况</td><td>Ⅰ类、Ⅱ类、Ⅲ类水质监测点比例大于前期比例</td><td>$B_{t+1} \leq B_t$</td></tr>
<tr><td>5</td><td>企业排污违规率</td><td>小于设定比率</td><td>$C_{t+1} \leq C_{设}$</td></tr>
<tr><td rowspan="3">厂网间的适配性</td><td>6</td><td>污水管道的溢出率</td><td>小于设定比率</td><td>$D_{t+1} \leq D_{设}$</td></tr>
<tr><td>7</td><td>污水处理率</td><td>大于设定比率</td><td>$U_{t+1} \geq U_{设}$</td></tr>
<tr><td>8</td><td>污水处理设施运营负荷率</td><td>大于设定比率</td><td>$H_{t+1} \geq H_{设}$</td></tr>
<tr><td rowspan="2">污水处理企业</td><td>企业运营成本</td><td>9</td><td>污水处理厂特许经营价格</td><td>小于全国平均水平</td><td>$P_{厂t+1} \leq \overline{P}_{厂}$</td></tr>
<tr><td>规制规避行为</td><td>10</td><td>污水处理厂违规率</td><td>小于设定比率</td><td>$Z_{t+1} \leq Z_{设}$</td></tr>
</table>

（2）地方政府应重视对其他企业排污行为的监督与控制，以此来保证其他企业的排污行为不会破坏污水处理所带来的水环境质量的改善。与此相关的标杆指标有自然水体水质情况、企业排污违规率如式（6－31）、式（6－32）所示。

Ⅰ类、Ⅱ类、Ⅲ类水质监测点比例≥前一期的比例　$B_{t+1} \leq B_t$　（6－31）

企业排污违规率≤设定的比率　$C_{t+1} \leq C_{设}$　（6－32）

（3）地方政府作为污水处理行业的总规划师，应该致力于提高厂网分离模式下的网络完善度和厂网适配性，以此来保证污水都能被收集并输送到污水处理厂进行净化处理。与此相关的标杆指标有污水管道的溢出率、污水收集系统的故障频率、污水处理率、污水净化处理企业的运营负荷率。

污水管道溢出率≤设定的比率　　$D_{t+1} \leqslant D_{设}$　　(6－33)

污水处理率≥设定的比率　　$U_{t+1} \geqslant U_{设}$　　(6－34)

污水处理设施负荷率≥设定的比率　　$H_{t+1} \geqslant H_{设}$　　(6－35)

该定价模式具有以下三个特点：第一，该定价模式具有较高的透明度。该定价模式将城市污水处理系统的各个组成部分量化成各种指标，消费者可以通过对这些指标的纵向和横向对比来了解该城市污水处理的情况。第二，该定价模式具有较高回应性。在这种定价模式下，对于地方政府来说，它拥有了污水处理费提价的空间，只要地方政府在前期污水处理的绩效达到了应有的提高，提价的幅度使消费者的污水处理费负担处于中等水平，地方政府的提价方案是很容易得到消费者的认同并得以通过。在实际操作中，如果有1～2个指标不能达到相关标准，地方政府与消费者之间可以通过协商的形式解决，如减少提价的幅度或延缓提价的时间等。对于消费者来说，提价并没有给消费者带来过重的负担，因为污水处理费提价的前提是人均可支配收入的提高，提价既可以为地方政府提高污水处理绩效提供动力，又可以为水环境的治理扩大提供资金，从而保护了消费者赖以生存的水环境。第三，该定价模式具有较强的竞争激励性，可以激励企业提高生产效率，可以激励地方政府提高规制效率。标杆指标的使用打破了污水处理行业企业因区域垄断特性而导致的不可比性，企业间的竞争将更加激烈。由于地方政府的提价方案必须要满足一系列的指标，从而可以约束地方政府的行为。为了达到提价的目的，地方政府会协调好内部条块和层级之间的关系，主动扩展参与治理的主体和扩充治理的工具，从而确保污水处理产品的优质性，确保排污行为的减少，确保网络完善度和厂网适配性的提高。地方政府甚至会主动打开各个主体之间对话的渠道，听取各方对污水处理的意见，整合各方的资源和力量，使这种网络型治理的结构更加密切，从而更好地促进污水处理绩效的提升。

六、结论

从上文分析可知，污水处理费定价是一个包含规制因素的价格，是在地方政府、企业和消费者三方利益主体之间直接或间接博弈中实现均衡的价格。在污水处理费定价中，利益相关主体政府、企业和消费者形成了一个网络型的治理结构，主体之间具有相互依赖性，主体之间进行博弈的互动关系，不同主体使用不同的治理工具协同治理。随着中国消费者维权意识的提高，这种网络型的治理结构将会发展得更加紧密。由于我国的水污染问题仍然严重，污水处理行业投资资金不足。因此，污水处理费定价的未来发展方向将从目前的低成本定价向完全成本定价发展。在网络型治理结构下，可以构建一个不同于现状的污水处理费激励性定价模式，这是一个可以由利益相关主体参与的对话体系，也是一个可以促进学习和变迁的体系，其核心内容就是构建能激励和约束企业行为和地方政府行为的标杆指标体系，在保障消费者权益的同时，使污水处理费定价与企业行为和地方政府行为的绩效改进相挂钩。

第七章　城市水务产业市场化改革的绩效评估

水是生命之源，是人类赖以生存和发展的重要物质。由水所衍生出来的水务产业是人类社会进步和经济发展的重要基础行业。从 2002 年开始，我国在城市中全面实施水务产业的市场化改革。实践证明，市场化改革大大促进了水务产业在规模上的增长。2002 ~ 2016 年，中国的自来水供给量从 466 亿立方米上升到 580.7 亿立方米。污水处理厂从 537 座上升到 3976 座，污水日处理量从 3578 万立方米上升到 1.7 亿立方米①。长期以来，我国对城市水务产业市场化改革的绩效评估，常参考管网长度、自来水供给量、污水处理量、污水处理率等指标，但这些指标不足以科学评价水务产业的绩效，因为它无法反映水务产业的效率，即投入产出之比，水资源至关重要。因此，水务产业的绩效评估要从总量评价转向效率评价，要努力达到“以最小投入获取最大产出”的高效率目标。

第一节　水务企业效率评估

一、水务企业的效率评估

水务企业的效率是指水务企业通过组织生产经营活动向市场提供水务产品或

① 资料来源：住房和城乡建设部《2002 年中国城市建设统计年鉴》《关于 2016 年第三季度全国城镇污水处理设施建设和运行情况的通报》。

服务获取经济利益的能力。该效率可通过企业的投入和产出之间的比率来衡量。对于水务企业效率的评估研究，国外学者主要采用数据包络分析法（Data Envelopment Analysis，DEA）和随机前沿分析法（Stochastic Frontier Analysis）进行研究。使用数据包络分析法的学者有 Lambert（1993）、Henrique C. Tupper（2004）、Francesc H. Sancho（2009）、Piyush Tiwari（2011）；使用随机前沿分析法的学者有 Bhattacharyy（1995）、Saal（2007）、Filippini（2008）。国内学者对于水务产业效率的研究主要采用数据包络分析法，因为随机前沿分析法需要对水务产业的生产函数进行设定。目前，我国较为缺乏对水务企业或行业生产函数的研究，而数据包络分析法只需要投入产出数据，利用数学规划技术便可计算出水务企业或行业的效率。因此，国内学者主要采用数据包络分析法对水务产业进行效率的研究。例如，励效杰（2007）运用 DEA 对 2004 年中国水务企业效率进行测算；买亚宗等（2015）运用 DEA 方法对 2013 年中国 74 座污水处理厂的运行效率进行测算；孙超平等（2015）运用 DEA 对 12 家上市水务公司的效率进行测算；李鑫等（2017）运用 DEA 方法对 2014 年中国 413 个县域污水处理服务减排效率进行测算。对水务企业的效率评估研究，不仅有利于促进企业经营绩效的改进，更有利于促进政府特许经营管理绩效的改进。

二、研究方法、指标选择和数据来源

（一）数据包络分析法：SBM 模型

数据包络分析法（DEA）由 Charnes、Cooper 和 Rhodes 在 1978 年提出，它无须考虑生产函数的具体形式，使用线性规划模型甄别出样本中最佳实践单元，并用这些最佳实践单元的投入产出数据构成有效前沿面，其他决策单元与这些最佳实践单元进行比较，从而测定所有决策单元的相对效率值。DEA 效率测算考虑了决策单元的多种投入和产出。因此，它是一个多要素生产率测度，甚至是全要素生产率测度。它既可用于企业效率测算，也可用于行业效率测算。

经典的 DEA 模型以亚伯拉罕·查恩斯（Abraham Charnes et al.，1978）提出的 CCR 模型和 R. D. 班克（R. D. Banker et al.，1984）提出的 BCC 模型为代表，衡量效率的标准是“以最少的投入获取最多的产出”。在经典的 DEA 模型中，只能判断各个决策单元是有效率的还是无效率的，它无法判断无效率是来源于投入还是产出。为了弄清楚无效率的来源，刀根薰（Kaoru Tone，2001）在目标函数中引入了松弛变量（即投入的冗余或产出的不足），提出了基于松弛变量的 SBM

模型（Slack Based Model）。对于每一个决策单元有 m 种投入要素 x，q_1 种产出 y，它的生产可能集合 P，如式（7－1）所示。SBM 模型表达式如式（7－2）所示。

$$P = \{(x, y) \mid x \geqslant X\lambda, y \leqslant Y\lambda, \lambda \geqslant 0\} \tag{7-1}$$

$$\min\rho = \frac{1 - \frac{1}{m}\sum_{i=1}^{m}\frac{s_i^-}{x_{ik}}}{1 + \frac{1}{q_1}\sum_{r=1}^{q_1}\frac{s_r^+}{y_{rk}}} \tag{7-2}$$

$$\text{s.t. } X\lambda + s^- = x_k$$

$$Y\lambda - s^+ = y_k$$

$$\lambda, s^-, s^+ \geqslant 0$$

其中，ρ 是决策单元的效率值，x_k、y_k 分别为每个决策单元的实际投入量、实际产出量，s_i^-、s_r^+ 分别表示投入冗余和产出不足，$\frac{1}{m}\sum_{i=1}^{m}\frac{s_i^-}{x_{ik}}$ 表示 m 种投入冗余占实际投入量比例的平均值，它表示 m 种投入的无效率水平，$\frac{1}{q_1}\sum_{r=1}^{q_1}\frac{s_r^+}{y_{rk}}$ 表示q_1 种产出的无效率水平。λ 表示调整矩阵，Xλ、Yλ 分别表示每个决策单元投影到生产前沿面上所对应的投入量和产出量。数据包络分析使用线性规划方法，找出样本中效率最高的决策单元作为参照物，其他决策单元与之比较得出相对效率值。因此，采用此种方法进行研究，样本的选择尤为重要。倘若所选择的样本都是效率低的决策单元，将会导致研究结果发生偏差，使原本效率低的决策单元获得较高的相对效率值。因此，研究所选择的样本要尽可能多、分布广，尽可能避免遗漏效率值高的样本。

（二）样本选择

城市水务产业是指由取水、供水、排水、污水处理、再生利用和水环境治理等各个环节所构成的产业链。在各个环节，水务企业的运营模式和提供的产品（或服务）都不一样。例如，在污水处理环节，有专门研究和生产污水处理设备的企业，专门建设和运营污水处理厂的企业，专门从事污水处理工程设计的企业。对不同环节提供不同的产品（或服务）的企业进行效率之间的对比，没有太大的实践指导意义。因此，水务企业之间效率的对比应该选择处于同一环节提供同一的产品（或服务）的企业进行效率对比。为保持样本的可比性，下文将选取污水处理环节中污水处理厂的运营企业进行效率的对比。为了保持样本的同质性，选择处理工艺为“厌氧—缺氧—好氧法”（AAO）、出水执行标准为“GB 18918—2002 一级 A”的污水处理运营企业；为了防止新建污水处理厂运营负荷率过低影响效率的问题，选择运营年份在 3 年以上或者运营年份少于 3 年但负荷率超过 80% 以上的污水处理企业。经过筛选，2014 年共有 113 家污水处理厂，2015 年共有 112 家污水处理厂符合样本条件，这些企业遍布全国 15 个省市，77 个设市城市，具有一定的普遍性和代表性。

（三）投入和产出指标

污水处理企业运营的投入指标选择污水设施处理能力和年运行总费用，产出指标选择年污水处理总量、年 COD 削减量、年 BOD_5 削减量、年氨氮削减量。年污水处理总量作为污水处理厂的产能指标，年 COD 削减量、年 BOD_5 削减量、年氨氮削减量作为污水处理厂的除污效果指标。COD、BOD_5、氨氮是判断水体污染程度的重要指标，也是我国水体环境监测的重要指标。企业运营数据来源于住房和城乡建设部《城镇排水统计年鉴》（2016）（见表 7－1）。

表 7－1　企业效率测算的投入和产出指标

投入/产出	指标	反映内容	单位
投入数据	污水处理能力	固定资产投入	立方米/日
	年运行总费用	能源、材料、污泥处置、维修、人员、管理投入，不含财务、折旧、利润、税费投入	元人民币
产出数据	年污水处理量	产能产出	立方米
	年 BOD_5 削减量	除污产出	毫克
	年 COD 削减量		毫克
	年氨氮削减量		毫克

（1）投入指标：污水设施处理能力。

城市污水被污水管网收集起来后，被输送到污水处理厂进行净化处理后排放自然水体。污水处理厂是指专门对城市污水收集系统输送进来的污水进行集中净化处理的企业。利用污水处理厂对污水进行集中净化处理是城市污水处理的主要方式。由于污水处理厂建设的年份不同，若选择总投资作为固定资产投入指标，会因为通货膨胀、价格波动等因素而影响效率测度的科学性。因此，本书选择污水设施的日处理能力代表污水处理运营企业的固定资产投入，该指标不仅可以避免通货膨胀、价格波动等因素的影响，也可以代表该企业的生产能力。污水处理设施的日处理量越大代表固定资产投入越多，污水处理能力越大。

（2）投入指标：年运行总费用。

年运行总费用是指污水处理厂的直接运行费用，主要包括能源费用（水费、电费）、材料费用（药剂、煤、油）、维修费、人员费用、管理费用、污泥处置等，不含财务费用、折旧、利润和税费。该指标可以反映污水处理厂的生产运营成本。

（3）产出指标：年污水处理量。

年污水处理总量是指污水处理厂一年内所净化处理的污水总量。年污水处理是污水处理厂的产出指标，年污水处理量越大表示污水处理企业的产出越多。

（4）产出指标：COD 削减量。

城市污水处理的目标是降低污水的污染浓度，仅仅采用污水处理总量作为污水处理行业的期望产出，可能会使效率评价结果出现偏差。因为，被处理的污水污染程度不同，净化处理成本也会不同，效率也会不同。本书将采用污水的化学需氧量削减量（COD 削减量）作为另一期望产出指标。化学需氧量（Chemical Oxygen Demand）是一种用以评价水体污染程度的指标，它是指利用化学氧化剂（重铬酸钾）将污水中的还原性物质（有机物）氧化分解所需要消耗的氧量。在污水处理中，常用 mg/L 作为单位，它表示将氧化每升污水的还原性物质全部被氧化所需要氧的毫克数。年 COD 削减量是指在一年时间内经污水处理厂净化处理后的污水所削减的化学需氧量。COD 削减量可以用于分析污水处理厂除污的效果。

年 COD 削减量 =（年均进水 COD 浓度 - 年均出水 COD 浓度）×年污水处理总量

（5）产出指标：年 BOD5 削减量。

五日生化需氧量（Biochemical Oxygen Demand 5Days）是一种表示水体被有机物污染程度的指标。被污染的水体含有一定量的有机物，这些有机物可以被微生物所分解，在分解的同时需要消耗氧，倘若溶解在水中的氧不足以供给微生物的分解需求，水体就处于被污染状态。五日生化需氧量的测量，就是通过往污染水体中加入能分解有机物的微生物和氧饱和水，在一定的温度下，经过 5 天的充分反应，然后根据水中氧的减少量来测定，单位为毫克/升。年 BOD_5 削减量是指在一年时间内经污水处理厂净化处理的污水所削减的生化需氧量，它可以反映污水处理厂除污的效果。

年 BOD_5 削减量 =（年均进水 BOD_5 浓度 - 年均出水 BOD_5 浓度）×年污水处理总量

（6）产出指标：年氨氮削减量。

氨氮是指以游离氨（NH_3）和离子铵（NH_4^+）形式存在的氮。污水中的氨氮主要来源于化肥、石油化工、人畜粪便、垃圾渗滤液等。水中的氨氮含量过高会造成水体中溶解氧浓度降低，造成水体黑臭，引起水体富营养化，对人类和生物产生毒害作用。污水中的氨氮可用于反映水体的被污染程度，单位为毫克/升。氨氮含量越高，水体被污染程度越高。年氨氮削减量是指在一年时间内经污水处理厂净化处理的污水所削减的氨氮含量，它可以反映污水处理厂的除污效果。

年氨氮削减量 =（年均进水氨氮浓度 - 年均出水氨氮浓度）×年污水处理总量

三、效率测算结果

借助 Maxdea 软件，采用 DEA 方法中的 SBM 模型对中国 2014 年 113 个污水处理厂和 2015 年 112 个污水处理厂（AAO 工艺和一级 A 出水标准）的运营数据进行效率测度，测算条件设置基于产出距离函数、至前沿最远距离、规模收益可变。效率值测算结果如表 7 - 2 所示。

表 7 - 2　基于 SBM 模型所测算的污水处理厂效率值

2014 年			2015 年		
样本序号	效率值	所在城市	样本序号	效率值	所在城市
样本 1	1	济南	样本 1	1	天津
样本 2	1	济南	样本 2	1	张家口
样本 3	1	济南	样本 3	1	吕梁
样本 4	1	太原	样本 4	1	西安
样本 5	1	深圳	样本 5	1	西安
样本 6	1	枣庄	样本 6	1	济宁
样本 7	1	临沂	样本 7	1	深圳

续表

2014 年			2015 年		
样本序号	效率值	所在城市	样本序号	效率值	所在城市
样本 8	1	深圳	样本 8	1	深圳
样本 9	1	廊坊	样本 9	1	泰安
样本 10	1	潍坊	样本 10	1	肇庆
样本 11	1	太原	样本 11	1	太原
样本 12	1	昆明	样本 12	1	潍坊
样本 13	1	晋中	样本 13	1	潍坊
样本 14	1	晋中	样本 14	1	济南
样本 15	1	吕梁	样本 15	1	济南
样本 16	1	德州	样本 16	1	太原
样本 17	0. 860453	常熟	样本 17	1	济南
样本 18	0. 841363	张家口	样本 18	1	深圳
样本 19	0. 835933	临沂	样本 19	0. 976876	济南
样本 20	0. 820853	淄博	样本 20	0. 904699	济南
……	……	……	……	……	……
样本 105	0. 293933	昆山	样本 105	0. 245119	苏州
样本 106	0. 292029	聊城	样本 106	0. 238176	临汾
样本 107	0. 291766	广州	样本 107	0. 218592	济南
样本 108	0. 28637	广州	样本 108	0. 199354	济宁
样本 109	0. 262829	济南	样本 109	0. 187293	广州
样本 110	0. 228192	枣庄	样本 110	0. 147789	济宁
样本 111	0. 220449	临沂	样本 111	0. 109248	徐州
样本 112	0. 199488	苏州	样本 112	0. 099823	蚌埠
样本 113	0. 115348	惠州			
总体平均值	0. 594665		总体平均值	0. 589293	

资料来源：根据测算结果整理。

四、测算结果分析

（一）民营企业效率平均值最高，事业单位效率平均值最低

污水处理行业的市场化改革的目的就是要打破国家垄断经营的格局，开放市

场，引入多种类型的企业，增加竞争，从而提高效率。十多年的改革实践过去了，由于实施了混合所有制改革，我国很多水务企业拥有多个投资主体，本书将根据企业的第一大股东的性质，将污水处理企业分成五种类型，分别是事业单位、属地国企、异地国企、民营企业、外资企业。事业单位是指当地政府利用国有资产设立的提供污水处理服务的组织，有些属于财政补助类型，有些属于非财政补贴自收自支类型。属地国企是指由当地政府利用国有资产所设立的自负盈亏、自主经营的污水处理企业。异地国有企业是指污水处理企业的控股权不属于当地政府，而是属于外地政府或中央政府的企业。外资企业是指在我国设立的由境外投资者投资经营的污水处理企业，这里所指的外资企业包括中国香港、中国澳门、中国台湾和外国企业；民营企业是指除事业单位、属地国企、异地国企和外资企业以外的污水处理企业，一般指那些由中国公民控股的企业。根据污水处理厂效率值的测算结果，按第一大股东的性质对企业进行分类，按企业类型对效率值进行加总平均。污水处理厂运营效率平均值从高到低依次是民营企业、外资企业、异地国企、属地国企、事业单位（见表7－3）。

表7－3　不同类型的污水处理厂效率平均值

企业类型	2014年			2015年		
	样本数量（家）	所占比例（%）	DEA效率平均值	样本数量（家）	所占比例（%）	DEA效率平均值
民营企业	8	7	0.6592	11	10	0.7466
外资企业	10	9	0.6436	11	10	0.6483
异地国企	36	32	0.6379	29	26	0.6360
属地国企	48	42	0.5534	54	48	0.5293
事业单位	11	10	0.5417	7	6	0.5188
总计	113	100	0.5947	112	100	0.5893

资料来源：笔者根据测算结果整理。

（二）个别污水处理厂的进水和出水指标存在超标现象

本次调查的污水处理厂均采用AAO工艺进行污水处理，执行一级A排放标准，这属于二级处理。按照国家质量监督检验检疫总局和国家标准化管理委员会联合发布的《污水排入城镇下水道水质标准》（2015），采用二级处理工艺的污水处理厂进水标准应该符合 B 级规定，即进水污水 BOD_5 浓度不超过 350 毫克/升，COD 不超过 500 毫克/升，氨氮不超过 45 毫克/升。在本次调查的样本当中，2014 年共有 5 个污水处理厂的进水污染指标超标，占样本比例的 4%；2015 年共有 9 个污水处理厂的进水污染指标超标，占样本比例的 8%。按照国家环境保护总局和国家质量监督检验检疫总局联合发布的《城镇污水处理厂污染物排放标准》（GB 18918—2002），执行一级 A 排放标准的污水处理厂出水指标应符合以下规定：BOD_5 浓度不超过 10 毫克/升，COD 不超过 50 毫克/升，氨氮不超过 5 毫克/升。在本次所调查的样本当中，2014 年共有 11 家污水处理厂出水排放指标超标，占比为 10%；2015 年共有 8 家污水处理厂的出水排放指标超标，占比为 7%。

（三）属地国企和异地国企是污水处理厂的主要企业类型

从研究的样本来看，按第一大股东的性质对企业进行分类，国有企业是污水处理厂的主要企业类型，属地国企和异地国企占样本总体比例高达 74%。污水处理服务属于城市准公共品，地方政府有责任和义务向公众提供。水务产业实施市场化改革后，原来负责提供水务服务的事业单位纷纷转制为国有企业，继续为城市提供水务服务。倘若地方国有资产中有水务企业，当地政府往往倾向于将污水处理服务的特许经营权采用直接授予方式授予属地国有水务企业，例如，广州市政府将在中心城区提供污水处理服务的特许经营权授予广州市水务投资集团有限公司。而异地国企一般是指那些大型的外省国有水务企业和中央控股的国有水务企业，它们凭借其较强的融资能力和技术水平在其他城市的污水处理服务招标竞争中胜出，从而获得当地污水处理服务的特许经营权。

（四）水务产业利用外资高度集中于香港

从调查的样本来看，我国水务行业外资的来源结构存在不合理之处，外资来源高度集中于中国香港。2014 年，外资企业共 10 家，占样本总量比例的 9%，其中，8 家为中国香港企业，2 家为新加坡企业。2015 年，外资企业有 11 家，占样本总量比例的 10%，11 家外资企业均为中国香港企业。虽然一些世界著名的水务企业已经进入了中国水务市场，比如法国的威立雅水务集团、法国苏伊士集团、英国泰晤士水务集团。这些水务企业主要在供水和水环境治理领域比较活跃，而在污水处理行业的投资并不是很多，所占污水处理市场份额较少。

五、政策建议

（一）给予民营企业和外资企业公平的市场地位

从污水处理企业的运营效率测算结果来看，民营企业和外资企业的运营效率较高，而国有企业和事业单位的运营效率较低。在污水处理行业当中，国有企业和事业单位的占比高达84%。现实中，民营企业和外资企业进入水务行业往往面临着“玻璃门”，各个地方政府在考虑特许经营权授予的过程中，往往倾向于国有企业，导致民营企业和外资企业的活力无法得到充分的释放，从而制约了水务行业的发展。因此，要进一步提高水务行业的运营效率，需要营造公平竞争的市场环境，进一步提高民营企业和外资企业在市场中的占比。

（二）政府职能部门需加强对水务产业的监管力度

城市水务产业是指由取水、自来水生产、供水、排水、污水处理、再生利用和水环境治理等各个环节所构成的产业链。水务行业的每一个环节并不是独立存在的，而是紧密相关、互相影响的一个整体。例如，污水处理环节还涉及排水、再生利用和水环境治理，自来水生产环节还涉及取水、供水。从本次调查的污水处理企业来看，有个别污水处理企业存在进水浓度和出水浓度指标超标现象，说明政府职能部门对城市污水排放的监管力度不足，对特许经营企业的运营监管力度不足。水务行业是区域垄断特性显著的行业，在特许经营期间并无市场竞争压力。因此，政府监管力度的强弱是影响水务企业运营效率的重要因素。要进一步提高水务企业的运营效率，政府职能部门对水务行业的监管力度必须加强。

（三）提高水务产业的竞争程度

竞争是市场机制促进企业效率提高的驱动力。市场化改革的目的是开放市场引入竞争，从而提高企业效率。但是，从我国特许经营制度实施流程来看，水务市场的竞争程度并不高。约42%的污水处理厂性质为属地国企，10%的污水处理厂为事业单位，这些污水处理厂特许经营权的授予几乎没有经过任何竞争程序，起决定的关键因素是政治上的信任与委托，而非企业的竞争优势。即使某些城市采用招标的方式授予特许经营权，这种竞争也只存在于竞标时，中标后便成了垄断经营。因此，水务产业的市场化竞争程度并不高，也导致了企业提升效率的动力不足。针对这些现象，可从以下途径提升市场化的竞争力，比如，鼓励城市采用招标方式选择特许经营企业；规范公开招标的方式和程序，确保招标的公平、公开和公正；在特许经营期间，对企业的经营绩效要进行跨区的横向对比。

（四）建立全国联网的水务企业运营信息数据库

水务企业运营效率低的主要原因是区域垄断特性显著，经营期间缺乏竞争压力。因此，要提高水务企业的运营效率，需要对水务企业在经营期间给予持续的竞争压力。这种竞争压力可以通过建立全国联网的水务企业运营信息数据库来实现。中央政府相关职能部门可以通过各省、市地方政府的协助，建立起全国联网的水务企业运营信息数据库，并定期对企业的运营绩效进行横向对比，定期将这些运营信息对外公开。信息数据库的建立，不仅可以给予水务企业持续的竞争压力，有助于水务企业提高运营效率，而且有助于地方政府对水务企业的监管，为地方政府选择特许经营者提供参考信息。

第二节　水务产业效率评估

一、水务产业的效率评估

城市水务产业的效率是指在一个城市范围内具有为同类属性的水务企业提供水务产品或服务获取经济利益的总体能力。该效率可根据城市水务产业总投入和总产出之间的比率来衡量。城市水务产业主要包括自来水产业、污水处理产业和水环境治理产业。由于各个产业所提供的水务产品或服务各不相同，投入和产出的指标各不相同，衡量城市水务产业的整体效率比较困难。因此，应将城市水务产业根据企业所提供的产品或服务再进行细分，对细分产业的效率进行评估。下文将以城市污水处理产业作为例子，采用数据包络分析法对产业效率进行评估。

二、研究方法、指标选择和数据来源

（一）数据包络分析法：含非期望产出的SBM模型

数据包络分析法既可以用于企业效率测算，也可以用于产业效率测算。上文所介绍的SBM模型是基于期望产出的模型，而在现实中，某些生产活动除了生产出好产出（期望产出）外，还有可能产生坏产出（即非期望产出）。例如，造纸的生产过程会产生水污染，发电的生产过程会产生空气污染，而这些坏产出却被经典的 DEA 模型忽略了。罗尔夫·费尔（Rolf Färe et al.，1989）将坏产出引入效率分析中，提出了基于非期望产出的 DEA 模型。后来，威廉·库珀（William Cooper et al.，2007）又提出了基于非期望产出的 SBM 模型，采用非径向和非导向方法把非期望产出和松弛变量都引入目标函数之中，从而更能准确地评价决策单元的效率值。基于非期望产出 SBM 模型的生产可能集合 P，如式(7－3)所示。

$$P=\{(x,\ y,\ b)\mid x\geqslant X\lambda,\ y\leqslant Y\lambda,\ b\geqslant B\lambda,\ \lambda\geqslant 0\} \tag{7-3}$$

对于每一个决策单元，有 m 种投入要素 x，q_1 种期望产出 y，q_2 种非期望产出 b。ρ 是决策单元的效率值，它的计算公式如式（7－4）所示。

$$\min\rho=\frac{1-\frac{1}{m}\sum_{i=1}^{m}\frac{s_i^-}{x_{ik}}}{1+\frac{1}{q_1+q_2}\left(\sum_{r=1}^{q_1}\frac{s_r^+}{y_{rk}}+\sum_{t=1}^{q_2}\frac{s_t^{b-}}{b_{tk}}\right)} \tag{7-4}$$

$$\text{s. t. } X\lambda+s^-=x_k$$

$$Y\lambda-s^+=y_k$$

$$B\lambda+s^{b-}=b_k$$

$$\lambda,\ s^-,\ s^+\geqslant 0$$

b_k 为每个决策单元的实际非期望产出量，s_t^{b-} 为非期望产出的松弛变量，Bλ 为决策单元投影到生产前沿面上所对应的非期望产出量。本书拟采用 SBM 模型和基于非期望产出的 SBM 模型对中国城市的污水治理绩效进行测算和比较，找出影响城市间污水治理绩效差异的因素。

（二）样本选择

本书把每一个城市视为一个决策单元，城市样本满足以下三个条件：①城市年污水排放总量达到 5000 万吨以上；②城市常住人口达到 100 万人以上；③该城市设置了自然水体的水质观察点断面。经过筛选，同时符合以上三个条件的城市共有 157 个。选取 2015 年 157 个城市污水治理的投入产出数据来评估当前中国城市污水处理产业的效率。本书所研究的污水处理产业仅包括市政污水处理，不包括工业废水处理。本书借助 MaxDEA Ultra7 软件，采用基于非期望产出的 SBM 模型对中国 157 个城市的城市污水产业效率进行测算。

（三）投入和产出指标

城市污水处理产业包括污水收集和污水净化处理。在污水收集环节，通过建设和维护污水收集管网将污水输送到污水处理厂；在净化处理环节，通过建设和运营污水处理厂对污水进行净化处理。因此，本书选择排水管网长度代表城市在污水收集环节的投入，选择污水处理设施设计处理能力代表城市在净化处理环节的投入，选择年污水处理量、年 COD 削减量作为污水处理产业的期望产出，选择自然水体水质评分作为污水处理产业的非期望产出。

为了从不同的角度分析城市污水产业的效率，本书采用两种投入产出组合分别测算效率。两种组合的投入指标相同，均为排水管网长度和污水设施日处理能力。两种组合的不同之处在于产出指标，组合 1 测算城市污水处理产业的产出效率，期望产出是污水处理总量，采用基于期望产出的 SBM 模型；组合 2 测算城市污水处理产业的治污效率，期望产出是年污水处理总量和年 COD 削减量，非期望产出是水质评分，采用基于非期望产出的 SBM 模型。若测算的效率得分 = 1，说明该城市是有效率的，在所选样本中效率最优；若效率得分 <1，说明该城市是无效率的，数值越低表示效率越低（见表 7 –4）。

表 7 –4　城市污水处理产业的投入和产出指标

组合	运用模型	测算目标	投入/产出指标		单位
组合 1	基于期望产出 SBM 模型	污水处理产业的产出效率	投入指标	排水管网长度	公里
				污水处理设施日处理能力	立方米/日
			期望产出指标	污水处理总量	立方米
			非期望产出指标	无	
组合 2	基于非期望产出 SBM 模型	污水处理产业的治污效率	投入指标	排水管网长度	公里
				污水处理设施日处理能力	立方米/日
			期望产出指标	年污水处理总量	立方米
				年 COD 削减量	毫克
			非期望产出指标	水质评分	

（1）投入指标：排水管网长度。

在“污水收集”环节，城市通过铺设污水收集管道将城市排放的污水进行收集，并将污水输送到污水处理设施进行净化处理；目前，城市的污水收集方式主要分成雨污合流和雨污分流两种。雨污合流制是将雨水和污水一起收集，并输送到污水处理厂进行净化处理；雨污分流制是将城市生活污水和雨水分别收集，生活污水经污水管道收集后输送到污水处理厂进行净化处理。雨水由于受污染程度较低，经雨水管道收集后不需经过集中净化处理即可排放自然水体。雨污分流制将雨水从城市污水中分离出来，可节约污水净化处理的成本，从而提高城市污水治理的效率。目前，中国各个城市都兼有雨污合流制和雨污分流制。因此，本书选取污水管网长度代表城市在污水收集环节的投入，污水管网长度越长代表该城市在污水收集环节的投入越多。①

（2）投入指标：污水处理设施日处理能力。

在“净化处理”环节，污水被输送到污水处理厂和其他污水处理设施进行净化处理后，再排入自然水体。污水处理厂是指专门对城市污水收集系统输送进来的污水进行集中净化处理的企业，它是城市污水处理的主要方式。而那些不能纳入城市污水收集系统的居民区、疗养院、度假村、旅游区以及其他人群聚集地排放的污水则利用就地集中处理的原则，建设其他类型污水处理设施进行小范围集中净化处理。本文选取污水处理厂的日处理能力和其他污水处理设施，日处理能力代表“污水处理环节”的投入，污水处理设施的日处理量越大代表该城市在污水净化处理环节的投入越多。②

（3）期望产出指标：污水处理总量。

污水处理总量是指经过污水处理厂或其他污水处理设施净化处理的污水总量，它是城市污水处理行业的期望产出。污水处理总量越大表示期望产出越多。③

（4）期望产出指标：COD 削减量。

城市污水处理的目标是降低污水的污染浓度，仅仅采用污水处理总量作为污水处理行业的期望产出，可能会使效率评价结果出现偏差。因为被处理的污水污染程度不同，净化处理成本也会不同，治污效率也会不同。评价水体污染程度的常用指标有 BOD_5、COD、氨氮等指标，本书将采用污水的化学需氧量削减量（COD 削减量）作为另一期望产出指标。化学需氧量（Chemical Oxygen Demand）是一种用以评价水体污染程度的指标，它是指利用化学氧化剂（重铬酸钾）将污水中的还原性物质（有机物）氧化分解所需要消耗的氧量。在污水处理中，常用 mg/L 作为单位，它表示将氧化每升污水的还原性物质全部被氧化所需要氧的毫克数。COD 削减量是指污水经净化处理后，水体污染物削减的程度。COD 削减量可以用以分析该城市污水处理行业除污的效率。

---

①②③　资料来源：住房和城乡建设部《2016 年中国城市建设统计年鉴》。

COD 削减量 =（污水进水 COD - 污水出水 COD）× 污水处理总量

（5）非期望产出指标：水质评分。

在污水收集环节，由于污水直排、雨污管网错接、管网渗漏等原因，一些没有经过净化处理的污水会直接排放自然水体，这些污水会对城市水环境造成极大的污染。这些未经净化处理的污水是城市污水处理产业的非期望产出，目前，我们很难获取这些污水量的确切数量，但是城市水环境的污染程度可以大致反映这些未经净化处理的污水排放量。本书对各个城市水环境污染程度采用水质评分来衡量，资料来源于公众环境研究中心地表水水质数据库，该数据库将地表水水质分为 7 个档次，分别为 1 ~5 类、劣 5 类和黑臭类水，数据库收集了各个城市在河流设置的观察点断面水质数据。水质评分的计算方法如下：首先，计算每类水质占比（每类水质观察点/总观察点）；其次，对每类水质进行赋值，1 类水赋值 100 分，2 类水赋值 200 分，依次类推，直至黑臭类水质赋值 700 分。水质评分计算公式如式（7 -5）所示，水质评分为 100 ~700 分。评分越高，水质污染程度越严重，表示未经净化处理而直接排放的污水越多，即污水治理的非期望产出越多。

$$城市水质评分 = \sum_{k=1}^{7} \frac{观察点断面为\ k\ 类水质数量}{城市河流观察点断面总数} \times k\ 类水质赋值分 \quad (7-5)$$

三、效率测算结果

本书借助 Maxdea7 软件，采用数据包络分析法中基于非期望产出的 SBM 模型对中国 2015 年 157 个城市污水处理产业的产出效率和治污效率进行效率测度，测算模型的条件设置基于非导向、至前沿最远距离、规模收益可变。效率值测算结果如表 7 -5 所示。

表 7 -5　污水处理产业的产出效率和治污效率测算结果

产出效率（基于期望产出 SBM 模型测算）			治污效率（基于非期望产出 SBM 模型测算）		
序号	城市	效率值	序号	城市	效率值
1	本溪	1	1	本溪	1
2	长沙	1	2	长沙	1
3	达州	1	3	达州	1

续表

产出效率（基于期望产出 SBM 模型测算）			治污效率（基于非期望产出 SBM 模型测算）		
序号	城市	效率值	序号	城市	效率值
4	东莞	1	4	东莞	1
5	广州	1	5	广州	1
6	拉萨	1	6	拉萨	1
7	深圳	1	7	深圳	1
8	银川	1	8	银川	1
9	自贡	1	9	自贡	1
10	上海	1	10	上海	1
11	石家庄	0. 8821	11	石家庄	1
12	昆明	0. 8728	12	昆明	1
13	南宁	0. 8621	13	北京	1
14	北京	0. 8318	14	石河子	1
15	商丘	0. 8306	15	青岛	1
16	郴州	0. 8042	16	郴州	1
17	成都	0. 8035	17	柳州	1
18	湛江	0. 7830	18	遵义	1
19	漯河	0. 7749	19	郑州	1
20	江门	0. 7728	20	攀枝花	1
21	沈阳	0. 7678	21	牡丹江	1
22	抚顺	0. 7607	22	衢州	1
23	龙岩	0. 7565	23	韶关	1
24	郑州	0. 7482	24	杭州	0. 9794
……	……	……	……	……	……
147	常州	0. 3769	147	马鞍山	0. 3276
148	包头	0. 3705	148	芜湖	0. 3245
149	长春	0. 3633	149	宿迁	0. 3212
150	泸州	0. 3608	150	玉林	0. 3208
151	渭南	0. 3533	151	大庆	0. 3138
152	盐城	0. 3496	152	北海	0. 2755
153	泰州	0. 3248	153	阜阳	0. 2740
154	嘉兴	0. 3129	154	盐城	0. 2732

续表

产出效率（基于期望产出 SBM 模型测算）			治污效率（基于非期望产出 SBM 模型测算）		
序号	城市	效率值	序号	城市	效率值
155	黄石	0.2969	155	齐齐哈尔	0.2534
156	齐齐哈尔	0.2493	156	泰州	0.2506
157	大庆	0.2240	157	黄石	0.2341
平均值		0.5990	平均值		0.5937

资料来源：笔者根据测算结果整理。

四、测算结果分析

（一）城市污水处理产业的效率存在较大差异

从测算结果来看，157 个城市污水处理产业的效率（包括产出效率和治污效率）存在较大差异。从产出效率来看，有 10 个城市处于最优水平，效率值为 1，有 3 个城市的效率值低于 0.3；从治污效率来看，有 23 个城市处于最优水平，效率值为 1，有 6 个城市的效率值低于 0.3。若将效率值按［1，0.8］、（0.8，0.5］、(0.5，0］分成优、中、劣三个档次；从产出效率来看，约有 11% 的城市处于优等档次，约有 64% 的城市处于中等档次，约有 25% 的城市处于劣等档次；从治污效率来看，约有 18% 的城市处于优等档次，约有 43% 的城市处于中等档次，约有 39% 的城市处于劣等档次。由于每个城市污水处理产业实施市场化改革的方式存在差异。例如，特许经营企业的性质有差异，政府对特许经营监管的力度有差异，市场化竞争程度有差异等，这些差异将会导致城市之间污水处理产业的产出效率存在较大差异，治污效率存在较大差异。

（二）大部分城市污水处理产业的产出效率和治污效率并不相等

根据测算结果显示，大部分城市污水处理产业的产出效率与治污效率并不完全相等。有 10 个城市污水处理产业的产出效率和治污效率同为 1，处于最优水平。约有 11% 的城市污水处理产业的产出效率和治污效率相同。约有 34% 的城市污水处理产业的产出效率低于治污效率，说明这些城市在污水收集环节对污水排放管理比较严格，在污水处理环节中污水处理的除污率比较高。因此，污水处理产业的治污效率高于产出效率。高达 55% 的城市的污水处理产业的治污效率低于产出效率，说明这些城市可能存在污水直排、管网错接、管网渗漏、污水处理除污率低等问题，从而使污水处理产业的治污效率低于产业发展水平。

（三）超大城市和西部城市污水处理产业的产出效率和治污效率较高

因为中国的经济活动和人口主要集中在东部，所以污水排放也主要集中在东部地区。根据测算结果分析，从人口规模来看，超大城市（人口 >1000 万）15 个，污水处理产业的产出效率和治污效率最高，分别为 0.7290 和 0.7426。特大城市和大城市的产出效率和治污效率较低。从所属经济区域划分，西部城市污水处理产业的产出效率和治污效率最高，分别为 0.6473 和 0.7016，而中部城市污水处理产业的产出效率和治污效率最低（见表 7 –6）。

表 7 –6　城市污水处理产业效率分布特征

城市类型		城市数量	占样本总数比例（%）	产出效率平均值	治污效率平均值
按人口规模划分	超大城市（人口 >1000 万）	15	10	0.7159	0.7353
	特大城市（1000 万 > 人口 >500 万）	63	40	0.5891	0.5680
	大城市（人口 <500 万）	79	50	0.5848	0.5873
按所属经济区域划分	西部城市	25	16	0.6473	0.7016
	东北部城市	19	12	0.6071	0.6128
	东部城市	68	43	0.5887	0.5920
	中部城市	45	29	0.5845	0.5283

资料来源：笔者根据测算结果整理。

五、政策建议

（一）重新审视水务产业市场化改革的实施方式和手段

从测算结果来看，157 个城市之间污水处理产业的效率存在较大的差异，主要是由于各个城市所实施市场化的方式和手段各不相同，导致城市之间效率的差异。由于部分城市污水处理行业市场化改革的实施方式和手段不是很恰当，市场化改革的活力和红利还没有完全释放出来。因此，产出效率低或治污效率低的城市还有很多改善和提升的空间，需要重新审视市场化实施的方式和手段，通过与其他城市的横向对比、学习与借鉴，在招标方式、监管方式、执法力度、治理方式等方面进一步深化市场化改革。

（二）非市场化方式与市场化方式对城市水务产业同样重要

污水处理产业的市场化是中国城市污水治理的主要方式，但市场化并不是唯一方式。从以上测算结果来看，高达89%的城市污水处理产业的产出效率和治污效率并不相同，其原因在于该城市在污水收集环节是否实行严格的排污管理制度，在污水处理环节是否执行严格的监管制度。若该城市存在工业污染源的直接排放、农业面源的污染、城中村污水的直接排放、雨污管网错接、管网渗漏、特许经营监管不严等问题，将会大大降低污水处理产业的效率。这些问题的解决不能单靠市场化方式，需要辅以非市场化手段才能提高效率，例如，积极发动第三方组织和消费者积极参与到治理行动中，拓展自愿服务、实时监控、信息公开等多种治理方式参与治理，对规制机构实施再规制方式。这些非市场方式在城市污水治理中的应用将会大大提升污水处理产业的效率。

（三）进一步加强对地方政府行为的监督

污水处理产业效率的高低除了受企业效率因素影响外，还受排污管理、管网完善度、厂网适配性、特许经营监管等因素的影响，而这些因素取决于地方政府的规划能力和规制能力。例如，污水处理产业纵向分离和横向拆分的产业结构改革，在一定程度上破坏了污水处理系统的完整性，市场中的企业难以通过自发调节来保持污水处理系统的完整性，只能依靠地方政府的规划能力来协调和提高。在规制机构设计方面，纵向分散（市和区）和横向分散（同级之间）规制机构设置在防止权力滥用的同时，也因相互掣肘导致了规制效率的降低。例如，地方政府重“厂的建设”轻“网的完善”，对特许经营企业管理不严，对困难问题出现“踢皮球”现象等。目前，以企业为主导的污水处理产业发展模式基本形成，但是地方政府的规划者和规制者的职责却被弱化了。在实践中缺乏对地方政府行为的再监督主体，导致了地方政府的“缺位”和“错位”现象。为了提高地方政府的规划能力和规制能力，应该对地方政府施以监督和竞争的压力，比如加大消费者或第三方机构对地方政府规制能力的监督力度；上级政府在对下级政府的政绩考核中加大对地方政府规划能力和规制能力的考核比重；中央政府可授权第三方组织建立衡量地方政府规划能力和规制能力的标杆指标体系，并进行定期的评估和公布。

（四）建立“政府—企业—消费者—第三方组织”多中心治理网络型结构体系

目前，相当一部分地方政府过度重视污水处理产业的市场化改革，认为“一改就灵”，认为市场方式可以解决污水处理产业发展的全部问题，忽略了政府作为规划者和监管者的角色，忽视了消费者和第三方组织在参与污水处理产业发展的重要性，导致了部分城市污水处理产业效率较低。因此，在市场化改革背景下，进一步提高城市污水处理产业的效率，必须建立起“政府—企业—消费者—第三方组织”的多中心治理网络结构体系，加强政府、消费者和第三方组织在污水处理产业发展中的作用和力量。例如，为了防止政府在城市污水处理产业中的缺位或错位现象，可以依靠中央政府和第三方组织的力量建立起衡量和激励地方政府规制行为的指标体系，进行纵向和横向的对比，并定期向公众公开；积极发动第三方组织和消费者的力量，积极参与到城市污水治理中，监督政府和企业的行为；在城市污水治理中拓展多维治理工具，比如，志愿者服务、网络实时监控、信息公开等，形成多维的网络治理结构。

第三节　水务产业全要素生产率评估

一、全要素生产率评估

全要素生产率是指一个系统中全部投入要素所表现出来的综合生产率，即一个系统中总产出量与全部投入要素量之比。城市水务产业包括供水、污水处理、再生水、海水淡化、水环境治理等细分产业，每个细分产业的投入与产出各不相同。因此，每个细分产业的全要素生产率也各不相同。本节将选取污水处理产业为例，采取数据包络分析法对 2006 ~ 2014 年污水处理产业的全要素生产率变化进行分析。

随着中国城市化和工业化的发展，水污染问题日益严重，已严重影响人们的健康和发展。2002 年，中国污水处理产业沿着“产业结构改革、产权结构改革、引入竞争、价格规制”四个方向实施了市场化改革。实践证明，市场化改革大大促进了中国污水处理产业的发展，污水处理厂数量从 2002 年的 537 座上升到 2016 年的 3976 座，污水日处理量从 2002 年的 3578 万立方米上升到 2016 年的 1.7 亿立方米，大大减少了工业污水和生活污水对城市水环境的污染。从总量上来看，市场化改革确实促进了污水处理产业在总量上的增长。但是，污水处理产业在总量上的增长等同于全要素生产率提高吗？是否存在“大而不强”的现象呢？污水处理产业属于自然垄断行业，垄断有可能产生规模经济，但也有可能产生效率降低现象。全要素生产率是衡量污水处理产业绩效的重要标准，效率值的高低可以真实直观地反映污水处理产业的资源利用效果和经营状况。因此，全要素生产率评价才是检验中国污水处理产业市场化改革绩效的有效方法。

二、研究背景、研究方法与指标选择

（一）市场化改革背景下污水处理行业的特征

为了促进污水处理产业的效率提升和扩大资金来源，2002 年，中国污水处理产业开始实施“厂与网纵向分离”和“片区式横向分拆”的产业结构改革，将城市庞大的污水处理系统拆分成较小的部分实施特许经营，旨在降低污水处理产业的进入门槛，通过引入市场竞争机制吸引民间资本进入来提高污水处理产业效率（见图 7－1）。经过几年的实践后，有些地方政府发现纵向分离和横向拆分的产业结构改革产生了过多的经济主体，从而导致了分散的无效率，比如污水管网不完善，雨污管网混接，厂网不适配等问题。为了克服这些问题，有些地方政府又开始采用纵向一体化的特许经营管理，将城市污水管网和污水处理厂建设、维护和运营权全部授予一个水务集团。中国污水处理产业在不同城市有不同的特许经营管理方式，城市污水处理体系由若干个企业共同建设和运营，单个企业的效率高并不代表这个城市污水处理产业的效率高。倘若政府的规划与管理能力差，可能会导致污水管网建设不完善、厂网不适配等现象，即使个体企业的高效率也可能导致产业整体的低效率。因此，本书拟采用数据包络分析方法对 2014 年

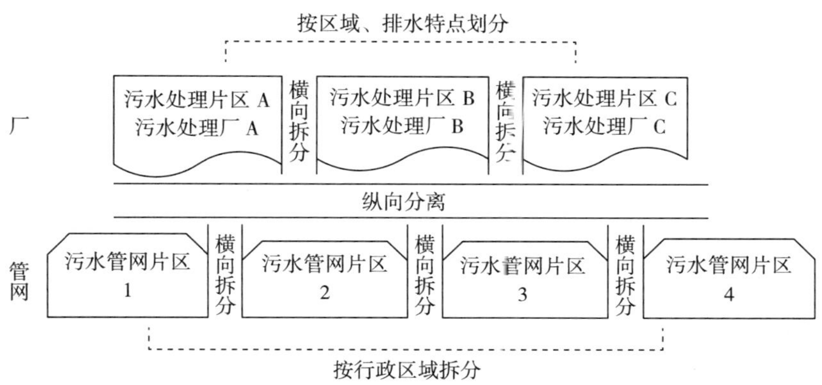

图 7－1　中国污水处理行业产业结构改革

中国30个省份污水处理产业的效率进行测算，对2006～2014年中国污水处理产业的全要素生产率变化进行测算，求证在市场化改革背景下，污水处理产业当前的效率是否有效，污水处理产业的全要素生产率是否得以提升，并进一步分析产业效率提高或降低的来源。

（二）运用DEA模型测算污水处理行业全要素生产率

数据包络分析法（DEA）由Charnes、Cooper和Rhodes在1978年提出，它使用线性规划模型，通过决策单元的投入和产出数据来测算各决策单位的相对有效性，它既可用于企业效率测算，也可用于行业效率测算。数据包络分析法的关键是运用距离函数测量决策单元的效率，距离函数由Malmquist（1953）和Shephard（1953）提出，它用以描述多投入和多产出的生产技术。距离函数的形如式（7－6）所示。

$$d_0(x, y) = \min\{\delta: (y/\delta) \in P(x)\} \tag{7-6}$$

其中，x表示投入，y表示产出，$P(x)$表示生产可能性集，$d_0(x, y)$表示生产点(x, y)相对于生产可能性集“前沿”的产出距离。若产出Y处于生产可能性集的“前沿”，$d_0(x, y)=1$表示生产点(x, y)是有效率的；若Y不处于生产可能性集的“前沿”，则$d_0(x, y)<1$表示生产点(x, y)是无效率的，生产点的效率需要进一步提升。在规模报酬可变的假设前提下，还可以将效率进一步分解为纯技术效率和规模效率，效率＝纯技术效率×规模效率。

卡夫斯、克里斯滕森和迪沃特（1982a，1982b）利用Malmquist提出的投入和产出距离函数定义了全要素生产率，用以测算厂商或行业的生产率绩效随时间变化的情况。基于产出的Malmquist指数计算方法如式（7－7）所示。

$$M_0(x_{t+1}, y_{t+1}, x_t, y_t) = \left[\frac{d_0^t(x_{t+1}, y_{t+1})}{d_0^t(x_t, y_t)} \times \frac{d_0^{t+1}(x_{t+1}, y_{t+1})}{d_0^{t+1}(x_t, y_t)}\right]^{\frac{1}{2}} \tag{7-7}$$

其中，t表示年份，t＋1表示下一个年份，(x_{t+1}, y_{t+1})表示t＋1年的生产点，(x_t, y_t)表示t年的生产点。$\frac{d_0^t(x_{t+1}, y_{t+1})}{d_0^t(x_t, y_t)}$表示以t时期的技术作为参照，采用生产点$(x_{t+1}, y_{t+1})$与生产点$(x_t, y_t)$的径向距离所测量的生产率指数。$\frac{d_0^{t+1}(x_{t+1}, y_{t+1})}{d_0^{t+1}(x_t, y_t)}$表示以t＋1时期的技术作为参照，采用生产点$(x_{t+1}, y_{t+1})$与生产点$(x_t, y_t)$的径向距离所测量的生产率指数。$M_0$为Malmquist指数，表示生产点$(x_{t+1}, y_{t+1})$与生产点$(x_t, y_t)$之间生产力的比较，是由t＋1期和t期生产技术

作为参照所计算出来的生产率几何平均值，若$M_0>1$表示t+1期生产点的全要素生产率比t期提高了，若$M_0<1$表示生产点全要素生产率降低了。

在规模报酬不变的假设前提下，Malmquist生产率指数可以进一步分解为效率变化指数和技术变化指数。计算公式如式（7-8）所示，由式（7-7）推导得出。在规模报酬可变的假设前提下，可将效率变化进一步分解成规模效率变化和纯效率变化。规模效率测算如式（7-9）所示，$d_0^{*t}(x_t, y_t)$表示在规模报酬可变条件下利用锥技术所测量的产出距离，$d_0^t(x_t, y_t)$表示规模报酬不变条件下所测量的产出距离。规模效率变化测算如式（7-10）所示，$SE_0^{t+1}(x_{t+1}, y_{t+1})$表示t+1期的规模效率，$SE_0^t(x_t, y_t)$表示t期的规模效率，$SEC_0^{t+1}(x_{t+1}, y_{t+1}, x_t, y_t)$表示生产点t+1期比t期的规模效率变化。

$$M_0(x_{t+1}, y_{t+1}, x_t, y_t)=\frac{d_0^{t+1}(x_{t+1}, y_{t+1})}{d_0^t(x_t, y_t)}\left[\frac{d_0^t(x_{t+1}, y_{t+1})}{d_0^{t+1}(x_{t+1}, y_{t+1})}\times\frac{d_0^t(x_t, y_t)}{d_0^{t+1}(x_t, y_t)}\right]^{\frac{1}{2}} \tag{7-8}$$

式中，效率变化指数$=\dfrac{d_0^{t+1}(x_{t+1}, y_{t+1})}{d_0^t(x_t, y_t)}$。

技术变化指数$=\left[\dfrac{d_0^t(x_{t+1}, y_{t+1})}{d_0^{t+1}(x_{t+1}, y_{t+1})}\times\dfrac{d_0^t(x_t, y_t)}{d_0^{t+1}(x_t, y_t)}\right]^{\frac{1}{2}}$

$$SE_0^t(x_t, y_t)=\frac{d_0^{*t}(x_t, y_t)}{d_0^t(x_t, y_t)} \tag{7-9}$$

$$SEC_0^{t+1}(x_{t+1}, y_{t+1}, x_t, y_t)=\frac{SE_C^{t+1}(x_{t+1}, y_{t+1})}{SE_0^t(x_t, y_t)} \tag{7-10}$$

（三）样本、指标选取和数据来源

基于中国污水处理行业市场化改革的独特性，本书认为污水处理企业的高效率并不意味着污水处理行业的高效率。由于政府管理和规划的能力低，即使单个企业的效率高也有可能导致整个行业的效率低。因此，本书拟从省际的角度出发，将城市污水处理行业作为一个整体进行考察；采用2014年各省的污水处理行业数据测算当前污水处理行业的效率，评估市场化背景下各省污水处理行业效率状况；采用2006~2014年省际面板数据测算污水处理行业全要素生产率的变化，求证在市场化改革背景下各省污水处理行业全要素生产率是否得以提升。由于西藏在2012年才开始污水处理厂的建设，因此，本书不将西藏列入比较的范围内，拟采用30个省份（统计对象为设市城市）污水处理行业投入产出数据进行效率的测算与比较。

污水处理行业主要由污水收集和污水净化处理两个环节构成。污水处理行业需要大量的固定资产投资，包括污水管网、泵站、污水净化处理设施。比如，建设一座日处理8万吨的A^2/O技术中型污水处理厂需要耗资9000多万元人民币，而与此相配套的管网建设约需2亿多元。这些固定资产投资约占污水处理行业总投入的75%，而用于日常维护和运营的其他费用约占25%。因此，本书将主要选取固定资产作为污水处理行业的投入要素，忽略人员、管理、燃料等其他投入要素对效率的影响。对于固定资产投入数据，在污水收集环节选取污水管网长度作为投入指标，在污水净化处理环节选取污水处理设施日处理能力（污水处理厂日处理能力和其他污水处理设施日处理能力）作为投入指标；产出数据将采用该省污水处理总量作为产出指标。① 从固定资产投资年增长速度来看，每年环比的变化并不是十分明显，为了使测算的数值更加显著地反映全要素生产率的变化，本书将不采用逐年环比数据，而是采用隔年环比数据，即2008年与2006年相比，2010年与2008年相比，2012年与2010年相比，2014年与2012年相比。

三、实证研究结果分析

通过使用DEAP2.1软件，基于产出导向模型对各省污水处理行业投入产出数据（2投入1产出）进行处理，得到2014年中国各省（或直辖市）污水处理行业的效率指数；2006~2014年，中国30个省污水处理行业的全要素生产率变化指数。在规模报酬不变假设条件下，将全要素生产率分解成效率变化和技术变化；在规模报酬可变的假设条件下，进一步将效率变化分解为规模效率变化和纯效率变化。

（一）污水处理行业总体效率分析

本书采用综合技术效率来衡量2014年中国30个省污水处理行业的总体效率，并将综合技术效率进一步分解为纯技术效率和规模效率，综合技术效率=纯技术效率×规模效率。综合技术效率=1，代表该省的污水处理行业是有效率的；综合技术效率<1，代表该省的污水处理行业是无效率的，无效率的来源可能是

① 中华人民共和国住房和城乡建设部．中国城乡建设统计年鉴（2011~2014年）［M］．北京：中国计划出版社，2010.

纯技术无效，或者规模效率无效。如表 7－7 所示，从全国平均水平来看，污水处理行业的平均效率不高，无效率主要来源于纯技术无效。全国平均综合技术效率为 0.833，纯技术效率为 0.861，规模效率为 0.957。从 30 个省份具体情况来看，有 10% 的省份污水处理行业是有效率的，综合技术效率 = 1，这些省份是广东、宁夏和重庆；而 90% 的省份污水处理行业是无效率的，综合技术效率 < 1。其中，17% 的省份的综合技术效率处于区间 [0.999，0.900]，43% 的省份综合技术效率处于区间 [0.899，0.800]，30% 的省份综合技术效率处于区间 [0.799，0.551]。进一步将 27 个省份的综合技术效率进行分解，其中，25 个省份存在纯技术无效现象，27 个省份存在规模效率无效现象。存在规模效率无效现象的省份中，15 个省份处于规模报酬递增区间，说明生产规模过小需要增加规模；12 个省份处于规模报酬递减区间，说明规模太大需要减少规模。

表 7－7　2014 年各省份污水处理行业效率测算指标

省份	规模报酬不变条件下（Crste）	规模报酬可变条件下（Vrste）		
	综合技术效率	纯技术效率	规模效率	所处规模报酬可变阶段
广东	1.000	1.000	1.000	—
宁夏	1.000	1.000	1.000	—
重庆	1.000	1.000	1.000	—
北京	0.963	0.966	0.998	递增（irs）
辽宁	0.909	1.000	0.909	递减（drs）
青海	0.908	1.000	0.908	递增（irs）
贵州	0.907	0.921	0.986	递增（irs）
云南	0.905	0.906	0.999	递增（irs）
陕西	0.895	0.904	0.991	递增（irs）
山东	0.892	0.928	0.960	递减（drs）
湖北	0.883	0.891	0.991	递减（drs）
河北	0.880	0.882	0.997	递增（irs）
湖南	0.866	0.914	0.947	递增（drs）
山西	0.862	0.870	0.991	递增（irs）
吉林	0.861	0.864	0.996	递增（irs）
河南	0.848	0.851	0.996	递减（drs）

续表

省份	规模报酬不变条件下（Crste）	规模报酬可变条件下（Vrste）		
	综合技术效率	纯技术效率	规模效率	所处规模报酬可变阶段
天津	0. 846	0. 847	0. 999	递减（drs）
四川	0. 839	0. 853	0. 984	递减（drs）
江西	0. 832	0. 833	0. 999	递增（irs）
上海	0. 825	0. 826	0. 999	递增（irs）
浙江	0. 802	0. 834	0. 962	递减（drs）
内蒙古	0. 798	0. 803	0. 995	递增（irs）
福建	0. 751	0. 754	0. 995	递增（irs）
新疆	0. 744	0. 753	0. 988	递增（irs）
广西	0. 728	0. 953	0. 764	递减（drs）
江苏	0. 681	0. 709	0. 960	递减（drs）
海南	0. 693	0. 715	0. 970	递增（irs）
安徽	0. 674	0. 690	0. 977	递减（drs）
甘肃	0. 636	0. 648	0. 982	递增（irs）
黑龙江	0. 551	0. 727	0. 759	递减（drs）
平均	0. 833	0. 861	0. 967	

资料来源：笔者根据研究结果整理得出。

（二）全要素生产率变化分析

从上文分析可见，中国 90% 的省份污水处理行业存在无效率现象。既然如此，我们会产生这样的疑问：在市场化改革背景下，污水处理行业的全要素生产率有没有得到提升。对于这一疑问，本书采用 DEA 模型中的 Malmquist 指数来测算各省份污水处理行业的全要素生产率变化。若 Malmquist 指数 >1，表示生产点 t+1 期的全要素生产率比 t 期提高了，若 Malmquist 指数 <1，表示生产点全要素生产率降低了。研究结果显示，从全国平均水平来看，在市场化改革实施的 2006 ~ 2014 年，中国城市污水处理行业全要素生产率得以提高。2008 年、2010 年、2012 年、2014 年的全要素生产率变化指数分别为 1. 112、1. 066、1. 076、0. 989，平均值为 1. 060。从各个省份的数据来看，90% 的省份全要素生产率都得到了提高。其中，全要素生产率提高得较多的省份有青海、重庆、陕西和吉林。有 3 个

省份的全要素生产率并没有得到提高。当然，存在全要素生产率下降现象的省份，并不是代表其全要素生产率绝对数一定没有提高，因为 Malmquist 指数的计算是以“同期”处于生产技术前沿的省份作为参照物来计算的，它是一个“相对数”，而不是“绝对数”。在现实中也有可能出现这样的情况：若单个省份自己与自己对比，该省份的全要素生产率绝对数提高了。但是，由于同期其他省份全要素生产率提高的幅度更大，导致以其他省份作为参照物所计算出来相对全要素生产率也会出现下降现象。如表 7－8 所示，测算数据说明了市场化改革并不是一改就灵，市场化改革不会必然导致全要素生产率的提高，市场化改革的实施方式和执行力度等因素会影响全要素生产率的变化程度，比如，被授权特许经营的企业运营效率低，政府对污水处理行业规制效率低，厂与网之间适配性差等原因都会导致全要素生产率下降。

表 7－8　2006～2014 年全国 30 个省份污水处理行业 Malmquist 指数值

省份	平均 TFP 变化	2008 年/2006 年 TFP 变化	2010 年/2008 年 TFP 变化	2012 年/2010 年 TFP 变化	2014 年/2012 年 TFP 变化
青海	1. 168	1. 608	1. 081	1. 075	0. 995
重庆	1. 154	1. 421	1. 160	0. 935	1. 153
陕西	1. 147	1. 190	1. 227	1. 152	1. 028
吉林	1. 141	1. 369	1. 074	1. 097	1. 051
湖南	1. 125	1. 199	1. 121	1. 089	1. 092
云南	1. 114	1. 551	0. 841	1. 147	1. 031
河北	1. 088	1. 070	1. 120	1. 094	1. 069
宁夏	1. 086	1. 093	1. 211	1. 311	0. 801
天津	1. 071	1. 072	1. 068	1. 029	1. 117
内蒙古	1. 080	1. 123	1. 085	1. 070	1. 044
江苏	1. 073	1. 130	1. 037	1. 126	1. 006
山东	1. 071	1. 051	1. 124	1. 014	1. 098
广东	1. 068	1. 173	0. 853	1. 314	0. 991
湖北	1. 065	1. 164	1. 014	1. 006	1. 081
新疆	1. 063	1. 102	1. 054	1. 052	1. 044
山西	1. 057	1. 071	1. 118	1. 042	1. 000
北京	1. 056	1. 129	1. 081	1. 022	0. 996

续表

省份	平均 TFP 变化	2008 年/2006 年 TFP 变化	2010 年/2008 年 TFP 变化	2012 年/2010 年 TFP 变化	2014 年/2012 年 TFP 变化
福建	1.051	0.914	1.400	0.958	0.994
贵州	1.049	0.796	1.179	1.268	1.016
黑龙江	1.044	1.595	0.921	1.143	0.708
甘肃	1.044	0.991	1.431	0.804	1.041
河南	1.042	1.040	1.078	1.037	1.013
浙江	1.036	1.114	1.015	1.057	0.965
四川	1.032	1.039	1.062	1.130	0.910
辽宁	1.027	1.014	1.036	1.065	0.995
广西	1.015	1.174	1.085	0.920	0.906
安徽	1.001	0.930	1.011	1.154	0.925
江西	1.000	0.765	1.175	1.118	0.995
海南	0.942	1.044	0.735	1.155	0.889
上海	0.921	0.940	0.859	1.047	0.852
平均	1.060	1.112	1.066	1.076	0.989

资料来源：笔者根据研究结果整理得出。

（三）全要素生产率变化的来源分析

在规模报酬不变假设前提下，全要素生产率的变化来源于效率变化和技术变化；在规模报酬可变假设前提下，效率变化可进一步分解为纯效率变化和规模效率变化。如表 7－9 所示，从全国的平均水平来看，污水处理行业的效率变化为 1.065，技术变化为 0.995。可见，污水处理行业全要素生产率的提高主要来源于效率提高而非技术进步。从不同年份的数据来看，只有 2012 年的全要素生产率提高来源于技术进步，其他年份的全要素生产率提高都来源于效率提高。因此，中国污水处理行业的市场化改革主要是从效率提高而非技术进步的角度促进全要素生产率的提高，主要体现在污水收集管网完善度提高，厂和网之间的适配性的提高，增加多种污水处理设施的建设和运营，污水处理企业的运营效率提高等。

从全要素生产率得到提高的 27 个省份来看，这些省份全要素生产率提高的来源途径并不一致，27 个省份污水处理行业的效率都得到了提升，而只有 15 个省份污水处理行业取得了技术进步。在规模效率可变的假设前提下，进一步将

27 个省份的效率变化分解为纯效率变化和规模效率变化。研究结果显示，23 个省份效率提高来源于纯效率的提高，15 个省份效率提高来源于规模效率的提高。污水处理行业的技术进步主要是通过采用更高技术的污水处理设施使产出增加；规模效率提升主要是通过扩大新增投资，使污水处理行业的规模经济效应得以体现；纯效率提升主要是通过完善污水收集管网、提高厂与网之间的适配性、根据污水类型采用不同污水处理设施等途径获得（见表 7－10）。

表 7－9　2006～2014 年中国污水处理行业 Malmquist 指数及分解指标

年份	全要素生产率变化（Tfpch）	规模报酬不变条件下		规模报酬可变条件下（效率变化）	
		技术变化（Techch）	效率变化（Effch）	纯效率变化（Pech）	规模效率变化（Sech）
2006～2008	1. 112	0. 931	1. 194	1. 126	1. 060
2008～2010	1. 066	0. 996	1. 070	1. 081	0. 990
2010～2012	1. 076	1. 128	0. 954	0. 985	0. 968
2012～2014	0. 989	0. 938	1. 054	1. 017	1. 036
平均	1. 060	0. 995	1. 065	1. 051	1. 013

资料来源：笔者根据研究结果整理得出。

表 7－10　2006～2014 年各省份污水处理行业 Malmquist 指数及分解指标

省份	全要素生产率变化（Tfpch）	规模报酬不变条件下		规模报酬可变条件下 效率变化（Effch）	
		技术变化（Techch）	效率变化（Effch）	纯效率变化（Pech）	规模效率变化（Sech）
青海	1. 168	1. 006	1. 161	1. 000	1. 161
重庆	1. 154	1. 005	1. 148	1. 143	1. 005
陕西	1. 147	0. 995	1. 152	1. 148	1. 003
吉林	1. 141	1. 006	1. 135	1. 128	1. 006
湖南	1. 125	0. 986	1. 140	1. 153	0. 989
云南	1. 114	1. 001	1. 113	1. 109	1. 004
河北	1. 088	0. 999	1. 089	1. 089	1. 000

续表

省份	全要素生产率变化（Tfpch）	规模报酬不变条件下		规模报酬可变条件下	
				效率变化（Effch）	
		技术变化（Techch）	效率变化（Effch）	纯效率变化（Pech）	规模效率变化（Sech）
宁夏	1.086	0.978	1.111	1.000	1.111
内蒙古	1.080	1.008	1.071	1.063	1.008
江苏	1.073	1.004	1.069	0.949	1.127
天津	1.071	1.009	1.062	1.058	1.003
山东	1.071	1.010	1.061	1.044	1.016
广东	1.068	0.995	1.073	1.000	1.073
湖北	1.065	1.000	1.065	1.067	0.998
新疆	1.063	0.988	1.076	1.073	1.002
山西	1.057	1.001	1.056	1.053	1.003
北京	1.055	0.996	1.060	1.060	1.000
福建	1.051	0.990	1.062	1.062	1.000
贵州	1.049	1.006	1.042	1.003	1.039
黑龙江	1.044	0.972	1.075	1.149	0.935
甘肃	1.044	0.986	1.059	1.054	1.004
河南	1.042	1.002	1.039	1.039	1.000
浙江	1.036	1.009	1.027	1.037	0.991
四川	1.032	1.008	1.024	1.026	0.998
辽宁	1.027	0.984	1.044	1.069	0.977
广西	1.015	0.936	1.085	1.145	0.948
安徽	1.001	1.000	1.001	1.005	0.995
江西	1.000	1.008	0.992	0.986	1.006
海南	0.942	1.007	0.936	0.919	1.018
上海	0.921	0.967	0.953	0.953	1.000
平均	1.060	0.995	1.065	1.051	1.013

资料来源：笔者根据研究结果整理得出。

四、研究结论和政策建议

本书采用 DEAP2.1 软件，基于 DEA 模型对 2014 年中国 30 个省份污水处理行业的效率进行测算，对 2006 ~ 2014 年中国 30 个省份污水处理行业的面板数据进行全要素生产率变化的测算，得出以下结论：①目前，全国污水处理行业的平均效率不高，10% 的省份污水处理行业是有效率的，90% 的省份污水处理行业是无效率的，无效率主要来源于纯技术无效。②在市场化改革背景下，污水处理行业全要素生产率得以提高，90% 的省份全要素生产率都得到了提高，10% 的省份全要素生产率没有提高，市场化改革不会导致全要素生产率的提高，市场化改革的实施方式和执行力度等因素会影响全要素生产率变化。③从全国的平均水平来看，污水处理行业全要素生产率的提高主要来源于效率提高，而非技术进步。在规模报酬可变的假设前提下，进一步将效率变化分解为纯效率变化和规模效率变化，85% 的省份的效率提高来源于纯效率提高，56% 的省份的效率提高来源于规模效率提高。根据以上的研究结论，本书提出污水处理行业市场化改革进一步深化的建议。

（一）重新审视市场化改革的实施方式和执行力度

本书的研究结果显示，当前污水处理行业有效率的省份只有 3 个，其他 27 个省份都是无效率的。在市场化改革的背景下，90% 的省份全要素生产率得到了提高。可见，市场化改革可以促进污水处理行业效率的提升。但是，若市场化改革的实行方式和执行力度不正确的话，市场化改革的活力和红利无法释放。当然，存在全要素生产率下降现象的省份，并不代表其全要素生产率绝对数一定没有提高，因为 Malmquist 指数的计算是以“同期”处于生产技术前沿的省份作为参照物来计算的，它是一个“相对数”，而不是“绝对数”。但是，对于全要素生产率指数下降或提升幅度不大的省份，都需要重新审视市场化改革的实施方式和执行力度，通过与其他省份的横向对比、学习与借鉴，进一步深化市场化的改革。

（二）提高污水处理行业的竞争程度

竞争是市场机制促进企业经营效率提高的强大驱动力。污水处理行业的市场化改革旨在通过引入市场机制提高竞争程度来提升污水处理行业的效率。但是，从目前我国特许经营制度实施流程来看，污水处理行业市场的竞争程度并不高。若省份拥有国有控股性质的水务集团，这些省份基本上采取直接授予的方式将特许经营权直接授予国有控股的水务集团，没有经过任何竞争程序，起决定的因素是政治上的信任与委托，而非企业的竞争优势。即使某些省份采用招标方式授予特许经营权，这种竞争也只存在于竞标时，中标后便成了垄断经营，在企业运营过程中并没有持续的竞争压力。因此，污水处理行业的市场化竞争程度并不高。正因为竞争程度低，导致了企业提升效率的动力不足。针对这些现象，可从以下途径提升市场化的竞争程度，比如，取消直接授予方式，采用招标方式选择特许经营企业；规范公开招标的方式和程序，确保招标的公平、公开和公正；通过第三方组织或行业协会，建立全国范围内的标杆指标体系，对污水处理企业进行定期评估和公布，通过对企业运营绩效进行横向和纵向的对比，给予企业持续的竞争压力。

（三）提高对污水处理行业规制效率

污水处理行业包括污水收集和污水净化处理两个密切相连的环节，作为产出指标的污水处理总量取决于管网完善度和厂网适配性。污水处理行业市场化实施纵向分离和横向拆分的产业结构改革，这在一定程度上影响了污水处理系统的完整性，它无法通过企业之间的自发协调来提高管网完善度和厂网适配性，只能依靠作为规制机构的地方政府来提高。在规制体制设计方面，污水处理行业的规制属于多重规制，包括规制权力的横向和纵向分散。虽然这种权力的拆分有利于限制规制权力的滥用，但是规制机构之间有时也会产生相互掣肘现象，造成了规制效率的降低，在一定程度上抑制行业绩效的提高。比如，地方政府重视厂的投资而忽略管网的投资、污水管网完善度低、厂网之间适配性差等现象。产生这些现象的主要原因是缺乏对规制机构（地方政府）的再规制主体来监督规制机构的规制效率，导致了规制机构对规制职责的懈怠。为了提高规制机构的规制效率，应该对规制机构施以监督和竞争的压力，比如中央政府可通过第三方组织（或行业协会）对地方政府的规制效率进行定期的评估、比较和公布，中央政府在政绩考核体系中加大对污水处理行业规制效率的比重；加大公民利益团体对地方政府规制效率的监督力度等。

（四）吸引更多民间投资进入污水处理行业

本书的研究结果显示，污水处理行业全要素生产率的提高主要来源于效率提升，而规模效率提升是效率提升的主要来源。规模效率提升的主要途径是通过扩大对污水处理行业的投资，包括对污水收集管网和污水净化处理设施建设的投资。截至 2016 年第三季度，我国污水处理设施的覆盖面还比较低，覆盖面程度从高到低依次是：直辖市或副省级市、地级市、县城。大部分的县城污水处理设施覆盖面较低，仍有 7.6% 的县城污水处理设施一片空白，广大农村也没有污水处理设施，我国污水处理行业未来发展仍需大量的投资资金。污水处理行业的投资大，回收时间长，吸引更多的民间资本进入污水处理行业的关键在于能否确保企业得到合理的投资回报率。而在实践操作中，地方政府的财政能力，污水处理费的收缴往往会影响企业能否获得合理的投资回报。因此，为了吸引更多的民间资本进入污水处理行业，确保企业可以获得合理的投资回报，可以通过以下途径实现，比如，在合理范围内适当提高污水处理费，通过政府之间的转移支付对财政能力差的地方政府进行专项财政补贴，通过营造公平的市场竞争环境吸引民营和外资进入等。

第四节　污水处理费提升的绩效评估

一、污水处理费提升的绩效评估

从20世纪90年代末开始，中国政府按照污染者部分付费原则陆续建立了污水处理费征收制度，污水处理费逐渐成为中国城市污水处理行业发展的重要资金来源。目前，中国大部分城市开始征收污水处理费，但是征收标准各不相同。目前，污水处理费征收标准最高的为南京市，居民生活用水的污水处理费征收标准为1.42元/吨，而约50%的城市居民生活用水的污水处理费的征收标准低于0.8元/立方米。污水处理费征收标准提升是否显著促进了中国污水处理行业的良性发展？基于此问题，本书将采用2015年中国135个城市污水处理行业及相关数据进行实证分析，从污水处理行业的总量提升和效率提升两个层面来验证污水处理费征收标准的提升是否显著地促进了中国污水处理行业的绩效提升。

二、研究背景、研究方法和数据选取

（一）污水处理行业的市场化改革

从1949年到20世纪90年代初，中国在污水处理行业一直采取纵向一体化的国家垄断供给模式。随着中国经济和城市化的飞速发展，城市污水排放量增多，污水处理需求急剧增加，这种国家垄断供给的模式已无法满足现实的需求。1994年开始，中国在一些城市沿着三条路径试点污水处理行业的市场化改革（见图7-2）。第一，实行纵向分离和横向分拆的产业结构改革。将城市污水收

集管网的建设与维护和污水处理厂的建设与运营分离开来，分别在污水管网环节和污水处理厂环节实施特许经营制度，其拆分目的就是降低行业进入门槛，吸引更多企业进入污水处理行业。第二，进行企业产权结构改革。一方面，将原来事业单位性质的污水处理厂转制为自负盈亏的国有企业；另一方面，吸引民营和外资进入污水处理行业，打破国有资本垄断的局面。第三，逐步实行污染者付费制度，向消费者和企业征收污水处理费。2002年，中华人民共和国建设部颁布了《关于加快市政公用行业市场化进程的意见》，中国城市污水处理行业的市场化改革在全国铺开。实践证明，市场化改革拓展了污水处理资金的来源，提高了污水处理企业的运营效率，大大促进了中国城市污水处理行业的发展。中国城市污水日处理量已从2002年的3578万立方米上升到2017年的1.78亿立方米，污水处理厂已从2002年的537座上升到2017年的4063座。

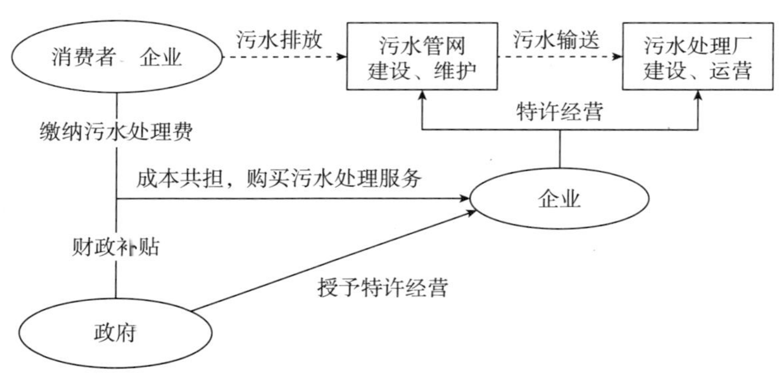

图7-2 城市污水处理行业的市场化改革

一个城市的污水处理系统主要包括排污管理、污水收集和污水净化处理三个紧密相连的环节，任何一个环节脱节都会导致城市污水处理总成本的虚增。比如，排污管理不严导致非法排污增多，便会造成城市水环境的污染；雨水管网和污水管网错接，便会导致非法排污增多或增加污水处理厂负担；管网与污水处理设施的不匹配，便会导致污水处理设备的闲置或超负荷。在市场化改革的背景下，排污管理由政府负责，管网建设与维护由若干个企业负责，污水处理厂建设与运营也由若干个企业负责。城市污水处理系统被拆分成不同的片区，纵向一体化的完整性无法通过企业之间的自动调节来维持，只能依靠政府的规划、协调和监督能力来达到。若城市政府产生错位、缺位现象，就极其容易造成城市污水处理总成本的虚增。目前，中国污水处理费征收制度并非实行污染者完全付费制度，而是部分付费制度。城市污水处理的总成本是由消费者（缴纳污水处理费）和政府（财政补贴）共同分担。污水处理费征收制度的实施确实拓宽了城市污水处理行业发展资金的来源，但是污水处理服务是属于公共产品，消费者缺乏对污水处理服务的监督途径。污水处理费征收标准的提升是否会显著地促进城市污水处理行业的发展？这是消费者十分关心的问题。而对此问题的考察不仅应该从污水处理行业总量发展来看，还应该从效率提升层面来实证分析，以确保总成本不会产生虚增的可能。

（二）分析污水处理费提高是否促进污水处理行业总量增加

为了检验污水处理费征收标准与中国污水处理行业总量发展之间的关系，本书构建以下回归模型，如式（7－11）所示。i 为城市编号，$Output_i$ 为城市污水处理行业总产出，$Price_i$ 为城市政府向消费者所征收的污水处理费，$Control_i$ 为其他控制变量，ε_i 为随机扰动项，α 为常数项，β 为污水处理费对城市污水处理总产出的影响系数，γ 为控制变量对城市污水处理总量的影响系数。为了使数据更贴近模型理论假设前提，所有变量数据取对数形式。

$$\log Output_i = \alpha + \beta \log Price_i + \gamma \log Control_i + \varepsilon_i \tag{7-11}$$

（1）被解释变量。

本书选择污水处理总量作为被解释变量。污水处理总量是指经城市污水处理厂或其他污水处理设施净化处理的污水总量该数据来源于住房和城乡建设部《2016 年中国城市建设统计年鉴》。

（2）解释变量。

本书选择污水处理费作为解释变量。污水处理费的征收一般分为五种类别，分别为：居民生活类、工业类、行政事业类、经营服务类、特种行业类。本书选取对居民生活用水所征收的污水处理费作为污水处理费代表，资料来源于各个城市的物价局和政府网站。

（3）控制变量。

本书选取每个城市的人口密度、城镇人均 GDP、政府财政在节能环保项目中的投入作为控制变量。人口密度为该城市每平方公里的人数，数据来源于住房和城乡建设部《2016 年中国城市建设统计年鉴》。城镇人均 GDP 为该城市城镇人口每年每人的国内生产总值，数据来源于各个城市《2015 年国民经济和社会发展统计公报》。政府财政在节能环保中的投入是指政府在城市财政一般公共预算支出决算中的节能环保支出，该项支出主要用于城市环境保护管理事务、污染防治、自然生态保护、能源节约、污染减排、循环经济、其他节能环保等支出，它可以反映城市政府在污水治理方面的财力投入，资料来源于各市《2016 年统计年鉴》或《2015 年财政预决算执行报告》。

（三）测算中国城市污水处理行业的整体效率

本书将一个城市的污水处理行业看成一个整体，采用数据包络分析方法（DEA）中的 SBM 模型，测算一个城市污水处理行业的整体效率。数据包络分析法是由亚伯拉罕·查恩斯（Abraham Charnes et al.，1978）首先提出的，该方法使用线性规划对各个决策单位的投入产出数据进行测算，“以最少的投入获取最多的产出”为标准，找出样本中效率最高的决策单位作为参照，测算出各个决策单位效率的相对有效值。它可用于企业效率的测算，也可以用于行业效率的测量。数据包络分析方法经学者们的不断完善，衍生出多种从不同测量角度的模型。本书采用刀根薰①（Kaoru Tone，2001）提出的基于松弛变量的 SBM 模型（Slack Based Model）对中国城市的污水处理行业整体效率进行测算。假设生产可能集合 P，如式（7－12）所示，每个决策单元有 m 种投入要素 x 和 n 种产出 y，Xλ 表示每个决策单元投影到生产前沿面上的投入量，Yλ 表示每个决策单元投影到生产前沿面上的产出量，λ 表示调整矩阵。每个决策单元的效率值测算如式（7－13）所示，ρ 为决策单元的效率值，x_{ik} 为每个决策单元的实际投入量，s_i^- 为决策单元的投入冗余，y_{rk} 为决策单元的实际产出量，s_r^+ 为决策单元的产出不足。本书将城市污水处理行业作为一个决策单元，衡量城市污水处理行业的整体效率，选择排水管网长度和污水设施处理能力作为投入指标，选择污水处理总量和化学需氧量削减量作为产出指标。

$$P = \{(x, y) | x \geq X\lambda, y \leq Y\lambda, \lambda \geq 0\} \tag{7-12}$$

$$\min\rho = \frac{1 - \frac{1}{m}\sum_{i=1}^{m}\frac{s_i^-}{x_{ik}}}{1 + \frac{1}{n}\sum_{r=1}^{n}\frac{s_r^+}{y_{rk}}} \tag{7-13}$$

$$s.t.\ X\lambda + s^- = x_k$$

① Kaoru Tone. A Slacks－based Measure of Efficiency in Data Envelopment Analysis［J］. European Journal of Operational Research，2001，130（3）：498－509.

$$Y\lambda - s^{+} = y_k$$

$$\lambda，s^{-}，s^{+} \geqslant 0$$

（1）投入指标。

本书选择排水管网长度和污水处理设施处理能力作为投入指标。城市主要采取集中式污水处理方式，在“污水收集”环节，城市通过铺设排水管网将城市污水收集起来，并输送到污水处理设施进行净化处理。排水管网的铺设是逐年推进的，而且每年铺设的管网长度都不一样。由于时间不同，其货币价值也不一样。因此，不适宜用每年的资金投入作为投入数据。因此，本书选取污水管网长度代表城市在“污水收集”环节固定资产的总投入①。

在“净化处理”环节，城市污水被输送到污水处理厂和其他污水处理设施进行净化处理。污水处理厂集中净化处理污水是城市污水处理的主要方式，而那些距离城市中心区比较偏远的居民区、度假村、疗养院、旅游区等集聚区，则建设其他类型污水处理设施进行净化处理。污水处理设施的投资前期多而后期少，污水处理设施建设的时间也不一样，在不同时间段，货币所代表的价值也不一样。因此，不适宜用每年的资金投入作为投入数据。本书选取污水处理厂和其他污水处理设施日处理能力代表城市在“污水处理”环节的固定资产总投入②。

（2）期望产出指标。

本书选取污水处理总量和化学需氧量削减量作为污水处理行业的期望产出。污水处理总量包括那些经污水处理厂和其他污水处理设施净化处理的污水总量③。

对城市污水进行净化处理的目的是降低污水的污染浓度。在污水处理行业，用以衡量水体污染程度的指标包括：生化需氧量（BOD5）、化学需氧量（COD）、氨氮含量，本书选取化学需氧量（COD）削减量代表城市污水处理行业的除污期望产出。化学需氧量（Chemical Oxygen Demand）是指利用化学氧化剂将污水中的还原性物质（如有机物）氧化分解所需要消耗的氧量。化学需氧量削减量越大代表水体污染物削减程度越大，除污效果越好④。

（四）分析污水处理费提高是否促进污水处理行业效率的提升

使用 SBM 模型所测算出来的城市处理行业整体效率值介于 0 ~ 1，属于受限因变量。因此，本书采用 Tobit 模型对影响整体效率的因素进行回归分析。James

---

①②③　资料来源于住房和城乡建设部《2016 年中国城市建设统计年鉴》。

④　资料来源于中国城镇供水排水协会《2016 年城镇排水统计年鉴》。

Tobin（1958）提出的 Tobit 模型是用于分析被解释变量数值受限的一种回归模型。Tobit 模型的设定如式（7－14）所示，

$$Efficiency_i^* = \alpha + \beta \log Price_i + \gamma \log Control_i + \varepsilon_i，\ \varepsilon_i \sim N（0，\delta^2）$$

$$Efficiency_i = \begin{cases} 0，\ if\ Efficiency_i^* < 0 \\ Efficiency_i^*，\ if\ \ 0 \leqslant Efficiency_i^* \leqslant 1 \\ 1，\ if\ Efficiency_i^* > 1 \end{cases} \tag{7-14}$$

其中，$Efficiency_i^*$为城市污水处理行业效率的潜变量，$Efficiency_i$为城市污水处理行业整体效率的观察值，α 为常数项，β、γ 为解释变量对被解释变量影响的系数，$Price_i$为城市向消费者征收的污水处理费，$Control_i$为其他控制变量，ε_i为随机扰动项，i＝1，2，…，n。为了使数据更贴近模型理论假设前提，所有解释变量数据取对数形式。

（1）被解释变量。

被解释变量为采用数据包络分析法测算出来的城市污水处理行业整体效率值。资料来源于 SBM 模型的测算结果。

（2）解释变量。

解释变量为污水处理费。本书采用对居民生活用水所征收的污水处理费作为污水处理费代表。资料来源于各个城市的物价局和政府网站。

（3）控制变量。

本书选取每个城市的人口密度、城镇人均 GDP、政府在节能环保中的财政投入、污水处理设施负荷率、城市年降水量作为控制变量。人口密度、城镇人均 GDP、政府在节能环保中的投入数据来源与前文所述（多元回归模型）相同。①

三、研究结果分析

（一）污水处理费的提升显著地促进了中国城市污水处理总量的增加

本书采用中国 2015 年 135 个城市的数据作为样本数据，使用 Stata 软件对回归方程进行了估算。首先，采用普通最小二乘法对方程进行估算，通过了多重共线性检验，但没有通过残差的正态性和同方差检验。其次，采用加权最小二乘法对方程进行估算，解决了异方差问题，并且通过了残差的正态性和多重共线性的

① 城市污水处理设施负荷率的数据来源于中国城镇供水排水协会《2016 年城镇排水统计年鉴》、2015 年各个城市的统计年鉴。

检验。回归结果表明，在控制了人口密度、人均 GDP 和政府节能环保投入对城市污水处理总量的影响后，城市污水处理费征收标准的提高显著地促进了城市污水处理总量的增加，并通过了1%的显著性检验。最后，对模型1进行稳健性检验。方法一调整城市样本数据，并将样本数据从135个城市增加至200个城市进行回归分析；方法二在增加样本容量增至200个城市的基础上，采用城市污水处理能力代替污水处理总量作为因变量进行回归分析；两种稳健性检验方法都证明了污水处理费对污水处理总量产生了显著的正向促进作用。回归分析结果如表7-11所示。

表7-11 污水处理费对污水处理行业总量发展的影响

	模型1	模型1的稳健性检验	
		1. 增加样本数据	2. 改变因变量
变量	系数（t值）	系数（t值）	系数（t值）
log 污水处理费	0.6415*** （2.51）	0.6254*** （2.65）	0.6556*** （2.83）
log 人口密度	0.2431*** （2.80）	0.2058*** （2.44）	0.2036*** （2.43）
log 人均 GDP	0.4444*** （4.77）	0.3520*** （4.38）	0.2818*** （3.73）
log 节能环保	0.4500*** （5.62）	0.6072*** （8.90）	0.6283*** （9.22）
cons	1.6609（1.31）	2.5151** （2.16）	-2.3835*** （-2.14）
R^2	0.4815	0.5107	0.5049
校正后的 R^2	0.4656	0.5006	0.4947
F（4，130）	30.18	F（4，195）50.87	F（4，195）49.72
Prob > F	0.0000	0.0000	0.0000
样本	135	200	200

注：*、**、***分别表示在 $p<10\%$、$p<5\%$、$p<1\%$ 的水平上显著。

（二）城市间污水处理行业整体效率存在较大差异，平均效率处于中等水平

本书把城市看成一个决策单元，总体考察该城市污水处理行业的整体效率，借助 MaxDEA Ultra 7 软件，应用无测量角度（非投入导向和非产出导向）、规模报酬可变、非径向距离的 SBM 模型，对2015年中国135个城市（常住人口100万以上）的污水处理行业整体效率进行测算（见表7-12）。若效率得分等于1，

说明该城市的污水处理行业整体效率在所选样本中是最优的；若效率得分小于1，说明该城市的污水处理行业存在无效率情况，数值越低表示效率越低。根据测算得分，本书将城市污水处理行业整体效率分成四个等级：优（效率值0.9～1）、良（效率值0.6～0.9）、中（效率值0.4～0.6）和差（效率值0～0.4）。测算结果显示，城市之间的污水处理行业整体效率存在较大的差异，平均效率处于中等水平，135个城市的平均得分为0.5252；属于优秀等级的城市共19个，比例为14%；属于良好等级的城市20个，占比为15%；属于中等等级的城市50个，占比37%；属于差等等级的城市46个，占比34%；按照城市人口规模来划分，中国城市污水处理行业整体效率由高到低依次为超大城市、特大城市、大城市。按照中国四个区域经济带来划分，城市污水处理行业整体效率由高到低依次为西部城市、东北部城市、东部城市和中部城市。

表7-12　基于SBM模型测算的城市污水处理行业效率结果

含期望和非期望产出的SBM模型					
序号	城市	效率得分	序号	城市	效率得分
1	银川	1	15	达州	1
2	长沙	1	16	北京	1
3	自贡	1	17	郑州	0.9173
4	乌鲁木齐	1	18	西安	0.9077
5	通化	1	19	太原	0.9034
6	石家庄	1	20	杭州	0.8850
7	深圳	1	—	—	—
8	上海	1	129	泸州	0.2507
9	青岛	1	130	阜阳	0.2447
10	宁德	1	131	赣州	0.2348
11	宁波	1	132	齐齐哈尔	0.2341
12	临汾	1	133	攀枝花	0.2239
13	昆明	1	134	九江	0.1972
14	东莞	1	135	大庆	0.1322
			平均值		0.5252

续表

含期望和非期望产出的 SBM 模型					
序号	城市	效率得分	序号	城市	效率得分
平均值	东部城市	0.5307	超大城市	（人口 1000 万以上）	0.6916
	中部城市	0.5004	特大城市	（人口 500 万～1000 万）	0.5341
	西部城市	0.5561	大城市	（人口 100 万～500 万）	0.4846
	东北部城市	0.5530			

资料来源：笔者根据实证结果整理。

（三）污水处理费提高并没有对城市污水行业整体效率产生显著的影响

为了分析污水处理费征收标准的提高是否对城市污水处理行业整体效率值产生了显著性的影响，并进一步厘清投入无效率和产出无效率的影响因素，本书分别以城市污水处理行业的整体效率值、投入无效率值和产出无效率值作为被解释变量，以污水处理费作为解释变量，以人口密度、人均 GDP、城市政府节能环保投入、污水处理设施负荷率、城市降水量作为控制变量，构建 Tobit 回归模型进行实证检验。前文由 SBM 模型所测算出来的中国 135 个城市的污水处理行业整体效率值处于（0，1］区间，投入无效率值处于［0，0.77）区间，产出无效率值处于［0，2.76）区间，被解释变量都属于受限被解释变量。因此，可采用 Tobit 模型进行回归分析。Tobit 模型回归结果如表 7－13 所示。

污水处理费征收标准的高低并没有对污水处理行业的整体效率值产生显著性影响。而在控制变量中的人均 GDP、城市政府的节能环保投入、污水处理设施负荷率对城市污水处理行业整体效率产生了显著的正向影响，城市降水量对污水处理行业整体效率产生显著的负向影响。针对城市污水处理行业投入无效率值的分析发现，城市政府的节能环保投入和污水处理设施负荷率对其产生显著的负向影响，即节能环保投入越多、污水处理设施负荷率越高，投入无效率值越低。针对城市污水处理产出无效率值的分析发现，人均 GDP、节能环保投入、污水处理设施负荷率对其产生显著的负向影响，而城市降水量对其产生显著的正向影响。

表 7-13　Tobit 模型回归结果

	污水处理行业效率值	投入无效率值	产出无效率值
解释变量	系数（t 值）	系数（t 值）	系数（t 值）
log 污水处理费	-0.0232 (-0.39)	0.0086 (0.18)	0.0526 (0.33)
log 人口密度	0.0263 (0.91)	-0.0103 (-0.45)	-0.0615 (-0.79)
log 人均 GDP	0.0728** (2.02)	0.0330 (1.15)	-0.3856*** (-4.01)
log 节能环保	0.0650*** (2.64)	-0.0342* (-1.75)	-0.1406** (-2.11)
log 污水处理设施负荷率	0.4723*** (3.81)	-0.2062** (-2.10)	-1.0163*** (-3.07)
log 城市降水量	-0.1374*** (-3.81)	0.0107 (0.38)	0.4697*** (4.81)
cons	0.4353 (0.82)	-0.0740 (-0.18)	2.0831 (1.45)
样本	135	135	135

注：*、**、*** 分别表示在 $p<10\%$、$p<5\%$、$p<1\%$ 的水平上显著。

四、结论和政策建议

（一）污水处理费提升显著地促进了污水处理总量的增加，应逐步提升污水处理费的征收标准

目前，我国特许经营的污水处理厂（出水标准为一级 A）污水处理服务费约为 1.8 元/立方米左右。城市污水处理服务费价格根据特许经营的方式、污水处理所采用的工艺、污水处理的出水标准不同而有所不同。根据 2015 年数据，约 59% 的城市污水处理费（居民生活类，下同）征收标准低于 0.8 元/立方米，约 33% 的城市污水处理费征收为 0.80～1.00 元/立方米，只有约 8% 的城市污水处理费征收高于 1.00 元/立方米，可见，污水处理费的征收远远低于污水处理特许经营的服务费，不足部分主要由城市政府的公共财政承担。按照“污染者完全付

费原则”，消费者应该自己承担污染的成本，大多数城市的污水处理费还有很大的提升空间。良好的水环境是我们赖以生存的物质基础，污水处理费的提升不仅给城市污水处理行业提供充足的发展资金，而且可以提高消费者节约用水和增强水环境保护的意识。因此，逐步提高城市污水处理费的征收标准是必然的发展趋势。

（二）污水处理费提升没有对污水处理整体效率产生显著影响，污水处理总成本存在虚增的可能性

污水处理费征收标准的提升并没有对污水处理行业的整体效率产生显著性的影响，这说明污水处理费的提升并不会带来城市污水处理行业绩效的提升，城市污水处理总成本存在虚增的可能性。城市污水处理行业是一项庞大且复杂的公共事务，涉及多个主体、多个环节、多种程序，缺乏高效的管理体制将难以获得高效率。消费者虽然缴纳了污水处理费，拓展了污水处理行业的资金来源，但是消费者却缺乏参与监督污水处理服务质量的途径，消费者也无法选择污水处理服务的提供主体，只能通过城市政府来规划、协调和监督污水处理服务的供给，倘若政府职能缺位或错位，城市污水处理行业的整体效率就会降低，总成本就会存在虚增的可能性。

（三）构建“政府—企业—消费者—第三方组织”多中心网络治理结构，重视对污水处理行业整体效率的管理

城市污水处理行业是一项庞大且复杂的公共事务，影响其效率的因素多种多样，包括行业因素、人为因素、经济因素、自然因素等。因此，要提高城市污水处理行业的整体效率，必须根据城市污水处理行业的特性，采用多种治理方式，构建“政府—企业—消费者—第三方组织”多中心的网络治理结构。例如，根据城市降水量，科学设计雨污管网分流雨水和污水；不断提高城市管网之间，管网和污水处理设施之间的适配性，从而提升城市污水处理设施的负荷率；加强城市政府作为城市污水处理行业规划者、协调者和监管者角色；大力拓展消费者积极参与城市污水治理事务的途径，使消费者成为一股监督企业行为、政府行为的重要力量；建立城市层面、企业层面的污水处理行业标杆指标体系，以促进横向和纵向的对比和监督；拓展志愿者服务、实时监控、即时举报等多种治理方式。

参考文献

［1］ Andrei Shlerfer. A Theory of Yardstick Competition ［J］. Rand Journal of Economics, 1985, 16 (3): 319 –327.

［2］ Andres Chambouleyron. Optimal Water Metering and Pricing ［J］. Water Resources Management, 2004 (18): 305 –319.

［3］ Arunava Bhattacharyya, Thomas R. Harris, Rangesan Narayanan, Kambiz Raffiee. Technical Efficiency of Rural Water Utilities ［J］. Journal of Agricultural and Resource Economics , 1995, 20 (2): 373 –391.

［4］ Benjamin L. Crosby. Stakeholder Analysis: A Vital Tool for Strategic Managers ［R］. A Publication of USAID's Implementing Policy Change Project, 1991.

［5］ Boumol W., J. Panzar, R. Willig. Contestable Markets and the Theory of Industry Structure ［M］. Harcourt Brace Jovanovich, 1982.

［6］ Brinkerhoff, Derick W. Improving Development Program Performance ［R］. Boulder, Colorado: Lynne Reinner Publisher, 1991.

［7］ B. Guy Peters, John Pierre. Governance without Government? Rethinking Public Administration ［J］. Journal of Public Administration Research and Theory: J –PART, 1998, 8 (2): 223 –243.

［8］ David S. Saal, David Parker, Tom Weyman –Jones. Determining the Contribution of Technical Change, Efficiency Change and Scale Change to Productivity Growth in the Privatized English and Welsh Water and Sewerage Industry: 1985 –2000 ［J］. Springer Science + Business Media, 2007, 28 (1 –2): 127 –139.

［9］ D. K. Lambert, D. Dichev, K. Raffiee. Ownership and Sources of Inefficiency in the Provision of Water Services ［J］. Water Resources Research, 1993, 29 (29):

1573 – 1578.

[10] Donald N. Dewees. Pricing Municipal Services: The Economics of User Fees [J]. Canadian Tax Journal, 2002, 50 (2): 586 – 599.

[11] Economic, Social Commission, United Nations. What is Good Governance [EB/OL]. http://www.unescap.org/pdd/prs/ProjectActivities/Ongoing/gg/governance.asp, 23/10/2010.

[12] Elinor Ostrom. Governing the Commons: The Evolution of Institutions for Collective Action [M]. Cambridge University Press, 1990.

[13] Francesc H. S., Ramón S. G.. Technical Efficiency and Cost Analysis in Wastewater Treatment Processes: A DEA Approach [J]. Desalination, 2009, 249 (1): 230 – 234.

[14] Harold Demsetz. Why Regulate Utilities? [J]. Journal of Law and Economics, 1968 (4): 55 – 65.

[15] Harold Hotelling, The General Welfare in Relation to Problems of Taxation and of Railway and Utility Rates [J]. The Econometric Society, 1938, 6 (3): 242 – 269.

[16] Hirshleifer J., de Haven J. C., Milliman J. W. Water Supply: Economics, Technology and Policy [M]. University of Chicago Press, Chicago, 1969.

[17] Jacques Chevalier. Stakeholder Analysis and Natural Resource Management [R]. Carleton University, Ottawa, 2001.

[18] Laffont J. J., Gremaq I., Tirole J. et al. Creating Competition Throught Interconnection: Theory and Practice [J]. Journal of Regulatory Economics, 1996 (29): 227 – 256.

[19] Massimo Filippini, Nevenka Hrovatin, Jelena Zori. Cost Efficiency of Slovenian Water Distribution Utilities: An Application of Stochastic Frontier Methods [J]. Pubblicazione Internet Realizzata Con Contributo Della, 2008.

[20] Mimicopoulos M. G. Presentation to the United Nations World Tourism Organization Knowledge Management International Seminar on Global issues in Local Government: Tourism Policy Approaches [R]. Madrid, Department of Economic and Social Affairs, United Nations, 2006.

[21] OECD. Regulatory Reform: Experience from OECD countries [R].

2005.

[22] Paul L. Joskow, Richard Schmalensee. Incentive Regulation for Electric Utilities [J]. Yale Journal on Regulation, FALL, 1986, 4 (1): 1-49.

[23] Piyush Tiwari, Manisha Gulati Efficiency of Urban Water Supply Utilities in India [J]. Water Resources Devolopment, 2011, 27 (2): 361-374.

[24] R. Edward Freeman. Strategic Management: A Stakeholder Approach [M]. Pitman Publishing Inc, 1984.

[25] R. B. Ekelund, Jr. Jules Dupuit and the Early Theory of Marginal Cost Pricing [J]. Journal of Political Economy, 1968, 76 (3): 462-471.

[26] Stern J., Holder, S. Regulatory Governance: Criteria for Assessing the Performance of Regulatory Systems. An Application to Infrastructure Industries in the developing Countries of Asia [J]. Utiliteis Policy, 1999 (8): 33-50.

[27] Stern J., Cubbin J. S. Regulatory Effectiveness: The Impact of Regulation and Regulatory Governance Arrangements on Electricity Outcomes - A Review Paper [R]. London Business School Regulation Initiative Working Paper, 2003.

[28] Steven Renzetti, Joseph Kushner. Full Cost Accounting for Water Supply and Sewage Treatment: Concepts and Case Application [J]. Canadian Water Resources Journal, 2004, 29 (1): 13-22.

[29] Stigler G. J. The Theory of Economic Regulation [J]. Bell Journal of Economics, 1971.

[30] The Commision on Global Governance. Our Global Neighborhood: The Report of the Commission on Global Governance [R]. Oxford University Press, 1995.

[31] The United Nations Development Program. Governance an Sustainable Human Development [R]. 1997.

[32] Thomas Dietz, Elinor Ostrom, Paul C. Stern. The Struggle to Govern the Commons [J]. SCIENCE, 2003, 302 (12): 1907.

[33] V. Ostrom C. M. Tiebout R. Warren, The Organization of Government in Metropolitan Areas: A Theoretical Inquiry [J]. The American Political Science Review, 1961, 55 (4): 831-842.

[34] Williamson Olivev E. Franchise Bidding for Natural Monopolies - In General and with Request to CATV [J]. Bell Journal of Economics, 1976 (7): 73-105.

［35］Yin Fang Zhang，David Parker，Colin Kirkpatrick. Electricity Sector Reform in Developing Countrise：An Econometric Assessment of the Effects of Privatization，Competition and Regulation［J］．Jornal of Regulatory Economics，2008（33）：159－178．

［36］Zsuzsa Varvasovszky，Ruairi Brugha. A Stakeholder Analysis，Health Policy and Planning［J］．Oxford University Press，2000，15（3）：338－345.

［37］世界银行网站．Stakeholder Analysis［EB/OL］．http：//www. worldbank. org/publicsector/anticorrupt/PoliticalEconomy/stakeholderanalysis. htm，2012.

［38］白让让．垄断产业利益集团营销规制放松的机理分析［J］．人文杂志，2015（8）：23－31.

［39］陈富良，黄金钢．政府规制改革：从公私合作到新公共服务——以城市水务为例［J］．江西社会科学，2015（4）：44－49.

［40］陈林．自然垄断与混合所有制改革——基于自然实验与成本函数的分析［J］．经济研究，2018（1）：81－96.

［41］陈明，周萌萌．城市水务民营化绩效评价研究［J］．现代管理科学，2014（3）：93－96.

［42］单以红．我国水资源费率制定策略研究［J］．价格理论与实践，2011（4）：36－37.

［43］段涛．城市再生水定价理论与实践探索的述评［J］．价格理论与实践，2017（7）：85－88.

［44］范登云，张雅君，徐萍．阶段水价的优化研究［J］．给水排水，2017（5）：27－32.

［45］傅涛，张丽珍等．城市水价的定价目标、构成和原则［J］．中国给水排水，2006（3）：15－18.

［46］傅涛．城市水价是最为复杂的公共服务价格［J］．城乡建设，2010（1）：69.

［47］郭蕾，肖有智．政府规制改革是否增进了社会公共福利——来自中国省际城市水务产业动态面板数据的经验证据［J］．管理世界，2016（8）：73－85.

［48］贺恒信，薛玮．新公共管理运动视角下的我国城市污水处理市场化［J］．经济体制改革，2006（2）：43－46.

［49］黄涛珍等．江苏省水利工程水价结构优化研究［J］．水利经济，2018（3）：20－23.

［50］黄鑫等．阶梯水价实施对居民用水量时间序列的影响［J］．中国人口·资源与环境．2017（11）：103－106.

［51］姬鹏程，张璐琴．完善供水价格体系，改进政府水价管理［J］．宏观经济研究，2014（7）：3－9.

［52］姬鹏程，孙长学，张璐琴．水资源费征收标准研究［J］．宏观经济研究，2011（8）：17－23.

［53］纪建悦，董辉．公用事业类公司国有股比例与财务绩效关系研究——兼论混合所有制中的价值陷阱［J］．中国海洋大学学报（社会科学版），2016（11）：44－49.

［54］雷玉桃，黄丽萍，张恒．中国工业用水效率的动态演进及驱动因素研究［J］．长江流域资源与环境，2017（2）：159－170.

［55］李华．制定水利工程供水价格应体现以工补农政策［J］．价格理论与实践，2010（1）：39－40.

［56］李跃．基于 SFA 的我国区域水资源利用效率及影响因素分析［J］. 2014（12）：39－42.

［57］励效杰．关于我国水业企业生产效率的实证分析［J］．南方经济，2007（2）：11－18.

［58］刘朝，赵志华．第三方监管能否提高中国环境规制效率？——基于政企合谋视角［J］．经济管理，2017（7）：34－44.

［59］刘书明，唐仕朝．我国城市供水价格成本分担机制研究［J］．价格理论与实践，2018（9）：54－57.

［60］刘添瑞．完善城市污水和生活垃圾处理收费政策的思考［J］．市场经济与价格，2010（1）：17－22.

［61］刘雪梅，何逢标．关于优化污水处理收费体制问题的思考［J］．中国水运，2006（11）：178－179.

［62］刘彦，周耀东，邓文斌．外资进入提高了中国城镇水务部门的绩效吗？［J］．中国行政管理，2016（1）：73－76.

［63］刘应宗，王丹．城市污水处理收费管理原理探讨［J］．建设科技，2002（5）：67－69.

［64］刘征兵．中国城市污水处理设施市场化改革路径研究［J］．特区经济，2007（4）：20－22.

［65］卢蝶．供应链环境下的再生水资源定价研究［J］．生产力研究，2018（10）：100－103.

［66］马乃毅，姚顺波．污水处理费定价方法分类与比较研究［J］．苏州大学学报（哲学社会科学版），2010，7（4）：51－54.

［67］马天明．行业体制改革对我国自然垄断行业生产效率的影响测算与估计［J］．统计与决策，2017（3）：104－107.

［68］买亚宗，卢佳馨，马中，石磊．城镇污水处理设施运行效率及其规模效应研究［J］．中央财经大学学报，2016（4）：122－128.

［69］潘菁，贺燕萍．外资水务对我国城市水务产业安全的影响研究［J］．中国城市经济，2011（9）：10－11.

［70］钱炳．自然垄断中的市场势力：对电力产业“厂网分开”的分析［J］．中央财经大学学报，2017（5）：74－86.

［71］让·雅克·拉丰，大卫·马赫蒂摩．激励理论［M］．北京：中国人民大学出版社，2002.

［72］孙超平，苏雷，徐本勇．基于DEA模型的我国城市水务企业经营绩效评价研究［J］．运筹与管理，2016（6）：204－210.

［73］唐铁军．深化污水处理收费改革的难点与对策［J］．中国水运，2006（11）：37－40.

［74］唐要家，李增喜．居民递增型阶梯水价政策有效性研究［J］．产经评论，2015（1）：103－113.

［75］唐要家．城市水务监管的制度有效性及其治理体系［J］．浙江社会科学，2017（5）：13－19.

［76］王芬，王俊豪．中国城市水务产业民营化的绩效评价实证研究［J］．财经论丛，2011（9）：9－18.

［77］王晓洁，郭宁，杨梦．水资源费改税试点：成效、问题及建议［J］．税务研究，2017（8）：43－47.

［78］王艳．混合所有制并购与创新驱动发展——广东省地方国企“瀚蓝环境”2001～2015年纵向案例研究［J］．管理世界，2016（8）：150－163.

［79］吴一平．规制分权化对电力行业发展的影响——基于中国省级面板数据的经验研究［J］．世界经济，2007（2）：67－74.

［80］肖兴志，韩超．规制改革是否促进了中国城市水务产业发展？——基

于中国省际数据的分析［J］．管理世界，2011（2）：70 - 80.

［81］肖兴志．公用事业市场化与规制模式转型［M］．北京：中国财政经济出版社，2008（5）：277 - 281.

［82］徐华．自然垄断产品定价：边际成本法还是平均成本法［J］．中国经济问题，1999（2）：40 - 44.

［83］薛玮．试论我国城市污水处理市场化过程中的政府职能［J］．生产力研究，2007（6）：79 - 81.

［84］于立，于左．美国收益率规制与英国价格上限规制的比较［J］．产业经济研究，2003（1）.

［85］于良春，程谋勇．地方政府规制与水务行业纵向分离研究［J］．理论学刊，2013（4）：37 - 43.

［86］于良春，程谋勇．引入竞争与水务行业效率分析——基于中国 2004 ~ 2010 年省际数据的实证分析［J］．东岳论丛，2013（3）：106 - 112.

［87］于良春，程谋勇．中国水务行业效率分析及影响因素研究［J］．当代财经，2013（3）：93 - 101.

［88］曾贤刚．我国水务产业市场绩效评价及其影响因素［J］．中国环境科学，2018（7）：2768 - 2776.

［89］郑方辉，毕紫薇，孟凡颖．取水许可与水资源费征收政策执行绩效评价［J］．华南农业大学学报（社会科学版），2010（1）：58 - 63.

［90］植草益．微观规则经济学［M］．朱绍文译．北京：中国发展出版社，1992.

［91］钟小强．广东省污水处理费定价机制研究［D］．暨南大学硕士学位论文，2011.

［92］Donald F. Kettle. 权力共享—公共治理与私人市场［M］．周志忍，孙迎春译．北京：北京大学出版社，2009.

［93］邹东升，包倩宇．城市水务 PPP 的政府规制绩效指标构建——基于公共责任的视角［J］．中国行政管理，2017（7）：98 - 104.